形意拳术大全

主　编　吴殿科

副主编　程素仁　吴秀峰　刘　鹏

山西出版传媒集团　山西人民出版社

《形意拳术大全》编纂委员会

顾　　问	吴连富	宋光华	布秉全	郭齐文
主　　编	吴殿科			
副 主 编	程素仁	吴秀峰	刘　鹏	
编　　委	吴俊秀	王宪章	杜连杰	杨凡生
	杨德义	郝庆东	郝凤鸣	高宝东
	刘　康	吴会进	张德柱	王文清
	王衍华	侯森凤	武晋杰	周永刚
	覃理韩	杨江波	孙　荣	吴会迪
办 公 室				
主　任	程素仁			
成　员	吴秀峰	杨振芳	成改仙	冯　博
	梁　才	王效端		
校　　对	吴会进	吴会迪		
摄　　影	王太全			
再 版 审 订	吴连儒			
封 面 题 字	武晋杰			
传 承 表 审 订	吴连儒	周永刚		

山西形意拳宗师车毅斋与弟子同来访的
直隶（今河北）形意拳大师郭云深合影

时　　间：清光绪二十九年（1903）
地　　点：山西省太谷县贾家堡村车毅斋寓所
人　　物（从左到右）
中 坐 者：车毅斋　郭云深
前执枪者：李复祯
举 刀 者：樊永庆
后 立 者：吕学隆　王凤翙　郭　昆　刘　俭
　　　　　王之贵　孟天锡　武　杰

形意拳宗师车毅斋（1833—1914）

形意拳大师贺运亨（1839—1923）　　　　形意拳大师李广亨（1845—1929）

形意拳大师宋世荣（1849—1927）　　　形意拳大师宋世德（1857—1921）

李复祯

李发春

李存义

孟天锡

布学宽

吴耀科

贾蕴高

宋虎臣

宋铁麟

任尔琪

刘 俭

董得茂

本书作者　吴殿科

清花翎五品军功车君毅斋纪念之碑

形意拳术大全出版志喜

弘扬武术精华
吸取时代营养

张山 一九九八年九月

张山　国际武联技术委员会主任，中国武术协会副主席

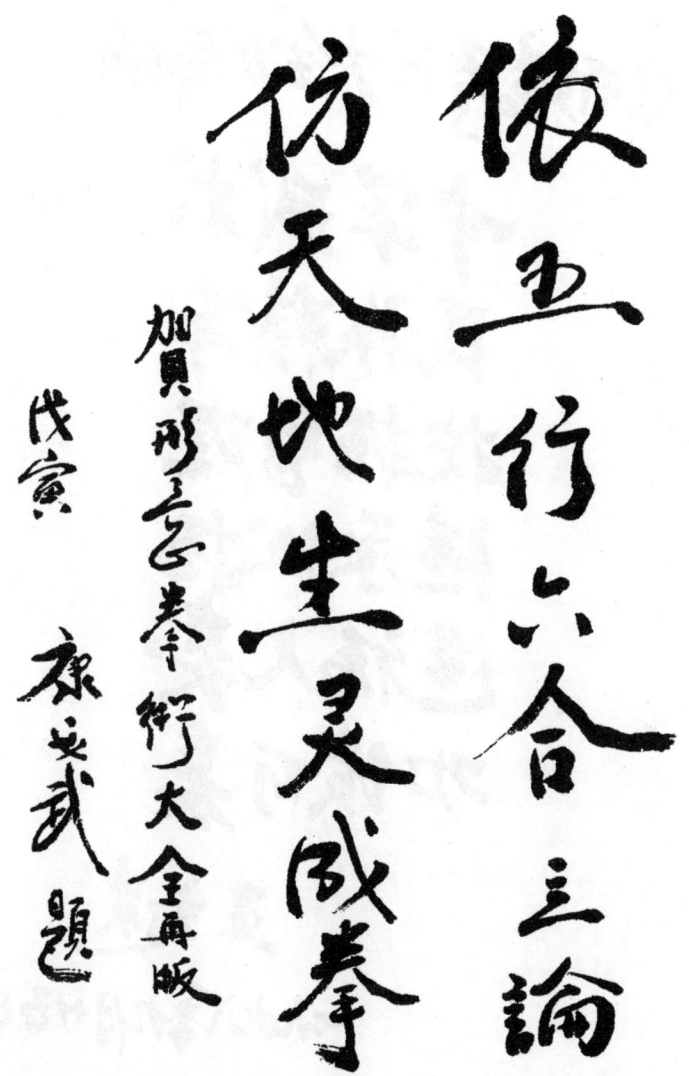

康戈武　中国武术研究院研究员，《中华武术》杂志社副主编

《形意拳术大全》再版

中华武术
民族精华
挖掘整理
继承发扬
造福人类
功绩可嘉

王立远
一九九八年九月廿五日

王立远　全国武协前副主席，山西省体委前副主任，现山西省形意拳协会主席

振兴中华形意

形意拳术大全再版

山西省武术协会主席庞林太贺

一九九八年九月

庞林太　山西省武术协会主席，山西省武术院前院长

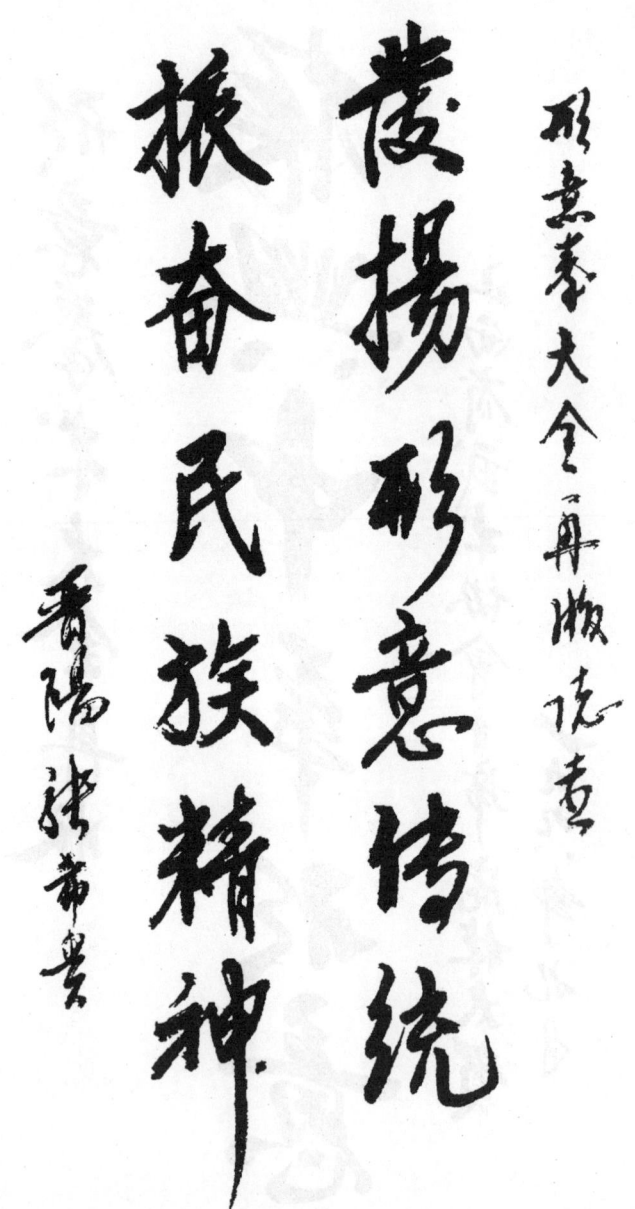

张希贵　原山西省体工队总教练，全国武林百杰，山西省形意拳研究会前会长，山西省形意拳研究会常务副主席

初版序言

形意拳是一项内外兼修、动作严谨朴实、拳法灵活多变、风格独特的民族体育项目，技击性强是它的特色。它的历史不太久远，关于创自何人，曾经众说纷纭，经本书作者缜密调查考证，确定为山西蒲州（今永济县）姬际可先生于清朝初年所首创，距今仅300余年，当时叫心意六合拳。后传至李飞羽大师，将心意拳改名为形意拳。其后，此拳流传于晋冀沪豫各地，历代人才辈出，特别是山西祁县和太谷，是形（心）意拳大师荟萃的中心。李飞羽及其后代传人对形意拳的发展和创新作了极大贡献。中华人民共和国成立后，在毛主席"发展体育运动，增强人民体质"的指示下，形意拳和其他各项运动一样得到了空前的发展。特别是在改革开放的大好形势下，武术工作者无不兴高采烈为发展这一宝贵的民族文化遗产而各尽所能。有的言传身教，有的著书立说，培养出大批武术人才，出版了不少武术书籍。

形意拳之乡太谷县的吴殿科老同志，虽八十余岁高龄，仍不辞辛苦，煞费苦心，编成数十万字的《形意拳术大全》一书，令我非常钦佩！该书副主编吴秀峰、程素仁和刘鹏等同志嘱我作序。我将书稿恭读一遍，认为该书介绍全面系统，宗旨明确，依据充实，顺序科学合理，由理论到实践，深入浅出。由入门而套路，循序渐进，由简而繁，由易到难，在形意拳的起源与继承方面澄清了一些误传和谬论，对许多形意拳大师作了实事求是的评价，对形意拳的技艺和用法也作了科学的分析论述。有根有据，有继承有创新，可谓集形意拳之大成。

吴殿科同志1911年出生在形意名流荟萃之乡——太谷,耳濡目染,自幼热爱形意拳,先受其兄吴耀科启蒙,后在学校跟车毅斋大师的高徒布学宽先生学了4年之久,后又拜车毅斋弟子技击名手刘俭为师,同时还经常受到李老农高徒李广亨、车毅斋开门弟子李复祯,及其次子车兆俊的指点。他虚心钻研,勤学不辍,学识渊博,技艺高深,文武双全。近年来,响应国家体委的号召,对形意拳进行挖掘整理,不遗余力地写了不少关于形意拳的资料和论文,被刊登在各种武术杂志上,他本人被省、地、县体委评为挖掘整理武术遗产工作的先进工作者。自1991年起,受太谷县志办之托,编写《形意拳术大全》一书,他多方搜集资料,调查研究,细心参阅珍藏秘本,推敲考证,于1992年8月编成全书。

本书分六章24节,共有20余万字,950幅图片,文词简练,通俗易懂,可谓图文并茂。这一巨著,是吴老和副主编同志们呕心沥血、艰苦劳动的结晶,对传承发展形意拳作出了极大贡献,它的出版肯定会受到国内外广大武术爱好者的欢迎,起到有益于人类健康幸福,有益于振兴中华武术的作用。是为序。

陈盛甫　前全国体总委员、前全国武协委员、山西省武协顾问、前山西省武协主席、山西省形意拳研究会顾问、前山西大学体育系主任

三版序言

形意拳被中华武林列为四大名拳之一，于19世纪中叶诞生于晋商故里山西省太谷县。形意拳以阴阳变化为母，以五行生克为本，以十二种动物捕食防御的天性为攻防技法立法为拳。形意拳心意成于内，肢体形于外，内外兼修，刚柔相济，以其独特的拳理拳法独步中华武林。

形意拳在太谷县创立以来，为富商大贾保镖护院，促进了太谷商业的发展壮大，同时太谷商家以其雄厚的经济基础为形意拳师们施展身手提供了广阔的舞台。形意拳的创立、形成、发展经历了清王朝的覆灭、民国军阀混战、抗日战争、解放战争等中华民族深重灾难时期。期间无数形意拳前贤身怀绝技救亡图强，为了民族的独立和人民的解放浴血奋战，谱写了一曲曲可歌可泣的动人故事。如形意拳宗师车毅斋天津打擂剑败日本武士，形意拳大师吴华亭不畏日军淫威，宁可断指也不交出中华传统名药龟龄集配方，形意拳大师刘俭舍身护碑，形意拳大师孙德宜日本兵营比武、南山为八路军送药等故事都让人振奋，动人心弦。

中华人民共和国成立后，党和政府高度重视中华传统武术的发展。1996年太谷县被国家体育总局命名为全国武术之乡。2010年太谷形意拳被列入国家非物质文化遗产保护名录。2008年以来太谷县举办了四届"中远威杯"国际形意拳交流大会，一届"启航杯"国际形意拳交流大会，进一步扩大了形意拳在国内外的影响，促进了形意拳的发展。与此同时形意拳进入了太谷县学校体育课堂，形意拳的发展迎来了新的春天。

形意拳以中华优秀传统文化为思想基础，习武先修德，练拳先做人，是形意拳门人的入门规范。习练形意拳可强身健体，防身自卫，培养人们不惧邪恶，勇于担当的道德情操，是当今人们修身健身的良好选择。

《形意拳大全》一书是当代形意拳大师、武术理论专家吴殿科先生的专著，为研究、传承、习练形意拳提供了很好的范本。今天距先生逝世已有15个年头了，我们第三次出版《形意拳大全》一书，一是为了纪念和缅怀先师吴殿科先生；二是因一版二版已存世无几，应广大形意拳爱好者的要求，为大家提供一个正本清源的学习教材；三是为了形意拳这一中华民族的优秀传统文化更好地传承发展。

形意拳之歌

金太谷走出了浩浩晋商，
诞生了形意拳威名远扬。
五行生克卷起西风烈烈，
六合为法震落那参天的白杨。
闯关东，万里护镖开商路，
走西口，百年形意托起晋商辉煌。
为民族，丹心一片，
为乡里，侠义心肠。
黄沙掩盖了晋商曾经的路，
形意拳的精神却如黄河水在流淌。

武晋杰
2018年7月

前 言

山西省太谷县素有"形意拳之乡"美誉。

道光二十九年（1849），神拳李老农（名飞羽，字能然）应邑绅孟綍如之聘，到太谷县城保镖护院，首将祁县戴氏心意拳传入境内。《车君毅斋纪念碑记》中有"吾郡则自咸同间此术独盛"的记载，并有邑中武林高手虽多，"若论拳术，自愧不如老农甚"的赞语。

咸同以降，古城太谷形意拳高手荟萃，名家代代相承。一代宗师车毅斋剑败日人，威慑津门。车毅斋、贺运亨、李广亨、宋世荣、宋世德"五星"聚太谷，形意拳名声日隆。郭云深、刘奇兰、李存义诸大师由冀赴晋，到太谷"走访形意同门"，开创了晋冀两省形意拳术交流的历史。此后，形意拳得到更为广泛的传播。中华人民共和国成立以后，形意拳新秀在全国规模的武术比赛中多次获得优秀成绩。形意拳这朵武术鲜花在祖国武术百花园中争奇夺艳，在太谷这块土地上放射出更加绚烂的光辉。

唯其如此，作为形意拳之乡的方志工作者，全面地、系统地挖掘整理并继承发扬这一珍贵武术遗产，理所当然地成了历史和人民赋予我们的义不容辞的使命。

然而，论述形意拳的历史源流和主要传人，阐明形意拳拳名的确立和拳理拳法方面的理论，介绍形意拳诸多套路的具体练法和技击要领，实非易事。

旧中国贫穷落后，武林中人文盲众多，教拳、习拳者大多要靠口传身授，加上地区之间的语音差异，口头一传、再传、三传，出现一些误传是可以理解的。加上许多古谱资料，多数由拳师托文人辗转传抄。文人大多不通武术，岂能避免谬误！流传于世的古谱墨本乃至正式出版的某些形（心）意拳专著、专论，内容多有出入，有的甚至大相径庭。

作为方志工作者，其天职便是正本清源，拨乱反正。为此，我们有关同志多年来除查找本县繁杂的历史档案外，不辞严寒酷暑，长途跋涉，四处奔走，进行调查访问，搜集了大量有价值的形（心）意拳谱资料和名人轶事。

而今在国内外流传甚广的形意拳术是在戴氏心意拳的基础上于清代咸同至光绪间在山西省太谷县逐渐发展和完善起来的。

神拳李飞羽学"心意"于山西祁县，首将此拳传于山西太谷时，称"心意拳"。在太谷护院、保镖的十几年间，他与弟子车毅斋、贺运亨、李广亨等经过反复实践，潜心研究，决定将其传习之拳改名为"形意拳"。自此，始有"形意拳"之名闻于世。此后，李飞羽在晋冀等省传拳及其弟子在各地授艺时，便皆以"形意拳"为名相传。清同治间，李飞羽与弟子车毅斋创编了第一个形意拳对练套路——五行生克拳，后改称"五行炮"。这是形意拳发展史上的一次大飞跃。同治到光绪年间，车毅斋等又创编了"五花炮"等9个对练套路，并不断完善充实了形意拳之拳理、拳法。李飞羽师徒创立的形意拳术日臻成熟，传播愈来愈广。晚清到民国初年，习形意拳者为抵御外来侵略，强健国人身心都作出了积极的贡献。

为了将传统形意拳术全面、系统地介绍给后学者，我们特邀形意宗师车毅斋再传弟子、山西省形意拳研究会顾问、《山西形意拳简史》撰稿者吴殿科老先生作本书主编。

吴先生生于清宣统三年（1911），自幼受其兄吴耀科启蒙，学习形意拳术。民国11年（1922）起，入太谷第一高等小学校读书，适逢车毅斋弟子布学宽在此教授形意拳术，颇得教益。越四年步入商界，又受李飞羽弟子李广亨（时在太谷中兴正商号经商）、车毅斋开门弟子李复祯、车毅斋次子车兆俊等形意名师的指点，深得形意精髓。民国22年（1933），正式拜在车毅斋弟子、技击名家刘俭门下，专攻形意拳技及形意拳理论之研究。几十年来，除学得车氏所传全部拳技外，还先后搜集、摘抄师祖所遗墨本《姬际可自述》《拳论·十法摘要》《六合拳序》《心意精义》等十多种珍贵资料。1955年，曾遵刘俭师之托与师兄一道编写《形意拳谱》。初稿完成后，在同门中广泛征求意见，并得到同门前辈的大力支持。以后，由于种种历史原因，书稿未能付梓。

20世纪80年代以来，吴先生积极响应国家体委关于进一步挖掘整理武术遗产的号召，主动将多年珍藏的有关资料整理成文献出，被省、地、县体委评为挖掘整理武术工作的先进工作者。先后撰写《太谷形意拳史》《山西形意拳简史》两篇重要文稿，并在《体育报》《中华武术》《武林》《搏击》等报刊发表形意拳专稿、专论多篇；与师兄吴连富共同整理的《车氏形意拳》初稿打印成册，呈送县、地、省及国家体委。几年来，为《太谷县志》撰写有关文稿30余万字，有的被选登在《太谷史志资料选》内部刊物上，有的被《太谷县志》选用。1991年，受本县县志办之托编写《形意拳术大全》一书，几易其稿，至1992年8月完成编写、修订任务。

《形意拳术大全》一书，论述了自山西永济人姬际可创立心意六合拳以来的种种传说，通过对诸多历史文献的考证，以大量的事实为依据，分析了旧传中"托神名以示拳贵"的社会背景和历史原因，澄清了许多误传，再现了历史的本来面目。书中既有明确的论点，又有充分的历史依据，拳理、拳法方面的论述，有理有据，浅显易懂，既有继承，又有创新。更为突出的是，书中全面、系统地介绍了传统形意入门拳——十二路形意弹腿，形意基本功——三体式桩功，形意基本拳——五行、十二形拳，形意单练套路6个，形意对练套路10个，以及形意拳技法——十五打法和七十二技法的具体应用方法，可称得上是一部集形意拳大成之作。

　　这部书凝聚了老一辈形意拳师的全部心血和汗水。书中所举实用技法都是经过形意大师车毅斋、宋世荣、郭云深、刘奇兰、李广亨、贺运亨以及李复祯、李存义、布学宽、刘俭、宋铁麟等形意名师千百次实践而反复证明是行之有效的技艺。诸如卡面捶、掏心捶、反背捶、搂手炮、扳手炮、滚手炮、捋手炮、拘马拚、阴阳把、迂回步等等，用于技击散打，确有其独到之处。李飞羽再传弟子李复祯、李存义等之所以能在数十年与众多武林高手较技中无一次败北，就是由于他们充分掌握并发挥了形意拳技法的结果。形意界同仁若能很好地继承并发扬这份珍贵的武术遗产，用于国际武术交流，将产生良好的社会效益和可观的经济效益。若以之强健身心，将会有益于人类的健康长寿。

　　这部书是"形意拳丛书"的第一册。以后将分十册对形意拳文化进行全面整理。完成这一具有历史意义的宏大工程，对我们来说，困难很大。我们热切盼望有关领导、社会各界尤其是武术界的仁人志士给予支持，以共同完成这一重任。

太谷县县志编纂委员会办公室

1992年6月

目　录

第一章　形意拳概论…………………………………… 001
　第一节　历史源流…………………………………… 001
　　一、心意拳之创立………………………………… 001
　　二、心意拳之师承………………………………… 010
　　三、形意拳拳名之创立与传播…………………… 013
　第二节　拳理、拳法………………………………… 018
　　一、形（心）意拳诸论…………………………… 018
　　二、特点、要义…………………………………… 020
　　三、基本拳理……………………………………… 022
　　四、诸法摘要……………………………………… 025
　　五、名称释义……………………………………… 040

第二章　形意拳入门…………………………………… 053
　第一节　三体式桩功………………………………… 053
　　一、功能…………………………………………… 055
　　二、法式…………………………………………… 055
　　三、歌诀…………………………………………… 057
　　四、六形合一法…………………………………… 057

五、要义 …………………………………………… 059
　第二节　形意弹腿 …………………………………… 060
　　第一路　炮拳坐马腿 ……………………………… 061
　　第二路　崩拳十字腿 ……………………………… 065
　　第三路　架压坐盘腿 ……………………………… 067
　　第四路　穿搂扫蹚腿 ……………………………… 070
　　第五路　刁拿趟踢腿 ……………………………… 073
　　第六路　双展丁字腿 ……………………………… 075
　　第七路　翻劈倒插腿 ……………………………… 078
　　第八路　裹膝堵门腿 ……………………………… 080
　　第九路　穿刺弹踢腿 ……………………………… 083
　　第十路　缠手飞燕腿 ……………………………… 085
　　第十一路　摆莲旋风腿 …………………………… 087
　　第十二路　连环鸳鸯腿 …………………………… 090

第三章　基本拳式 ……………………………………… 094
　第一节　五行拳 ……………………………………… 094
　　一、劈拳 …………………………………………… 095
　　二、崩拳 …………………………………………… 099
　　三、钻拳 …………………………………………… 103
　　四、炮拳 …………………………………………… 107
　　五、横拳 …………………………………………… 111
　　六、五行生克歌诀 ………………………………… 116
　　七、五行拳综合练法 ……………………………… 116
　第二节　十二形拳 …………………………………… 118
　　一、龙形 …………………………………………… 118
　　二、虎形 …………………………………………… 123

三、猴形 ·· 127
四、马形 ·· 133
五、蛇形 ·· 137
六、鸡形 ·· 141
七、燕形 ·· 146
八、鹞形 ·· 150
九、鼍形 ·· 154
十、鲐形 ·· 159
十一、十二 鹰形、熊形 ································ 164
十三、十二形综合练法 ································ 169

第四章 单练套路 ···································· 171
第一节 六合拳 ···································· 171
第二节 进退连环 ································ 177
第三节 鸡形四把 ································ 183
第四节 八势拳 ···································· 188
第五节 杂势捶 ···································· 192
第六节 形意连拳 ································ 206

第五章 对练套路 ···································· 223
第一节 五花炮 ···································· 224
第二节 九拳 ······································ 228
第三节 五踩六捶 ································ 232
第四节 五行炮 ···································· 238
第五节 挨身炮 ···································· 244
第六节 连环手 ···································· 256
第七节 九套环 ···································· 264

第八节　十二连捶 ·· 295
第九节　劈捶 ··· 300
第十节　十六把 ·· 312

第六章　形意拳技法 ·· 318
　第一节　攻防要道 ·· 318
　　一、要道 ··· 319
　　二、打法 ··· 320
　　三、顾法 ··· 321
　第二节　实用技法 ·· 323
　　一、十五打法 ·· 323
　　二、七十二技法 ··· 328

附录一　车君毅斋纪念碑记 ·································· 356

附录二　心意六合拳师承概况表（1—5世）············ 358

附录三　形意拳宗师车毅斋传承表 ······················· 359

附录四　本书主编传人表 ···································· 360

后　记 ··· 368

再版后记 ·· 370

第一章　形意拳概论

第一节　历史源流

形意拳是由心意拳（亦称心意六合拳）发展演变而成的一个拳种。几百年来，有关心意拳之历史源流、师承关系、拳名演变以及拳理、拳法等方面的问题，众说纷纭，致使后之学者莫衷一是。我们经过多方调查核实、辨析考证，现已基本澄清了以上几个主要问题。

一、心意拳之创立

关于心意拳之创立，旧传有三说：

一曰"心意拳为印度高僧达摩所创"。相传南朝梁武帝大通元年（527），天竺（今印度）香至王之三子达摩泛海至广州。武帝闻之，派使者迎其至建业（今南京）。后因话不投机而离梁，渡江到北魏，上嵩山少林寺，终日面壁，9年后圆寂。大同元年（535），葬于熊耳山定林寺。达摩死后，始有其传播武技之说。后来，又有了关于其创立心意拳的传说。民国17年（1928），凌善清在其所著《形意五行拳图说·形意拳之源流》中云："六朝时，天竺僧达摩始挟其所谓西域技击者来传之于中土，于是北方之强者群起而趋之。今犹有所谓达摩拳、达摩剑等流传于世，而形意拳亦其一也。"又云："达摩所传者，意在于摄生，而刺击次之。形意拳者，其名译自梵音，其旨即在于养气……寺僧有得其一体者，复兴中国固有之武技融会而错综之，超逾腾踔，以之胜人。于是始有所谓少林拳者名于世，而去达摩所传之意亦日愈远。北宋时有张三丰者，隐武当为皇冠，究心达摩之术者若干年，得其玄奥，乃尽弃少林之成法，而一以练气为主。有从之者，即授以形意拳以为练习初步。成效既著，学者蜂起，世人遂名之曰'内家'，而称少林为'外家'，而形意一拳，至是亦遂为内家所专有矣。"

凌氏此说一出，曾引起了武术界同仁的非议。民国19年（1930），徐哲东著《国技论略》，唐豪著《少林武当考》，均指出达摩与武术无关，达摩创拳为"伪作"，张三丰传习形意更属虚构。徐哲东说："达摩首开禅宗，本以静坐证误而不落文字，言论为旨，其传慧可，唯云：楞伽四卷可为心印，如果有易筋、洗髓何不与楞伽同言？岂易筋、洗髓之妙尤胜楞伽耶？此亦足为伪作之证矣。"

有关记载达摩身世经历的史料《传说正宏记》和《续高僧传》以及《景德传灯录》等书均无达摩创心意拳之说。考心意诸古谱，如《姬际可自述》、王子诚《拳论质疑序》、曹继武《拳论·十法摘要》、戴龙邦《六合拳序》、祁县戴良栋《拳谱抄本》等墨本，都无片言只字提及达摩创心意拳之事。更重要者，详考心意拳内容，博大精深，熔历代拳经拳法为一炉，取中华传统哲理为原理。如内功理论，本源于殷周时产生的易学。五行拳也是依据殷周时产生的阴阳五行学说所创。至于十二形拳中的龙、虎、蛇、马、猴、鸡等形象，则早在原始社会中便是部落所尊奉的图腾了。达摩作为一个外国人，既然是"挟其所谓西域技击者来传之于中土"，为什么其内容没有一点西域特色，而完全体现的是中国风格呢？可见，心意拳并非来自印度。再说，达摩来到中国的时间不长，怎么可能创编出一个熔铸了中国古老文化精华，又具有中华民族特色的拳种呢？更何况达摩到达中土后是在少林"面壁九年"后即圆寂的呢！

不难看出，达摩创立心意拳之说实为妄传。究其原因，不过是托神名以示拳贵，使之易于传播而已。民间尚有尊如来佛为心意拳之老祖者，可为一个佐证。

二曰"心意拳为岳飞所创"。此说最早见于文字的是曹继武的《拳论·十法摘要》。曹氏云："惟此六合拳者则出自宋朝岳武穆王。嗣后金元明数代，鲜有其技，至明末清初有蒲东姬际可先生……遍访名师，至终南山，得岳武穆王拳经。"戴龙邦承其师曹继武之说，于乾隆十五年（1750）为"六合拳"作序云："岳飞当童子时，受业于周侗师，精通枪法，以枪为拳，立法以教将佐，名曰意拳，神妙莫测，盖从古未有之技也。"以后，便有了"心意十二形为岳飞被困牛头山时所创"之说。此说顺应了人们对清王朝统治的不满和对民族英雄岳飞的敬仰心理，因而很快地被人们所认定，并广泛地传播开来。

民国时期，许多国术专著先后问世，比较有影响的有孙福全著《形意拳学》《拳意述真》，刘殿琛著《形意拳术抉微》，姜容樵著《形意母拳》，薛颠著《形意拳术讲义》等等。有的专著中对岳飞创立心意拳的传说予以肯定。如刘殿琛在其所著《形意拳术抉微》中云："形意拳术一门为最合军用，盖该拳为岳武穆所发明。"然而，多数著作在述及岳飞或者周侗创心意拳时，均持谨慎态度，冠以"相传"二字。如李烛尘之《国术史》，吴图南之《国术概论》，高降衡之《形意拳基本行功秘法》（墨本）等，均取"相传""或谓"之说。有的著作则对岳飞创立心意拳提出了质疑。姜容樵云："形意拳，相传创始于宋之岳武穆，第考诸史册，仅载其知拳，而未详其所治若何，及受之何人，传与何方，学者憾焉。"徐哲东在其《国技论略》中进一步指出："形意拳家言，形意拳传自岳飞，其事终出于依托。盖形意拳家借岳飞以增重也。形意拳是否岳飞之传，亦可疑也。"徐哲东最早提出了岳飞创立心意拳乃是"依托"之说。我们深以为然。

首先，考诸史册，《宋史》卷365，洋洋近万言，多记载其作战的经历和战功，只在开头一段提到岳飞学文习武的情况："少负气节，沉厚寡言。家贫力学，尤好左氏春秋，孙吴兵法。生有神力，未冠，挽弓三百斤，弩八石，学射于周侗（编者注：这便是心意拳为周侗所创之由来），尽其术，能左右射。侗死，朔望设祭于其家。父义之曰：'汝为时用，能殉国死乎？'宣和四年，真定宣抚刘韐募敢战士，飞应募。"时岳飞19周岁，其学业、武术都是在这以前打下的基础，以后便是紧张的19年戎马生涯。

岳飞三子岳霖之子岳珂，字肃之，南宋时文学家、史学家，官拜户部侍郎，淮东总领兼制置史。曾编撰《鄂王行实编年》以记岳飞大事，又编《金佗粹编》和《金佗续编》共58卷，为岳飞传记的资料汇编。书中收集有诗文、表奏、战报，以及高宗的御札、宋王朝的命令、札子等原始资料，以及传记、逸事等，均未见岳飞创立心意拳的记载。再考一些私人著述，如徐梦莘的《三朝北盟会编》，熊克的《中兴小纪》，李心传的《建炎以来系年要录》等，甚至查阅元代孔文卿的《地藏王证东窗事犯》及明代成化间的传奇之作《精忠记》等，都无一字提及岳飞创心意拳术。

其次，再考岳飞生平。岳飞（1103—1142），字鹏举，河南汤阴人，15岁结婚，16岁得子。15至19岁做韩家庄客。19岁初次投军，不久回家，料理父亲丧事。靖康元年（1126）应枢密院官员刘浩招募，再次投军。其时，岳飞23岁。建炎二年（1128），岳飞以两千兵破敌数万于南薰门。建炎四年（1130），大败金兵于静安，收复建康。绍兴元年（1131），大破曹成军于岳州。绍兴四年（1134），收复郢、襄阳、唐诸、随州等地。绍兴五年（1135），攻洞庭湖义军。绍兴六年（1136），下蔡州，还军鄂州。绍兴八年（1138），岳飞主张和金人决战，上书力阻议和。绍兴十年（1140），大败金兵于京西、颍昌，收复河南等地，又大败金兀术于郾城，进军朱仙镇。宋帝听信秦桧议和，诏岳飞班师。绍兴十一年十二月，岳飞被害。

从诸多史家对岳飞生平的简介中可以看出：岳飞23岁之前，主要精力除奔波生活之外，大多用于学文习武。这时，要创立一套拳术，从其年龄尚轻、阅历有限等条件看，是不可能的。23岁之后，东征西讨，南攻北战，几乎年年都有战事。岳飞二次从军后的十数年间，是在战斗异常紧张的情况下度过的。前要以刀枪顾敌，后要防奸佞陷害，常常昼夜不得解甲，数日无稍事休息的机会。而创拳立说，除自身条件外，尚需有较为充裕的时间，从创拳原理到拳法与套路的和谐统一，从由简到繁的拳路创编，再到各拳的技法实用等等，都是短时间内不可能完成的。

再说，假如岳飞真的"以枪为拳，立法以教将佐"是事实。那么，习此心意拳者总该有成千上万人吧？虽然岳飞被害后，岳氏家族受到了株连，但是20年后即绍兴三十二年（1162），宋孝宗赵昚已为其"平反"，并赠封为太师，赐谥"武穆"，迁葬于杭州栖霞岭下。宋宁宗时，又追封为鄂王，死者岳飞及生者岳家子孙，均得荣宠。宋代武术大兴，颇受统治者重视，由于战乱频繁，尚武的社会风气进一步促进了武术的发展。民间有"锦标社""英略社"等练武组织，武艺高强的人可以上街"卖艺"，拳术套路已经成为拳师传授武艺的主要内容，甚至还出现了以表演套路为职业的女艺人。诗人欧阳修曾作《日本刀歌》，北宋成书有《武经总要》。宋太祖之拳，李全之枪，张威之棍，呼延赞之鞭等等都被记载而流传下来。在这种情况下，岳飞平反后，其拳应该和他的英名一样被广泛传播。然而，在他平反后直到宋王朝灭亡的100多年间，竟没有流传岳飞所创之拳。相反，远不如岳飞英名的许多人的武艺反而流传下来了，这岂不是咄咄怪事！

　　元朝统治者怕人民造反，因而严禁民间习武。但是，不少武术还是辗转流传下来。民间艺人把武术带到戏曲里，保留了一些套路和技艺，如"关大王单刀会""追韩信"等。这时，岳飞仍然被戏曲家作为英雄人物描写，他的故事被搬上了舞台，但仍不见其创拳之事，民间更不复有其传。元朝取代宋王朝还不到90年，到了元末，随着农民起义的不断发展，许多武术逐渐复活起来。

　　明代是武艺集大成时期。由于统治者的提倡，各门武艺蓬勃兴起，习武弄棒蔚然成风。平倭大将戚继光甚至说，若不学武艺，是不要性命的呆子。到了明末，已出现了"内家"与"外家"的说法。明代成化年间，出现了歌颂岳飞的《精忠记》，但无论庙堂之高，还是江湖之远，均不见其创立心意拳一说。戚继光著《纪效新书》十八卷，可谓是中国古代军事武学典籍中的名著，但仍无提及岳飞创心意拳之事。该书《拳经捷要》节中述及拳种时云："古今拳家，宋太祖有三十二势长拳，又有六步拳、猴拳，囵拳，名势各有所称，而实大同小异。至今温家七十二行拳，三十六合锁，二十四弃探马，八闪翻，十二短，此亦善之善者也。吕红八下虽刚，未及绵张短打，山东李半天之腿，鹰爪王之拿，千跌张之跌，张伯敬之打，少林寺之棍，与青田棍法相兼，杨氏枪法与巴子拳棍，皆今之有名者。"试想，如果当时确有岳飞之心意拳，戚继光是不可能不大书一笔的。

　　另外，清雍正十三年（1735）王自诚所作的《拳论质疑序》，也没有提及心意拳为岳飞所创。岳飞创立心意拳之说，是曹继武首先在他的《拳论·十法摘要》序中提出来的。也就是说，在岳飞已经去世将近600年之后，才有了其创拳之说。

从以上史实可以看出：岳飞创立心意拳之说实为虚传。究其原因，无非是"托英名以示拳贵"而已。翻阅史册，几乎随处可见。民间结团集社、操办大事以至于揭竿而起，都要依托于某一神灵或某一圣人。如太平天国托之于上帝，梁山好汉假托为星宿下凡，二郎拳托之于二郎神等等，实在是不足为怪的。不能否认，心意拳托之于岳飞所创，为其广泛传播确实起了很大的作用。

三曰"心意拳为姬际可始创"。此说自民国以后，尤其是近十数年来，已逐渐为广大的形意界同仁所认定。

姬际可，字龙峰。先祖姬从礼于明初由洪洞迁至蒲州。姬际可为八世姬训之次子。自幼学文，13岁开始习武。5年后，父母相继去世。姬际可20岁左右时，离家奔少林寺，出诸冯，过解州，翻越中条山时不幸马失前蹄，跌入深涧。他手抓树枝，沿峭壁攀登，险里逃生，终于到达少林。姬际可在少林寺学艺二载，颇得少林秘法，尤擅大枪绝术，有飞马点椽头之绝技，人号神枪。后来，少林寺住持请他做了师傅，专授武功。是时，清军南下，各地反清志士云集少林。姬际可素来敬仰岳飞精忠报国的精神，以反清复明为己任，遂与各路豪杰相商反清大计。后被清廷获密，派亲信入寺，姬际可险遭不测，于是下山出游。先到南方，遍访技击名家，辗转到峨眉，又入汉中，逾秦岭，上终南。"彼时因落魄江湖，毫无寸进，既不能遂平生之志，又不能重返故园，生趣毫无，遂生遁世之心"（《姬际可自述》）。可见，当时的姬际可既难遂反清复明之志，又有被清廷缉捕的危险。因此，他将希望寄托于创拳立法之上，以传播其反清复明思想。可以说，这时的姬际可已经具备了创拳立法的主客观条件。

首先，姬际可有着明确的政治目的和强烈的民族意识。他不能直接从事反清斗争，便创拳立法，以传播反清思想。为达此目的，于是产生了终南山得岳武穆《六合拳经》这一托词。《姬际可自述》云："老朽备受艰辛，真乃言莫可喻。只身宿古刹，四壁肃然，单将东配殿修葺以避风雪，深夜为猛兽咆哮所惊，难以就寝。一夜挈剑逐兽返归，偶见西配殿内隐隐有光。当时明月皎洁，老朽疑由破窗射入。仔细辨别，更为可疑，顿生好奇之心，燃油松上照，土蔽尘封，显出点点微光。纵身一跳，跨上横陀，竟见承尘之上有一柄古剑，一个木匣。老朽捧来端详，剑鞘古雅，剑光耀目，锋利异常，上嵌'汤阴岳氏'四字，并无剑名。老朽不识其剑，实知其人。再启木匣，却是一部手册，题名《六合拳经》，其中五行变化之原理，阴阳造化之枢机，起落进退虚实之奥妙，武技之精华尽集于此。老朽感焉，悉心研习其精义，十易寒暑，会其理于一本，通其形于万殊，以六合为法，五行十形为拳，以心之发动曰意，意之所向为拳，名曰心意六合拳。"字里行间，可见姬际可用心之良苦：一方面以岳武穆为榜样来勉励自己，以实现其反清复明之志；另一方面将自己所创之拳托之于武穆拳经，以示拳贵，使后之学者珍重此拳。值得注意的是：姬际可依据所托的"六合拳经"，"以六合为法，五行十形为拳"将此拳名之曰"心意六合拳"。可见，"心意"一拳确为姬际可始创，并由其命名。

其次，姬际可具备创拳的文韬武略。姬氏上少林寺前已是文武全才，加上少林寺有丰富的秘笈资料，寺僧有精奥的拳法技艺，这种主客观条件的结合，为姬氏创拳立法奠定了基础。姬际可在少林寺10年间，又苦钻少林秘笈，并涉足名山大川，遍访技击高手，从理论到实践，逐渐使他成了一名武学大家。他承袭了中国古代武学的传统和众多拳经之精华，诸如阴阳、五行、六合等原理，参照元代太原人白玉峰在少林寺创编的龙、虎、豹、蛇、鹤等五拳，并根据对某些飞禽走兽的细致观察与技击要道，创编了五行拳和十形拳。

再次，创拳需要有充裕的时间和精力。清王朝立国前后，姬际可经历了在家学拳，少林学艺，进行反清复明活动，四出游访几个阶段。第一、二、三阶段姬际可创拳的条件还不成熟，到了清康熙初，即第四阶段，他目睹清王朝立国业已稳固，复国无望，于是云游天下，遍访名家。这时，姬际可创立心意拳可谓水到渠成，已经是顺理成章的事了。

雍正十三年（1735），河南进士王自诚作《拳论质疑序》。这是继《姬际可自述》之后最早的传世墨本。《序》云："拳之种类不同，他端亦不知创自何人，惟此六合拳则出自山西姬龙、姬凤，二师乃系明末人也，精于枪法，人皆以为神，而先生犹有虑焉。以为吾处乱世，出则可操兵，归则执枪可自卫，若当太平之日，刀兵鞘伏，倘遇不测，将何以御之。于是将枪法为拳法，会其理为一本。通其形于万殊，名其拳曰六合。"王自诚肯定了"六合拳"出自山西姬氏，并肯定了其"将枪法为拳法"的立拳依据，只是未写"心意"二字。而且将姬龙峰误作姬龙、姬凤二人。这种传抄中的讹误，正如《姬际可自述》一样，传到后来，由于字迹模糊，人们连现代汉语也加进去了，此实不足为怪。

近年来，在《姬氏族谱》中查证出姬际可的生平，为心意拳创自姬际可提供了可靠的依据。

综上所述，可以得出这样的结论：心意拳创立于反清复明的民族斗争十分激烈的清王朝立国之初，为山西永济人姬际可所创。姬际可是一位崇尚岳飞精神，文武兼备的武术大家。而达摩创心意拳之传说，则从另一方面说明了心意拳与少林寺的关系。民国14年（1925）立的《车君毅斋纪念碑记》碑文开宗明义指出：心意拳为"少林外家支派"。可见姬际可创立的心意拳是汲取了中国历代武术大家的拳理、拳法精华（包括少林拳理、拳法）使之融为一体，而又别于少林拳的一种具有独特风格的拳术。

二、心意拳之师承

姬际可创拳的政治目的在于传播反清思想。这一点在其拳诀甚至拳法中均有所见。所以，心意拳一成，他便离开终南山东行，物色传人。"然此拳一经问世，人竟以狂妄目我（编者注：由此可知姬氏在传拳时，并没有打出岳飞的旗号），庶不知此拳有防身御侮养性修身之术。以心意诚于中而肢体形于外，含藏先天之本，性命生死之道。阴阳为母，四象为根，以夺阴阳之造化，扭转乾坤之契机。然沿途所遇，皆为庸俗之辈。到苏、常一带访友，巧遇王辅臣父子，承他父子另眼相待，其子耀龙尚能刻苦用功。转瞬五载，又西南行，至秋浦遇曹公托其子继武与我，一教十二年，其技方成"（《姬际可自述》）。曹继武在其《拳论·十法摘要》中自认其从学于姬氏，云："……夫世之习艺者，固一师之传也，亦各有不同，岂其始艺之不类欤？谅亦习者未得其真，故差之毫厘，谬之千里，况乎愈传愈讹，且不仅差之毫厘也。余从学姬氏，以接姬氏之传，得之甚详，就其论而释之，定为《十法摘要》，非敢妄行于世，聊以训子弟云尔。"乾隆十五年（1750），戴龙邦作《六合拳序》亦云："独我姬公名际可，字隆凤，生于明末国初，为蒲东诸冯人氏，访名师于终南山，得岳武穆王拳经，后授余师曹继武先生于秋浦。"可见，姬际可传曹继武心意六合拳确信无疑。至于传王耀龙以及传其义女姜慕兰，由于这两支尚未发现传人，故无从考焉。康熙二十五年（1686），姬际可在秋浦传艺时手书自述，赠予曹继武。姬际可晚年归里后，据《姬氏族谱》记载：老年被流寇于村西，手歼渠魁，村民以夫子事之。

姬际可去世后，葬于祖坟，立碑纪之，后人尊称为"老夫子"，挂其绢画敬于家庙；少林寺中亦挂其画像。其形象为：长形瘦脸，须髯皆白，身体修长，目光炯炯，家庙像旁有后人书写的对联，云：

  创业本艰难要留好样与子孙
  守成非容易不可负愧于祖宗

  曹继武生于康熙四年（1665），从姬氏习心意六合拳十有二年，技勇方成。康熙癸酉年（1693）武科联捷三元，钦命为陕西靖远总镇都督。后因宦途坎坷，致仕归籍，于池州授业于山西祁县人戴龙邦。乾隆十五年（1750），戴龙邦从师命返晋，途经洛阳时，于马学礼书室作《心意六合拳序》云："独我姬公，名际可，字隆凤……后授余师曹继武先生于秋浦。"姬氏传曹、曹氏传戴之师承关系当已无疑。河南马学礼亦曹氏弟子。山西戴龙邦于池州拜曹继武为师时，曹自称为"南山郑氏"。戴龙邦学得姬氏所创心意拳术，得五行、十形真传，并得其师所释《拳论·十法摘要》及《姬际可自述》等珍贵墨本。池州学艺期间，戴龙邦常于扬子江边苦练心意真功。见鼍长丈余，浮于水中，凶猛异常，心有所感，遂以两手左右分拨前进，如鼍之浮水。之后，又见鲐于水中回游，如护尾之状，又以其形为拳，左右前进，如鲐之护尾，久练不厌。戴氏将此二形拳练至精妙之处，请教师傅。曹继武心感其灵，赞许以此二形为拳，传授门人。艺成后，戴龙邦奉师命回归山西时，曹继武始将真实姓名告之。由于师祖姬际可及师父曹继武反清复明思想与坎坷生涯的影响，加之雍正五年（1727）下令禁武，戴龙邦返归故里后，即将心意拳禁锢，只传子、侄及内亲，不再外传。嘉庆七年（1802），戴龙邦终前留遗嘱给戴文雄（小字二闾），"心意拳不得外传"。戴二闾谨遵遗训，将心意拳禁锢38年之久。因此，心意门人中有"戴氏家拳""戴氏祖传心意拳"之说。戴龙邦去世134年之后，即民国24年（1935），曾有过道光二十一年间（1841）牛皋之后牛希贤传戴龙邦父子心意拳的传说。这时戴龙邦去世已经整整40年，人死岂能学艺乎？况且嘉庆至道光间，戴二闾已成为赫赫有名的心意大师，以保镖名闻遐迩，声震武林。说什么戴龙邦父子此时向牛希贤学习心意拳，并"以师礼事之"，实属无稽之谈。研究过戴龙邦乾隆十五年在马学礼书室作的《心意六合拳序》的人都知道戴家心意拳的由来。然而，时过235年之后，又出现了"明朝正统年间，戴氏族成忠学得岳飞所传心意拳之后，成为戴氏族的家拳"之说。此说与心意门人中习惯称心意拳为"戴氏家拳""戴氏祖传心意拳"之说是风马牛毫不相及的。自乾隆十五年（1750）戴龙邦学得心意六合拳奉师命回归故里起，即只传子侄及内亲，到戴二闾遵遗训将拳禁锢，不外传人，先后将近90年，"家拳""祖传"之说即由此出。而"戴成忠得心意拳"之说过去无所闻，也无见于文献，心意古谱中也无任何文字述及此事。考《祁县志》及昭余戴氏家藏秘籍《半可集》等重要文献，只有"戴成忠于明之初始自雁门迁祁，鼻祖也"的记载。五世以前，未见科名。六世起，始见戴氏宦绩。八世戴光启，隆庆辛未进士，三边有政声。九世戴运昌，崇祯丁丑进士，官至户部，因"殚力国计"，旋以"陈演牵连下狱"。十世戴廷栻，"以气节、文章名世"。国变后"无志仕进"，至康熙己未，"应博学鸿词科，闻望尤隆"。"晚官闻喜训导，署曲沃县教谕，年七十四岁（康熙辛未）卒于官"。以上文献无片言只语述及戴成忠得心意拳之事，直至十世戴廷栻仍之。将戴氏家拳"追溯"到"明朝正统间"，至今尚未发现任何历史根据。

道光十六年（1836），直隶深州（今河北深县）人李老农闻戴二闾大名，遂变卖部分家产，别母离妻，千里迢迢到山西祁县小韩村学习戴家心意拳艺。然而，多次登门求教，均遭拒绝。李老农心诚意坚，深知戴家心意拳的厉害和二闾师的威名，便在这里以租地种菜为生，等待时机。此后3年间，每日为戴家送菜，风雨无阻，未曾取过分文。戴二闾感其心诚，遵母命于道光十九年（1839）正式收其为徒，传授心意拳术。光绪二十一年（1895）李广亨作的《心意精义》墨本记载了这一史事。民国14年（1925），李老农的第二、三代传人集资树立的《车君毅斋纪念碑记》中述及这一史事时，云："戴氏小字二闾，则祁人也。戴氏祖传心意拳……外传李老农"这些都是最早记载戴二闾传李老农的历史文献。民国24年（1935），戴二闾第二代传人祁县高降衡作的《形意拳基本行功秘法》（墨本）及《戴良栋拳谱抄本》（墨本）中也都有戴二闾传李老农的记载。直到20世纪80年代中期，又出现了"郭维汉传李老农"新说，并有郭维汉只学得戴氏"十大"未学得"五行拳"等论。此说首见于1985年《搏击》一期载黄新铭《戴龙邦与戴氏心意拳》的文章。时过两年，黄氏即在《少林武术》一期撰文《形意拳首传人李洛能》，纠正了郭维汉传李洛能的错误传说，并得出了"祁县口碑材料与车氏碑文基本相合，李洛能（老农）为戴文勋（雄）的弟子"的结论。

现存足以证实李老农为戴文雄弟子的历史文献有《心意精义》（墨本）、《车君毅斋纪念碑记》、《形意拳基本行功秘法》（墨本）、《戴良栋拳谱抄本》（墨本）等等。

戴文雄收李老农为徒，开创了戴氏心意拳外传的历史。李老农继承发展了戴氏心意拳术，并作了重大的改革和创新。他和他的许多著名弟子如车毅斋、贺运亨、李广亨、宋世荣、刘奇兰、郭云深、李太和、刘元亨、张树德、刘晓兰、李占元等等，都为中国形意拳的传播和发展作出了卓越的贡献。

三、形意拳拳名之创立与传播

李老农学得戴氏心意拳五行十二形之半数后曾随二闾师从事保

镖业将近5年。道光二十九年（1849），李老农受太谷富绅孟綍如之聘，离开祁县，到太谷城内护院。从此，结识车二（即车毅斋），并传授心意拳术。咸丰六年（1856），由主人孟綍如荐举，征得二闾师同意，李老农正式收车二为徒。孟綍如为师徒写承师帖时，同时为他们起了名字。李老农起名飞羽，字能然，车二起名永宏，字毅斋。不数年，李飞羽将戴氏心意拳"五行六象"悉心授予弟子，同时，也将武艺传给主人孟氏。因此，太谷县城有孟綍如待李飞羽如"坐上客"之传。不久，李飞羽又收太谷人贺运亨、榆次人李广亨为徒。同治二年（1863），李飞羽加入太谷镖行。因忙于镖务，是年冬，便将弟子车毅斋拜托师傅戴二闾栽培。车毅斋每晚步行数十里，由太谷到祁县小韩村师爷处学艺，戴二闾年复一年尽将平生拳艺传授。直至二闾卧病在床，尚以箸作械，传授枪、剑等器械套路。终前，戴二闾将戴龙邦乾隆四十三年所作《心意六合拳》重订墨本相赠，并口授"习武当以武德为重，艺成务要扶危济贫，传艺要以不欺人为本"等戴氏祖训。

  车毅斋得戴氏心意真传后，便同师傅李飞羽、师弟贺运亨、李广亨以及弟子李复祯等一道潜心于心意拳术之研究、改革、创新，先后对戴氏心意拳拳名、拳理、拳法等都进行过深入细致的研讨。经过多次反复研究"心意"与"形意"的内涵，认定"心意"本同一理，均成思于内；而"形意"则兼"外形"与"心意"双重含义，即内与外的结合，思与行的统一。于是，李飞羽首先提出了以"形"代"心"取名"形意拳"的主张。认为这样更符合心意拳的拳理、拳法。此后。始有形意拳之名闻于世。

  同治五年（1866），李飞羽同弟子车毅斋创编了第一个形意拳对练套路，初名"五行生克拳"，后改称"五行炮"。李飞羽晚年归冀后，车毅斋继承师志，不遗余力，继续改革、完善形意拳术，先后又创编"挨身炮"等9个对练套路，以及拘马拚、狮吞手、十三炮法等等。至此，由李飞羽师徒改革创新的形意拳术理论逐渐完善，内容日趋丰富。此拳以"防御为能"为其特色，套路严谨，拳法多变，风格独特，车毅斋首在同门中试传时即倍受欢迎。不久，太谷城乡习此拳者日渐增多。《车君毅斋纪念碑记》中所说的"吾郡则自咸同间此术独盛"，记的就是这一历史。光绪初，此拳很快传入太原、榆次、徐沟、平遥等地。光绪十四年（1888），车毅斋在天津以形意剑术击败日本武林高手板山太郎，名声大震，清政府特授予"花翎五品军功"，以示嘉奖。

光绪十五年（1889）农历九月，李飞羽弟子直隶形意拳大师、以半步崩拳打遍华北无对手的郭云深首到太谷走访形意同门，与车毅斋师兄切磋技艺长达一年有余。之后，郭氏语人曰："山西吾车二师兄，技臻出神入化之境，真高手也。"此后，直隶形意名师到太谷走访形意同门的还有刘奇兰、李太和、刘元亨、李占元、张树德等等，各地武林高手先后到太谷与形意门人较技者多达百余之众。光绪十九年（1893），李飞羽弟子，直隶人宋世荣、宋世德兄弟携眷由大兴县迁晋，定居太谷，首在形意同门中传播山左琅琊王南溪所注内功经。光绪二十一年（1895），李飞羽弟子榆次人李广亨在太谷城内"中兴正"商号作《心意精义》，对心意拳之历史源流、拳理拳法、拳名演变、五行、十二形拳之练法以及诸多套路拳都作了详细注解，成为形意门中具有权威性的拳谱资料。

晚清，李飞羽的著名弟子有5人聚集太谷传授形意拳艺，民间有"五星聚太谷"之称。车毅斋技艺精深，形意真功达到出神入化之境，他的游鼍化险，被武林誉为绝技；李广亨人称"试金石"，乌鸦伏卧为其特技；宋世荣长于内功，燕形技艺令人叫绝；宋世德轻功出众，常越城而出，汲水于酎泉；贺运亨人称"铁腿"，腿功技艺超群。李飞羽第二代传人，车毅斋弟子李复祯善于技击，尤擅长枪，人称"技击泰斗""常胜将军"，太谷成为形意名流荟萃，形意大家往返交流技艺的地方。因此，太谷被武林誉为"形意拳之乡"。

光绪二十三年（1897），刘奇兰弟子王福元到太谷拜访车毅斋师伯。车氏悉心传授拳艺，如入门弟子，并将其推荐到榆次陈侃为萧家护院，以为谋生之所。光绪二十四年（1898），李存义奉师命赴晋，向车毅斋师伯学习拳艺，并探望师弟王福元。光绪二十六年（1900），李存义参加义和团事败，到太谷避难，车毅斋命弟子李复祯等保护其安全，并推荐其为当地富户孟氏护庄。李存义在太谷期间，车毅斋为其补足十二形拳，并传授挨身炮等套路。宋世荣向其传授内功四经。光绪二十九年（1903），郭云深最后一次到山西太谷，与师兄车毅斋等商讨十二形之排列序次，经研究决定将原先李飞羽所传之六象排在前、车毅斋所传之六象排在后的序次，改为"龙虎为开"排在前、"鹰熊为合"排在后。自此，鹰、熊二形不再单独演练，形意门人谓之"鹰熊合演"。郭云深临行前，同车毅斋师徒共11人合影留念（此照尚存）。李飞羽弟子车毅斋、郭云深等为晋冀两省形意拳术的交流作出了重大的贡献。车毅斋先后为师弟、师侄补足形意十二形，并传授单练、对练套路及散手技艺。由李飞羽定名的形意拳术得到了广泛传播，使之成为我国四大名拳之一。

宣统三年（1911），形意名家李存义在天津创办中华武士会，团结武界同仁，培养了一批优秀武术人才，为发展武术事业作出了可贵的贡献。民国3年（1914），李存义最后一次到太谷，与同门师兄弟李复祯、布学宽、宋铁麟、刘俭等共同商讨形意门人之辈次，决定从飞羽公第二代传人起，以"华邦惟武尚社会统强宁"十字为辈序，使后之来者有谱可稽。是年，形意拳新秀郝恩光首将形意拳传到国外，开创了中国拳师教外国人学形意拳的新纪元。民国7年（1918），曾于光绪末年在太谷受过形意大师车毅斋、李广亨、宋世荣指点的形意奇杰韩慕侠在北京击败俄国大力士康泰尔，为中华民族争得了荣誉，中国人闻之扬眉吐气。此后，形意拳名声大震，全国各地学形意拳技者与日俱增。山西省城各大中小学，太谷、榆次等地高等小学普遍增设国术课，许多形意拳名师被聘请专授形意拳术，一批形意拳新秀成长起来。形意门人孙福全、刘殿琛、姜容樵、凌善清、薛颠、董秀升等编著的形意拳专著先后刊行，向国人推荐形意拳术，进一步推动了形意拳的发展。同时，还出现了以描写形意拳名人为主要内容的传记性小说，如《清侠传》《当代武侠奇人传》等等。到了民国25年（1936）前后，全国各地成立的国术馆、会中都有形意拳师任教，有的并担任要职，形意拳的普及之势逐渐形成。李飞羽在山西的传人以口授身传技艺见长，并重视广泛开展与武林各界朋友的竞技活动。因此，善技击者不断涌现，在国内享有盛名。民国17年（1928），两次在南京举行国考打擂，山西代表队16人中即有李连成、韩荣华、张万荣、王鸿、张安泰、李培昌、白三货、郭凤山等15人是形意拳名手。

民国26年（1937），日军入侵中华国土，形意拳术几乎被扼杀。许多青年拳师奋起抗日，为捍卫中华民族的尊严，抗击日军的侵略作出了积极贡献。仅山西即有陈晓峰、胡殿基（化名杜子和）、史克让等多名担任要职的形意拳新秀为抗日战争英勇献出了生命。老年拳师则不顾安危，冒死犯难传拳授艺，秘密培养了众多的优秀形意拳人才。

50年代以后，形意拳得到恢复和发展。40多年来，从事形意拳理论研究的人们克服重重困难，查找历史文献，走访形意前辈，承前启后，继往开来，实事求是地在研究形意拳历史源流，挖掘整理形（心）意拳文献，阐述形意拳拳理、拳法中的疑难，以及澄清某些历史讹传等方面作了大量工作，有的已取得重大研究成果。

随着社会的进步，许多人对形意拳术独特的健身功效和以"防御为能"为特色的拳技都有了进一步的认识。习此拳者遍及各地，精斯术者与日俱增。他们将为更广泛地传播形意拳术，为人类的健康长寿和社会安宁作出更大贡献。

第二节　拳理、拳法

一、形（心）意拳诸论

形意拳源于祁县戴氏心意拳。姬际可创心意拳时，以"心之发动曰意，意之所向为拳"为基本拳理。这和他的枪论原理："论枪法凭着己心，己心不明，反误后人"是一致的。此拳又以"六合"为法，故以"心意六合拳"为名。"心意"表明此拳"运用之妙，存于一心"的深刻道理，而"六合"则是"心意"与"形体"的辩证统一。心意六合拳之名，既深刻精妙，又浅显质朴。一个拳名即将此拳的特点表现得淋漓尽致。"心意"一词，本出自佛教典籍《俱舍论》。内有"心意识体一"之说，意思是：思维、意念、认识、形体都是一致的，这是典型的佛家哲理思想。姬际可在少林寺10年，自然接触了不少佛教经典和佛门高僧。他心领神悟，借此来表明心意拳的深妙恢宏。同时，这一拳名也反映了心意拳与少林寺的关系。姬际可晚年归里，将此拳传于乡人。乡人尊其拳为"际可拳"。

曹继武在其《十法摘要》（墨本）中，前八法论"形"，后二法论三性（眼、耳、心）和内劲法，并以六合为法，详细地阐述了六合拳立拳之理。戴龙邦论此拳时，则强调了"心"的作用。因而，戴氏心意拳迄今仍保留着"重神不重形，重内不重外"的特点。练功时讲究"心定""生慧",变无为为有为。歌诀有"乾为鼎来坤为炉,烹铅炼汞境元神,炼就混元一口气,气贯泥丸通涌泉"。至今,戴氏心意拳一直沿用"心意拳"之名,成为心意门中保留古老风格的一支。河南心意拳旧有"南派"之称,以马学礼为代表人物,至今仍称"心意六合拳"。

李飞羽始在太谷传拳时亦称"心意拳"。强调此拳"心意诚于中,肢体形于外","心意"本是一个意思,属内,"肢体",指形而言,属外。心意拳系由内与外的结合,即心意与肢体的统一来表现的。五行拳及十二形拳的特点都是"象形取意","意"与"形"的统一是心意拳的主要特征。车毅斋亦认为,心意拳"以形取意,以意象形,形随意转,意自形生"。这些理论都升华为形意拳的立拳之本。李飞羽认为:"十二形属形拳,五行属意拳。"因此,他决定取"形意拳"之名,以体现此拳之特点。此后,形意合一,内外合一,便成了形意拳拳理之精髓。

曹继武作的《十法摘要》,从形体之三节四梢、身法、步法、足法论到上法、进法、顾法、开法,托名而作的《岳武穆九要论》则详论了身形、梢节、拳、头、身法、步法等,均属形的范畴。可见,形意拳之名,是李飞羽师徒在钻研前人论述的基础上产生的。

刘奇兰论形意拳曰:"形意拳术之道,体用莫分。自己练者为体,行之于彼者为用",强调了练与用的关系。宋世荣论曰:"形意拳之道,是先将拳术已成之着法,玩而求之,而有得于心焉",辩证地说明了"形"与"意"的统一关系。刘晓兰论曰:"形意拳之道无它,不过变化人之气质得其中和而已,从一气而分阴阳,从阴阳而分五行,从五行而还于一气。十二形之理,亦从一气,阴阳、五行变化而生也。"郭云深云:"形意拳术有三层道理,有三步功夫,有三种练法。"又云:"将三经又制成拳术,即形意。"李魁元云:"见其外,知其内,诚于内,形于外,即内外合而为一者也。先贤云'得其一而万事毕'，此为形意拳术'形意'二字大概之意义也。"张树德云："形意拳术不言枪剑，因其道理中和内外如一体。"白西园云："练拳术之道理，神气贯通，形质和顺，刚柔曲折，法度长短，与书法之理相同也。"李镜斋云："练形意拳要身心相合，形式和顺。"李存义云："若论形意拳本旨之体用，是自己练趟子为之体，与人相较时按练之而用之为之用。虚实变化不自专用，因彼之所发之形式而生之也。"刘俭云："形意拳以外练形体，内练意气而为道，为养生、技击并重之术也。"李广亨、耿诚信、周明泰、许占鳌、孙禄堂、董秀升等形意名师都秉承形意始祖李飞羽的意旨，从不同的角度阐述了"形"与"意"的辩证统一关系，说明了以"形意拳"为名的科学性。

也有称"行意拳"者，盖以"五行拳"为其基础拳而名焉。

二、特点、要义

（一）特点

1.象形取意，式简意深

形意拳拳法强调"以四象为根"，充分体现了"象形取意"的立拳之本。此拳招式简单，每一招式都含有"象其形，取其意"之意，先贤有"式简易学，学易精难"之谓。可见，要学好形意拳术，练出一招一式的深刻含义，非下苦功琢磨"形意合一"的意义不可。

2.内外兼修，虚实相因

形意拳以健身为宗旨，并有独特的技击手段。一动则强调以意领气，气沉丹田。练此拳时，养气练气并重，动作要求上松下实，虚实相因。身手步法灵活稳健，久练固可壮内强外。

3.劲力精巧，势法严紧

形意拳拳势紧凑，包裹严密，动作朴实无华，整齐如一。动作时，以神敛、气动而力发，一动即至。劲力精巧，犹如虎之伸爪不见爪，而物不能逃也。

4.防中寓攻，刚柔兼用

形意拳在实用上以"防御为能"为特色。动作时，防中寓攻，攻中有防，攻防结合；劲法上，刚中寓柔，柔中有刚，柔克刚进，刚柔兼用。

（二）要义

1.形意拳强调以健身为第一要义。谱云：形意拳是一种"内外兼修、有益心身"之武技。其基本功法为三体式，亦称三体桩功。久站此功，可达到强身壮体之目的。形意弹腿为形意拳之入门拳，练此拳可以锻炼身躯之灵活，为学好形意拳奠定基础。五行拳为基本拳之一，内应肺、肝、肾、心、脾，在体属气、筋骨、血、肌，久练固可健内壮外。十二形拳为基本拳之二，取物之特技以为拳，格十二形之妙，以尽万物之形，旨在锻炼筋骨的活力，增强肌肉和韧带的弹力，使气血通畅，阴阳互济。形意拳还具有对脑力进行调节的作用，并可增强呼吸机能，锻炼以气助力之本领，使形、意、气、力合为一体。久练此拳，可使精力充沛，身体健壮。

2.强身健体本为学拳之目的，但防身自卫也向为习武者所重视。形意拳一招一式都讲求实用，无任何花拳、绣腿。因此，习此拳者，必须依照拳理、拳法之要求，严格根据练法要领，持之以恒，苦下功夫，功到必成。平时练此拳，无人似有人；与人交手时，有人似无人。树立遇敌不惧、敢于斗争的必胜信念。并要随机应变，见机而行，知己知彼，百战不殆；能屈能伸，能弱能强，能进能退，能柔能刚；静则如山岳，难测如阴阳，无穷如天地，充足如太仓，浩渺如沧海，玄耀如三光，永立不败之地。宋世荣云："应敌之时，当刚则刚，当柔则柔。起落进退变化，皆可因敌而用之也。"拳谱有"打人如亲嘴，近在咫尺间"之说。

可见，练形意拳者，绝不远距离打人。与敌相交时，首先要防护自身，先顾而后打之。故，谱有"先练顾法后打人，顾法打的是本身"之论。

3.形意拳还具有完美的艺术价值。表演时可将形意拳技与美学要求结合，用直观方式表现出来，给人以勇而美的教育。以五行拳劈拳为例，劈拳似斧，有劈物之意。此拳内外合一，上下协调，拳式紧凑，美观大方。十二形中龙形可表现出龙的升降之形，捕捉之能；虎形则可表现出虎伏身离穴之势，扑食之勇。通过表演，可生动地表现出形意拳的独特风格和勇猛气质。无论实用价值和艺术价值，都可给观众以精神鼓舞和美的享受。如果只重外形模仿，以花招取宠，忽视象形取意的基本要旨，就失去了形意拳的风格特点，这种"表演"再好也无多大价值。

三、基本拳理

（一）象形取意

形意拳以"人之形为物之形，物之意以人意悟之"为立法之本。象其形，取其意，务须符合拳理，服务拳法。五行、十二形，各取一手特技以为技击之妙用。形式简单而意义深刻，动作不繁而功用无穷。如五行拳中崩拳似箭，取射物之意。十二形中虎形，取猛虎伏身离穴之势、扑食之勇等等。各拳都以"象形取意"为其拳理。古谱中所说的"行如槐虫，起如挑担"则是形意拳起落进退的基本法则之一。如果为"象形"而"取其形"，就失去了象形取意（技击）的基本意义。显然，不符合形意拳拳理拳法要求。宋世荣认为，每练一象形拳，"将伊之性能格物至善处，用之于敌，可以循环无端，变化无穷"。可见，只有深刻了解象形取意的要义，才能充分发挥各拳之特有的技艺。

(二)六合为法

"六合"之法,本是心意六合拳的基本法则。由于形意拳源于心意六合拳,故"六合"之法也是形意拳的基本法则。所谓六合,即心与意合,意与气合,气与力合,俗称"内三合";手与脚合,肘与膝合,肩与胯合,俗称"外三合"。拳谱谓:"心之发动曰意"。"意"之内含有来意、去意、攻意、守意之分。意,旧称"源之于心",心动而后有意,心意故须合一。又谓:"意之所向为拳",而气之所发源之于意,气之所使,以意领之,起落进退无不以意主宰,以气行使,意气固须合一。然气之表现为力,力借以表现者为四肢及周身。气有督促之功,力有取舍之能,有气方有力,气顺力可发,气力固须合一。谱云:"手去脚不去为无根,脚去手不去为无主;手到脚不到,打人不得妙,手到脚也到,打人如拔草。"极言动作一出,当须手脚合一。手一伸,肩催肘,肘催手;脚一进,胯催膝、膝催脚。手与脚,肘与膝,肩与胯,相互对应,浑然一体,犹如大树,脚为其根。故拳谱有"手一动,脚即随之,肘一动,膝即随之,肩一动,胯即随之"之说。意即动作一出,手脚、肘膝、肩胯必须合一。以上通称"六合之法"是也。此外,尚有心与眼合,心与耳合,心与手合,眼与手合等法。谱云:"心与眼合益明,心与耳合益聪,心与手合益疾,眼与手合益准。"周身之头与手,手与身,身与步乃至前后、左右、上下均须相合。总之,要达到一动无不动,一合无不合,周身内外上下合为一体,五官百骸悉用其中。有内无外不成拳,有外无内难成术。所谓六合,实为内外相结合之法也。循此法则,不但能调和脏腑气血,强身健体,而且在技击上也可达到内外一体。

(三)阴阳为母

"阴阳",本属中国古代哲学的一对范畴。最初的意义,是指日光的向背,向日为阳,背日为阴。《易传》提出"一阴一阳之谓道"的学说,《内经·素问》又指出"阴阳为变化之父母"。在古人看来,阴阳的对立统一是一切事物运动的源泉和基因,是世界的根本规律。形意拳家以"阴阳为母",说明拳法变化无穷之理。阴阳贯穿于人之周身。身躯之前为阳,后则为阴;躯体之外为阳,内则为阴;手心为阳,手背为阴(此为武学与医学之不同点)。行功诸法中动为阳,静为阴;刚为阳,柔为阴;实为阳,虚为阴;进为阳,退为阴等等。阴阳互用,阴阳相合乃形意拳之又一拳理。身之一动,动中有静,静中有动,动静相寓。拳之一出,刚中有柔,柔中有刚,刚柔相济;虚中有实,实中有虚,虚实相因。步之一出,进中有退,退中有进,进退相随。拳谱云:"天地阴阳相合能降雨,武艺阴阳相合能胜人。"由此可知,"阴阳为母"的理论在形意拳拳理中地位是十分重要的,作用是异乎寻常的。

(四)"四象"为根

车毅斋所传四象,即"鸡腿、龙身、熊膀、猴相"是也。所谓"鸡腿",取鸡之两腿紧夹,似屈不屈,似直非直之形,出步磨胫,膝扣裆圆,进退敏捷。取此形象,旨在防御对方从中门而入,免遭不测。"龙身",取龙之腰身转动灵活,吞吐自如,变化莫测之特点,有利攻防。"熊膀",取熊之含胸圆背,垂肩坠肘,包裹严密之形,攻可变守,守可为攻,出拳应变敏捷,对方无隙可入。"猴相",取猴之目光敏锐,精神集中,观机审势,变化神速之形象,可乘人不备而攻,出其不意而取。以此"四象"为根,充分表现了形意拳形式上的独特之处。同时,突出了形意拳内涵上重技击的风格特征。

(五)三节为用

"三节",以一身而言,分之为三节。即手臂为梢节,躯干为中节,腿脚为根节。分而言之,三节之中亦各有三节。如梢节中之三节:手为梢节,肘为中节,肩为根节。中节中之三节:头为梢节,胸为中节,腹(丹田)为根节。根节中之三节:脚为梢节,膝为中节,胯为根节。总之,三节为用,不外乎起、随、追而已。盖梢节起,中节随,根节追之。明此理即不会有长短、曲直、参差、俯仰之病矣。三节名虽不一,而劲法则一也。盖通身之劲如是,而各节中之劲法亦如是。故为起于根、顺于中、达于梢也。起要起出,随要随定,追要追上,一动而三劲皆至,则无失矣。秘诀曰:"身以滚而起,手以滚而出,身进脚手随,三节自可齐。"

四、诸法摘要

形意拳诸法,见之于专著者论述甚详。其中,解释相同者有之,不同者有之,未见解释者亦有之。兹就车氏拳谱中诸法摘要补录,以飨读者。

(一)一本、万殊

《拳论·十法摘要》云:"会其理于一本,通其形于万殊。"一本者,心意之灵也。万殊者,形势之变化也。

(二)二勤、二戒

二勤:一曰腿勤。人之习艺,均有名师,即以其所能者习之。要知艺之在人,本自无穷,有等量吾者,有高超吾者。果其高超,弗畏山川之险,道路之遥,亲临其人,诚心求教。我以诚心求于人,而人亦有诚心教我者。朝渐夕摩,何患不至高超之境。所谓"一处从师,百处学艺"即此意也。二曰口勤。拳棍刀枪,自有真形实象。始而蒙混不明,继而舛处难精,苟能虚心求于讲解,而人未有不实心教我者。耳濡目染,何患不至明通之域,所谓"专听则广",即口勤之意也。

二戒:一戒自恃。武艺拳棍刀枪,自有不足之处,过与不及,皆非的当。人是我非,须当舍己从人,若执迷自恃,终于无成。二戒自满。拳棍刀枪，本无尽境。习一艺，更有一艺；得一着，更有一着。徒然自满，则半途未尽之弊终不勉矣。习艺者，果能勉二勤，励三知，凛二戒，则不至人步亦步，人趋亦趋，然而不成者，未之有也。

（三）三知、三性、三层功夫、三种练法

三知：一知明手。在比拳棍刀枪时，精神饱满，劲力充足，内容充实，勇猛短毒，一见面不觉令人退避三舍。二知明眼。大凡见人比拳棍刀枪，或于十目不合，或于十三格有违，即急为指点，曰："此拳棍刀枪出自何人，当时为何样？"今差之毫厘，后必谬之千里。一经改正，不觉令人懔然服从。三知名目。对于历代拳棍刀枪法，一听其讲解，真正有始有终，有本有末，有说有据，不觉令人豁然晓畅，如从梦中醒来。

三性：三性者，眼为见性，耳为灵性，心为勇性。此三性者，艺中之妙用也。故眼中不时常循环，耳中不时常报应，心中不时常惊省，则精灵之意在我，庶不至为人所瞒，而无失机之虞也。解曰："临阵须提防，小心无大差，莫恃己艺高，骄傲身自伤。"

三层功夫：炼精化气，炼气化神，炼身还虚。炼精化气是第一层功夫。精是基础，下丹田为藏精之所，有气海穴之称，为炼精化气之着意点。方法：以意念导引，用逆腹式呼吸，即吸气时提肛，小腹内收；呼气时，气沉丹田，小腹隆起。路线：由会阴引入尾闾，经命门、夹脊、玉枕到百会，下印堂，由上鹊桥经膻中降至下丹田，打通任督二脉，此为小周天法。

第二层功夫，炼气化神。应着意于中丹田，它是炼气化神之所。此功法当在炼精化气（即小周天）修通的基础上，以三体式桩功进行。炼气化神即谱谓"大周天"功法，它以小周天功法为基础，进而修炼奇经八脉、十二正经，促进全身气血之运行。气血充盈，达到气不运而自行，经不通而自通的高层功夫。此功法在气血运行上较小周天要复杂。丹田之气以"阴上阳下"达于上下肢。下肢由涌泉沿足三阴循腿内侧上行,通过奇经八脉再由腿外侧循足三阳下行到涌泉。在上肢则循手三阴经由内侧上行,然后再由上肢外侧沿手三阳经下行。气血运行中与奇经八脉穿插交互,循环意运,周而复始,炼气化神之功成矣。

炼神还虚是第三层功夫。在练好上两层功夫的基础上进行,着意于上丹田,它是炼神还虚之所。当上述两层功夫练到气血贯通,使人之躯体、脏腑的精气神合而为一,即可随心所欲,达到"拳无拳,意无意,无意之中是真意"的境地。

三种练法:明劲、暗劲、化劲。明劲者,为练合求刚,以拳内之法,伸缩开合之势,用刚猛之劲,形之于外。通过这种练法,增强各关节骨骼的耐力和活力,起到易骨的作用,以筑基壮体。暗劲者,为练活求柔,练动转灵敏,变化神速,以内劲之运用,寓于无形之中,接于有形之表。通过这种练法,增大韧带韧性,起到易筋作用。化劲者,练灵求巧也。动作如行云流水连绵不断,形似球滚而圆活无滞。在运用上,舍己从人,领化来劲,即所谓"以巧破千斤"。这样能虚内松体,使精髓骨髓充盈,以补脑充骨,起到洗髓作用。

(四)四忌

练前:勿饥、勿饱、勿构思、勿愤怒、勿忍便。

练中:勿谈笑、勿唾涎、勿出虚恭,勿努气暴力,勿挺胸提腹,勿东顾西盼。

练后:勿卧,勿科头,勿脱衣,勿排泄,勿即饮食。

平时:勿贪色,勿暴饮,勿斗殴,勿偷劫,勿赌博。

(五)五劲

五劲:踩、扑、裹、束、撅也。五劲歌云:"三节既明,五劲相助,踩扑裹束,惟撅勿错。"诀法:踩,脚去如踩毒物;扑,手出如虎之扑食；裹，两肘包裹严密；束，束身上下如一；撅，撅劲也，即抖撅之劲。每劲都有一个"撅"字，即一撅无不撅也。

（六）六方

六方：工、顺、勇、疾、狠、真是也。工，巧妙也。顺，顺其自然。勇，果断也。疾，快也。狠，动不容情，心一动而内劲出也。真，谓发必中的见之真，而彼难以变化也。

（七）七顺、七要、七法、七进

七顺：肩要催肘，肘不逆肩；肘要催手，手不逆肘；手要催指，指不逆手；腰要催胯，胯不逆腰；胯要催膝，膝不逆胯；膝要催足，足不逆膝；首要催身，身不逆首。上下相连，内外如一，阴阳相合，心气稳定。

七要：一要腰塌，二要肩沉，三要胸含，四要头顶，五要肛提，六要横顺知情，七要起落分明。练法七要，牢记心中，入门之方，不可变更。

七法：上法、进法、退法、顾法、开法、截法、追法。上法，以手为妙，两手前后呼应；进法，以足为奇，如寸步、抢步、踩步等进法是也；退法，以步之转换，退中寓进；顾法，有单顾、双顾、上顾、下顾、顾前后左右也；开法，有左开、右开、刚开、柔开也；截法，有截手、截足、截身、截言、截面、截心是也；追法，与上法进法一气贯注，即所谓随身紧趋，追风赶月不放松是也。彼虽欲走而不能，何虑其有他术乎！总之，要内外一气，上下相随，身为主宰，眼为先行，观察敌情，随机进取，随机应变，见机而用。

七进：头为六阳之首，实乃周身之主，五官百骸，莫不唯此是赖，故身进头不可不进；手如刀枪，其根在膊，膊不进则手伸而不前，此所以膊贵乎进也；气聚中脘，机关在腰，腰不进则气馁而不实，此所以腰贵乎进也；意贯周身，运动在步，步不进而意则堂然无能为矣，此所以步必取于进也；上左必须进右，上右必须进左，其为七进是也。一言而进，统全体而俱无抽扯游移之形。

（八）八要

八要：一、内要提（紧撮谷道，气上提，使之聚于丹田）。二、三心要并（顶心下聚，手心往回，脚心上提，使三心归一，一心统三心是也）。三、三意要连（心意、气意、力意三者连而为一，亦即内三合是也）。四、四梢要齐（舌要顶，齿要扣，手指脚趾要扣，毛孔要紧是也）。五、五行要顺（内五行为五脏，外五行为五官是也）。六、一心要暇（练此拳时，心中不慌不忙是也）。七、三尖要相照（鼻尖、指尖、脚尖三尖相照）。八、眼神要毒（眼光锐敏而有威）。

（九）十目、十病、十要

十目，指形意拳中列举的动作和形象名称。内容为：斩截、裹挎、挑顶、云领、鸡腿、龙身、熊膀、猴相、鹰捉、虎抱头（车毅斋改为虎扑）。前四项为动作名称，后六项为形象名称。

十病：

1.歪头缩颈，俯仰皆病，气不过顶，难领全身。

2.张口吐舌，眼目无神，任督难通，视物不敏。

3.左侧右倚，背驼腰弓，重心不稳，转动不灵。

4.挺胸提腹，努气拙力，气难下垂，心身受损。

5.直臂出拳，两肩高耸，三节不明，劲力不顺。

6.肛门不提，丢丹伤精，内中空虚，元气亏损。

7.胸腹暴露，两胁开张，自身难护，敌易入侵。

8.突臀挺胯，敞膝开裆，支撑无力，失去中门。

9.腕成死弯，出拳扬头，攻击无力，易被人擒。

10.拳头死握，虚实不分，变化不灵，技艺不精。

十要：

1.要练头。头为六阳之首，一身之主，五官百骸莫不唯此是赖。

练此拳时，头要上顶，颈项要直，下颏微收，以利领起全身，使头与身躯保持协调一致。此功可使呼吸自然，通督通任，气沉下腹，利于手臂的自然发力，还可保护喉部，以备不测。头在总领身法转动和侧身调膀中，还可防护面部五官。谱有"五行真如五道关，无人把守自遮拦，蔽住五行克他人，四两可以拨千斤"之说（此处五行之谓，指头部之眼、鼻、舌、耳、人中等五个部位）。故，头与周身连贯为一气，总领全身，在拳法中至关重要。头部的脑、眼、耳、鼻、口等，均有其特殊功用。其中脑的功用，详见本节"意"的部分。眼，在拳法中称之为"先行"，拳谱中有"监察之精"，"眼观六路"之说。平时锻炼，目宜常运。久之，眼神即可威如狮虎，锐若猴鹰。练功时，要目力集中，全神贯注。与人交手，要注意对方眼神，审察机宜，以备不虞。动作时，要眼到、手到、身步到，谱有"眼无神，拳无魂"之论，说明眼在拳法中的重要作用。车氏所传形意拳，取意猴之目光，敏锐无比，故以"猴相"为"四象"之一。这是对心意拳拳理、拳法的进一步完善。耳，中医谓可通于肾。肾气充足，则听觉灵敏。如悉心用耳，则益增聪矣。平时要凝神静听，久炼则听觉灵敏，遇敌必先觉，可闻风而趋避，伺机而进击。谱有"耳听八方"之说。故历代名师都以练耳功为要。鼻，详见本节"要练气"部分。口通于胃，要自然闭合，以利呼吸。齿宜轻扣，有助于津液之分泌。舌顶上腭，有利于津液排出。津液应随时下咽，以防口干舌燥。这样，利于接通任脉，使它们运行无阻。谱谓舌有"鹊桥"之称。

　　2.要练身。人之身躯，腰为主宰。肩胯连接四肢，各部关节之运转，务须协调一致。身法要求，看正似斜，看斜似正，不俯不仰，不偏不倚。身之一动，胸含腹实，背圆腰活，肛提臀敛，尾闾中正。身法有纵横、高低、进退、反侧、吞吐、趋避十二法。纵则放其势，一往而不返；横则裹其力，开拓而莫阻；高则扬其身，有增长之意；低则俯其身，有捕捉之形；进则舍其身，勇往直前；退则领其气，回转伏敛；反则反身顾后，后即前也；侧则侧身调膀，左右兼及；吞则身未退，胸向里含；吐则身向前拥，以单手或双手推击；趋左避右，趋右避左，避实以击虚也。谱云："上法以手为妙，进法以足为奇，而总以身法为要。"又云："机关在眼，变通在心（脑），而握其要者则在身。身进则四体不令而行，身退则百骸莫不冥然而逝。"故身法至为重要，必须察乎敌之强弱，因势而变迁，随势而转移，以转侧灵巧、起落进退稳静得势为要。

3.要练手。手有拨转之能，为攻防之本。谱有"手如刀枪"之说。拳法中有单手、双手、出手、拎手、起手、截手、顾手，为"手之七法"。谱云："起前手如鹞子钻林，束身束翅而起，推后手如燕子取水，望上一翻，藏身而落，此单手之法也；两手交互，并起并落，起如举鼎，落如分砖，此双手之法也；当胸直出者，谓之出手；筋梢发，起而未落者，谓之拎手；筋梢发，有起有落，屈而非屈，直而非直者，谓之起手；顺起顺落，参以拎搓者，谓之截手；筋梢不发，起而未落者，谓之顾手。凡此七法，不可不知。"动作时，要求肩垂肘坠，腕塌手灵，两臂似屈不屈，似直非直，保持弹力，利于变招。两肘不离肋，两手不离心（即心口鸠尾穴处），一出一入紧随身。手高不过头，肘高不过口，一手出击，一手顾破，掌拳互变，互为作用。摩摸而出，拧裹而发，包裹严密，滚出滚回。手之一发，打有目标，手起手落，妙不见形。手之一回，肘落肘窝，手落手窝，各归其所。手起撩阴，肘护两肋，拳从心发，起如猛虎扑食，落如鹰之捉物。肩催肘，肘催手，使力达于梢为要。

4.要练步（腿脚）。步为一身之根基，运动之枢纽。站桩、进退、变化，无不赖于脚腿之功。谱云："脚去手不去为无主，手去脚不去为无根。"又云："身为主宰，形之于步。"其练法要领为："起翻落钻，忌踢宜踩。"即脚起望膝，膝起望怀，脚打膝分而出，其形上翻，如手起之撩阴；落则如以石钻地，如手落之捉物。忌踢者，谓脚踢浑身是空；宜踩者，如置物于脚下，脚落时如燕子啄水，似鹰之捉物。手脚之法，本自相同，脚功之威，全靠胯催膝，膝催脚，三节相催之力。而脚之为用，亦必如虎行之无声，龙行之莫测也。腿为全身之支柱，腿之锻炼，可舒筋骨、壮体基，防身御侮，其作用极大。谱有如"战马"之喻。故腿功之锻炼，要求柔韧、协调、灵敏、速度、力量、耐力诸方面密切结合，使肌肉伸缩自如，筋骨强健有力，进退神速，瞬间即至，转动灵活，变化莫测。

步法有半马步、立马步、立叉步、寸步、垫步、虚步、箭穿步、迂回步、盘根步等多种名称。具体要求："进步低，退步高"。进步时，以前带后，以后促前，行如槐虫；退步时，以后带前，以前促后，前后相连。磨胫而出，快而敏捷，防敌从中门而入。前后脚有虚实，虚实随势而易，可起可落，可进可退，进中有退，退中有进，以退为进，可守可攻。落步时，胯塌、裆圆、膝扣、脚趾抓地，如树生根，防护严密，下盘稳固。谱有"学拳先学步，看拳先看步，步不稳则拳乱，步不快则拳慢，步不合则拳散"之说，又有"机关在眼，变通在心（脑），随机应变在于手，而千变万化不至于窘迫者则为步"之谓，都说明了步在拳法中的作用。

5.要练梢。拳家称人体血、肉、筋、骨之末端为梢，合称"四梢"。盖发为血梢，舌为肉梢，甲为筋梢，牙为骨梢。四梢用力，则可变其常态。开阖毛孔，则血液流通而力量充实；舌顶上腭，使津液生而不气浮；手指脚趾扣，则气注于筋而四肢有力；齿扣，则精贯骨髓而身坚力发。故必须使发欲冲冠，舌欲催齿，甲欲透骨，牙欲断筋，心一颤而四者皆至，则四梢齐而内劲出矣。四梢齐一，则气聚、力实、精足、神满、下盘稳固，勇猛外宣，使敌胆寒。梢之作用，可谓大矣。四梢诀要如下：

血梢：怒气填胸，竖发冲冠。血轮速转，敌胆自寒。发毛虽微，摧敌不难。

肉梢：舌卷气降，虽山亦撼。肉坚似铁，精神勇敢。一言之威，落魄丧胆。

筋梢：虎威鹰猛，以爪为锋。手攫脚踏，气势兼雄。爪之所到，皆可奏功。

骨梢：有勇在骨，切齿则发。敌肉可食，眦裂目突。唯齿之功，令人恍惚。

6.要练精。精，指人体内维持生命的高级物质——精液。它是食物在腹内经过消化后所吸收的最营养的成分，再经过内脏转化为阴精—阳精—元精，成为生人之道。逆回则是炼精化气之术。所谓"炼精化气"是形意拳"三层功夫"中的首要一环。如果没有"炼精化气"，就不可能有"炼气化神，炼神还虚"。精，用现代医学俗语来解释，即是男女性激素。它有激起蛋白质组织形成，调整内分泌，促进血液循环、新陈代谢和性欲，促进组织增长，增加肌肉抵抗力等多种作用。如果性激素排泄过多，分泌减少，则降低了上述作用，造成身体衰弱，且易发生疾病，这样就失去了练功的基本条件。

古人云："精、气、神为人之三宝"。精为生气之源，气为养神之所，神乃生命之主宰。精足、气充、神活则生，精枯、气竭、神无所依则亡。《慧命经》云："人生有精则生，无精则死。"说明了精在人体中维持生命的重要作用。须知精在人身上很难产生，而又极易消耗。知珍惜而锻炼者极少，明知是宝而不去保。故车氏在传人中强调：练形意真功，欲强身壮体，防病祛病，当以保精、养精、炼精为要道。并告诫门人：要节欲，以养精、保精；练好小周天功法，以"炼精化气"。古谱云："精养灵根气养神，元阳不走得其真，丹田养就长命宝，万两黄金不与人。"即此意也。

7. 要练意。意，产生于人脑（旧称"心"，谱云"心之发动曰意"）。大脑是神经系统的中枢，主宰一切。大脑活动的生理过程与意识过程是密不可分的。前者是后者的物质基础，后者是前者的活动产物。形意拳动作都是在意识指导下进行的，即是在大脑的支配下进行的活动。意，在形意拳中的作用可分为三个方面：

（1）意动身随。动作时，以意为先，如练三体式桩功，从起势、落势、头顶、项竖、肩垂、肘坠、肛提、臀敛、胯塌、膝扣、脚趾抓地……以及上下相随、外在可见的规范动作等等，都由意识指导，达到拳理拳法所要求的正确姿势。

（2）以意领气。形意拳之一呼一吸都要求与拳之一出一入相合。从动作之进退、开合、快慢、刚柔等等方面，力求达到内外三合，无一不以意领气来进行。即使练小周天功之通督通任，都需在意识引导下进行。

（3）以意显形。形意拳中每拳都有象形取意之义。如五行拳中劈拳有劈意，崩拳有射意……十二形中龙形显示捕捉之能，升降之形，虎形显示扑食之勇，伏身离穴之势……都要通过人的动作表现出来，并能运用于技击实践中。没有"意"的指导，也就无所谓"象形取意"了。通过"意"的活动，可以增强对中枢神经系统功能的刺激和训练，大大有益于身心健康。

8. 要练气。气，为生命之本。人之有生，全赖于气。气乃力之源，言力者，不可无气，无气则无力，古今一理。气有内气、外气之分，练此功时，有养气、练气之别。所谓养气，即使全身之气一齐凝聚，混为一体，潜于丹田。长期养气，可使元气充、精神旺。

所谓练气，则在于以意导引丹田之气通于四梢，达于周身，凝于两肋，冲于脑顶，上下鼓荡，左右开阖，劲力充足，而后发为绝技。人体脏腑之气，经络之气，称为内气；水谷之气，呼吸之气，称为外气。只有外气不断供给与补充，方可使内气得以运用与发挥。如此循环反复，发挥人体之潜能，促进自身之改造，强身健体，延年益寿不难矣。形意拳以呼吸为功，运使为效，以内气之运行带动外气之变化，即以意之所向，气即随之，气一动而力即趋之。逆腹式呼吸为形意拳行功运气之法，轻松平静为行气之本，小周天法为进功之阶梯。扎步时呼吸，使气通于周身；动作时呼吸，使气力相合。进则呼，退则吸；开则呼，合则吸。落呼起吸，发呼蓄吸；一出一入，一呼一吸。呼气由丹田而吐，吸气为丹田所纳。源源之气，催于力发，达于四肢，其气无穷矣。

小周天法歌诀如下：

> 紧撮谷道内中提，尾闾一起绉夹脊。
> 玉枕难过目视顶，来到丹田存消息。
> 往前又是鹊桥路，十二时中降下池。
> 锁住心猿拴意马，要立丹田海底基。
> 一时快乐无穷尽，返本还原心自知。
> 久练自成金刚体，百病皆除如童子。

9.要练力。力有内力，外力之别。力之生，赖于气。谱云："内气中和自生气，形式顺者自有力。"练力要循"三节""六合"之规。以手之一出为例，务须起于根，顺于中，达于梢。三节皆动，节节相催，劲力方能顺达。以肩垂、肘坠、腕塌，使肩催肘，肘催手，而力达于梢。腿出之法与手法相同，亦须起于根节，顺于中节，达于梢节。六合，即前述之内外三合是也。形意拳强调练力务须以意领气，以气催力，形式和顺，上下相随，内外相合，使意念、呼吸、手脚协调一致，方能力量充实。久练可致力不蓄自蓄，劲不发而自发。用于拳法之中，力量无穷无尽。

10.要练功。功者，俗谓之功夫是也。练拳不练功，一世徒虚名。拳谚云："功夫是练出来的。"又云："学拳不练功，到老一场空。"车氏所传形意拳以三体式为筑基功，亦曰"站桩功"。久练此功，站则如钉，稳如泰山不动摇。形意弹腿为入门拳。五行拳、十二形拳都属基本功法拳。一招一式，只要循练法要求，持之以恒，都能练出功来。单练套路，为功法拳的综合练习，对练套路为功法拳的进一步深化；而散手（即"撕扒"）则是形意真功的具体检验。但是，学此技艺时，必须依据练功要求，即三节明，四梢齐，五行蔽，身法活，手脚之法连，内外相合，六方兼备。同时，要防止练死功的做法。俗有"真金不怕火炼"之说。有了真正的形意功夫，强敌无所畏，凶顽必可制。车毅斋开门弟子李复祯严格按照练功要求，数十年如一日，坚持苦练、巧练形意真功，在与众多强手对垒时，无一次败北。武林有"常胜将军"美誉，"技击泰斗"之称。形意真功得之不易，练之艰难。但只要勤学苦练，善于思考，勇于探索，坚持不懈，终会达到"动作准确出入顺，内外相合身步稳，耐力持久速度快，技高艺精功夫深"的境地。

（十）十二功法

1. 底练稳步如山　　2. 紧膝屈腿如柱
3. 裆胯内外凑集　　4. 胸背刚柔相济
5. 头颅正直撞敌　　6. 三门坚肩贴背
7. 二门横竖用肘　　8. 穿骨破彼之劲
9. 坚骨封彼之下　　10. 内掠敌彼之里
11. 外格敌彼之外　　12. 撩攻上下内外

（十一）十三格

1. 头顶项竖，不仰不俯，总领全身，一气贯通。
2. 心为主宰，胆量包身，动如雷发，静如书生。
3. 耳为灵性，八方兼听，见机趋避，闻风而动。
4. 目光敏锐，视如猴鹰，眼观六路，称之先行。
5. 吐故纳新，鼻之功能，下于气海，运于周身。
6. 口唇闭合，牙齿微扣，舌顶上颚，接通督任。
7. 身如活蛇，首尾相应，侧身进退，四体随从；
   拔背含胸，胯塌腰灵，提肛敛臀，身之要领。
8. 肩要下垂，一拗一顺，左右调换，力可传送。
9. 臂之前伸，如月牙形，利于攻防，功用无穷。
10. 肘坠腕塌，力可前送，肘有肘窝，出入要领。
11. 手如刀枪，左右分迎，前手出击，后手护心；
    去是撒手，着人成拳，去不空回，发之必中。
12. 两腿之形，非直非弓，膝扣裆严，紧护中门。
13. 脚起要轻，脚落要稳，脚趾扣地，如树生根；
    起在人前，落过于人，六方具备，见机而行。

（十二）十六练法

十六练法是：一寸、二践、三躜、四就、五夹、六合、七疾、八正、九胫、十惊、十一起落、十二进退、十三阴阳、十四五行、十五动静、十六虚实。

一寸，指步而言。它是形意拳特有的步法之一，位居十六练法之首。动作时，前脚带后脚，后脚催前脚，一寸即至。因其进步不过"尺"而名之。

二践，即践步。动作时，后脚提起向前上虚步，带动另一脚尽力向前上步，后脚继而跟进，谓之践步。四、五尺用此步法可一践即至，谱有"马奔虎践"之谓。

三躜，指身躯乘机而入，是形意拳特有的身法要领。进击时。以身向前穿入，谓之躜。所谓躜者，身当赖之于步，与步法相合，身步合一。谱有"远践近躜，躜进合膝，沾身纵力"之谓。

四就，指束身上下如一，即将身束下，犹如行进之槐虫，贴近对方，即谱谓"打人如亲嘴"，就其来势而击之技也。

五夹，指两股两肘如夹剪之夹。动作时，谷道上提，两股紧夹，沉肩坠肘，两肘夹肋。此法防护严密，为形意拳独特的练法之一。

六合，指内三合外三合是也。动作时，一动无不动，一合无不合，使内外合为一体。

七疾，即疾毒也。所谓疾，即眼要疾，意要疾，手要疾，足要疾，身法要疾，出势要疾，进取要疾。七疾俱备，无往而不胜矣。

八正，指身躯不俯不仰，不偏不倚之势。谱有"看正是斜，看斜是正"之谓，此势便于反侧趋避，利于进退攻防。

九胫，指手脚磨胫之出势。谱有"磨胫而出"之谓。动作时，两手磨经而出，磨摸而入；两脚磨胫而出，两脚相磨而入。此练法防护严密，进退迅速。拳经云："磨胫摸经，意气响连声。"

十惊，指四梢惊起，如触火机，一触即发之势。动作时，心一颤而四梢皆至。四梢齐，则内劲出。盖气从丹田而生，如龙之惊，虎之怒，气发而为声；声随手落，手随声发，一枝动而百枝随，则四梢可齐，内劲可出，物必落也。

十一起落，指起势落势之法。起是去，落是打，起亦打，落也打，起落如水之翻浪。动作时，起为横，落为顺。束身而起，藏身而落，有起钻落翻，也有起翻落钻，起如箭，落如风，追风赶月不放松；起如风，落似箭，打倒还嫌慢；起横不见横，落顺不见顺。起无形，落无踪，去意好似卷地风，起如钢锉，落似钓竿。起似伏龙升天，落如霹雷击地。有单手起落，双手起落之法。总之，低中望为高，高中望为低，起落二字自分明。

十二进退，指前进后退之法。进步低，退步高，进退不当枉学艺。盖起落以身手为妙，进退以脚步为奇。进则殚其身而勇往直前，轻捷而迅速；退则领其气而回转伏敛，稳健而沉实。

十三阴阳，前文已论，此处不再赘述。

十四五行，指金、木、水、火、土是也。五行内应人之五脏，外应人之五官。如心属火，心动则勇力生；肝属木，肝动则火焰冲；脾属土，脾动则夹肋攻；肺属金，肺动成雷声；肾属水，肾动快如风。此五行之存在于内也。目通肝，鼻通肺，耳通肾，舌通心，人中通脾，此五行之著于外者。而在全身和十指中也有通心、肝、脾、肺、肾之说。金生水、水生木、木生火、火生土、土生金，此五行相生之道。金克木、木克土、土克水、水克火、火克金，此五行相克之道。而所易知者，如手心通心属火，鼻尖通肺属金，火到金化，此自然之理，余可类推矣。还有五行合一处之说与五官合心之说。故曰："五行真如五道关，无人把守自遮拦，天地交合蔽日月，武艺相争蔽五行。"又曰："他人为地己为天，眼为日月手为云，蔽住五行克他人，四两可以拨千斤。"谱有"内五行要动，外五行要随"，"五行合一处，放胆即成功"之谓。

十五动静，静为本体，动为作用。若言其静，未漏其机；若言其动，未见其迹；将发未发之间谓之动静也。动作时，动中有静，静中有动。静如处子以静制动，动如猛虎以动胜静。而以静待动有借法，以动制静有上法。上法容易借法难，还是上法最为先。

十六虚实，虚是精，实是灵，精灵皆有为虚实。动作时要虚实兼备，虚中有实，实中有虚，虚虚实实，实实虚虚，因势变迁，以内促变，以外见效。

五、名称释义

本书中所用的名称、术语，以车毅斋传人沿用的传统名称为准。

（一）拳型掌型

1.平拳：将小指、无名指、中指、食指齐卷屈回，使四指根节、中节之间成一平面；拇指屈回，指端压在食指、中指中节间，主要部位有拳面、拳背、拳心、拳眼、拳轮。打击面大为此拳之特点（图1-1）。

2.立拳：握成平拳后，拳眼向上，拳与腕部成一直线，出拳时不易被对方刁拿（图1-2）。

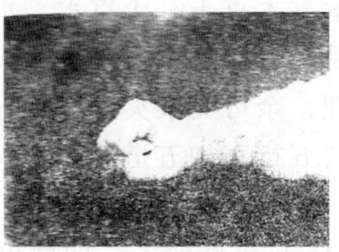 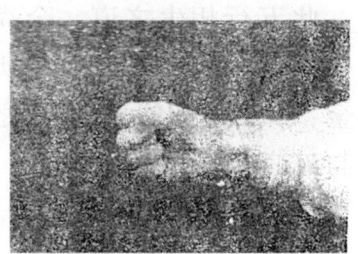

图1-1　　　　　　　　　图1-2

3.点拳：握拳时类同平拳，只是中指根节和中节突起。此拳点击力最强（图1-3）。

4.攥拳（亦称"螺丝拳"）：握拳时，拳面略向下倾斜如螺旋形。点击、推击兼用（图1-4）。

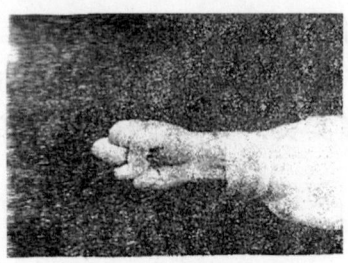 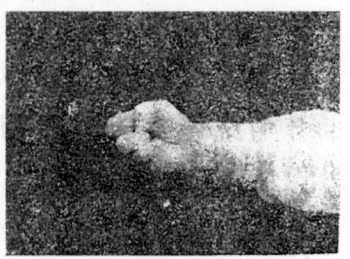

图1-3　　　　　　　　　图1-4

5.虎爪拳：五指屈回，拳心空，成半握拳，拇指端扣在食指端上，有打击兼捉拿之用。练虎形时即用此拳（图1-5）。虎爪掌则是将拳放开，五指自然分离成微屈状，掌心内含，手背扣，有推击之用。练虎形时即用此掌（图1-6）。

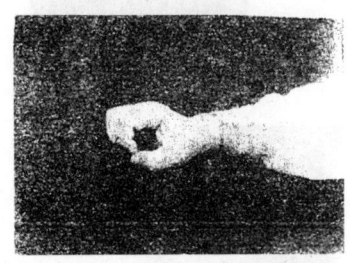

图1-5　　　　　　　　　图1-6

6.猴爪拳：五指向前，指尖微屈抓在一起，拳心空，有抓击之用，猴形即用此拳（图1-7）。

7.鹰爪掌：掌心内含，手背扣，五指自然分开，拇指外展，虎口撑圆，食指上挑，其余三指成微屈状，推击、擒拿兼用，三体式、龙形、鹰形等皆用此掌（图1-8）。

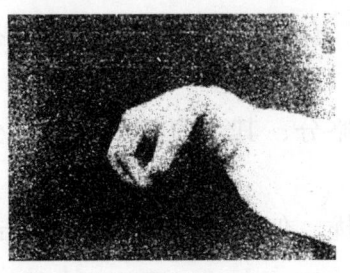

图1-7　　　　　　　　　图1-8

8.鹰捉：鹰爪掌捉回，五指成半屈半握状，手心空，手背扣，利于擒取捉拿刁腕拿肘之用。形意拳中有"把把不离鹰捉"之说（图1-9）。

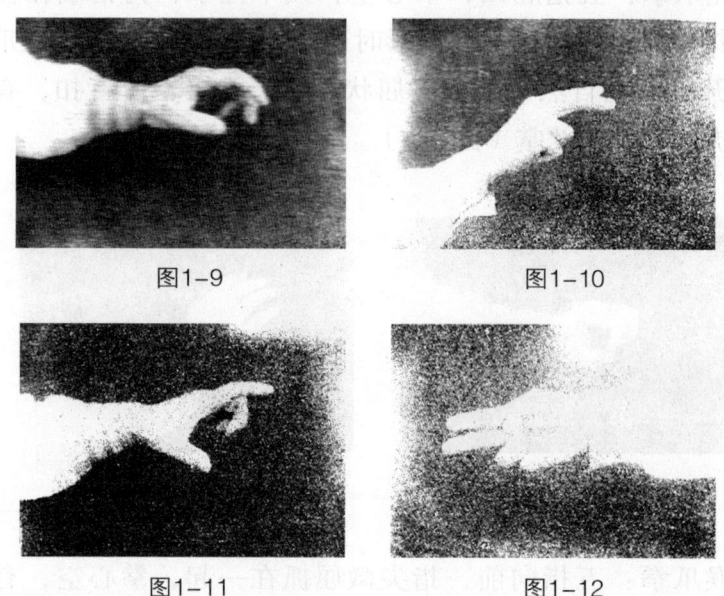

图1-9　　　　　　　图1-10

图1-11　　　　　　　图1-12

9.点睛掌（亦称"啄目指"）：食指、中指似直不直，间距约3厘米，其余三指屈回，拇指端扣在无名指端上，有击目之功。鸡形即用此掌（图1-10）。

10.鼍掌（亦称"八字掌"）：拇指、食指似直非直，撑开成八字形，掌心内含，其余三指半屈，有拨转、防护、刁拿、扣击之力，为鼍形特有之掌形（图1-11）。

11.蛇掌：食指、中指似直非直略分，其余三指半屈，有分拨挑击之力，蛇形专用此掌（图1-12）。

12.瓦楞掌：掌心内含，五指并拢，似直非直，多用于刺击（图1-13）。

（二）步型

1.马步：两腿分开，屈膝半蹲，两大腿持平，两膝向里微扣，两脚平行向前，间距因人而宜，重心置于两腿。此步型多用于桩功

（图1-14）。

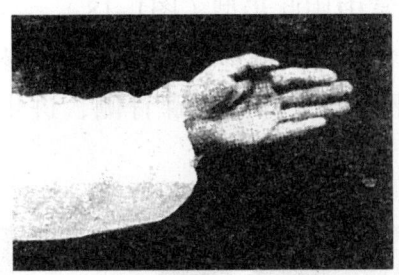
图1-13

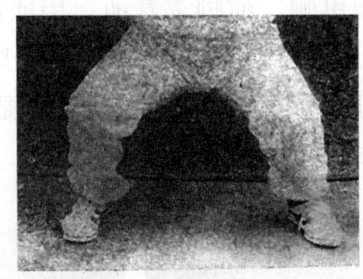
图1-14

2.半马步（原名"坐银剪步"）：其练法见"三体式"，是形意拳的基本步法。形意拳门人多以此锻炼桩功，并适用于搏击（图1-15）。

3.立马步：一腿在前，膝部微屈，脚尖向前，一腿在后，膝部微屈顶在前腿弯里侧，后脚尖靠在前脚心里侧，两脚掌着地，重心偏于后腿，为崩拳步型之一（图1-16）。

4.虚步：两腿屈膝半蹲，前脚掌点地，后脚全掌着地，外展约45°。两脚距离因人而宜，两膝微向里扣，两脚前虚后实，重心偏于后腿。此步型动作灵活，利于攻防（图1-17）。

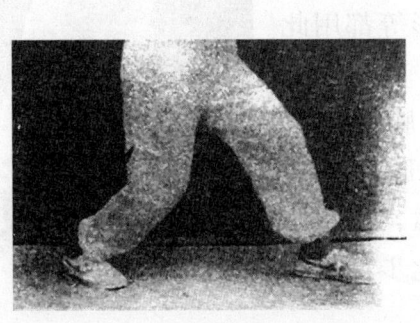
图1-15

图1-16

5.丁虚步：一腿屈膝半蹲，全脚着地，支撑体重；一腿屈膝提在支撑腿里侧，前脚掌着地，黑熊探掌中用此步型（图1-18）。

6.提步：一腿屈膝半蹲，全脚着地，支撑体重；另一腿屈膝靠在支撑腿里侧，脚尖向前，脚掌提平靠在支撑腿里踝骨侧，进步时多用此步型（图1-19）。

图1-17

图1-18

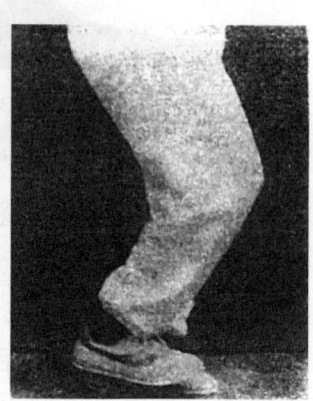

图1-19

7.立叉步：两腿交叉，前腿微屈，膝略向外，脚尖外展；后腿微屈，膝部顶在前腿弯，脚尖向前，两脚掌着地，重心在两腿。劈拳、钻拳、鸡形、鲐形等都用此步型（图1-20）。

8.蹲叉步：两腿交叉，前腿屈膝下蹲，脚尖外展，全掌着地，后腿屈膝顶在前腿弯，脚尖向前，脚跟微掀，重心偏于前腿。蛇形、懒龙卧道等用此步型（图1-21）。

图1-20

9.独立步：一腿屈膝站立，全脚着地，支撑体重；一腿屈膝提起，膝部同大腿相平，脚尖向前，脚跟靠在支撑腿里侧，脚掌提平，金鸡独立用此步型（图1-22）。

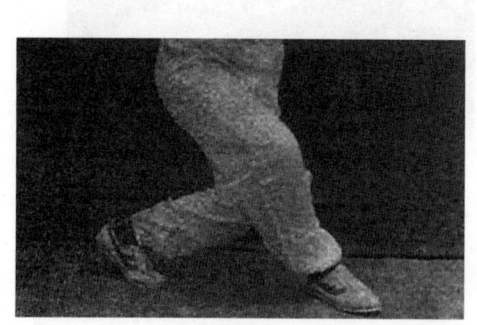
图1-21

图1-22

10.独立蹲步：一腿屈膝下蹲，全脚着地支撑体重；一腿屈膝提起，略高于支撑腿，靠在支撑腿里侧，脚尖向前，脚掌提起，靠在支撑腿里踝骨侧。金鸡束翅用此步型（图1-23）。

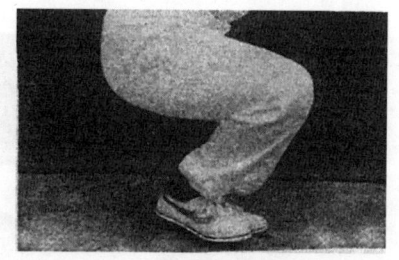
图1-23

11.独立勾腿步：前腿屈膝站立，全脚着地，支撑体重；后腿屈膝提起，紧贴在支撑褪里侧，脚掌横勾在支撑腿弯。猴形，大鹏冲霄等用此步型（图1-24）。

12.仆腿步：一腿屈膝下蹲，臀部靠近脚跟，脚掌着地，支撑体重；一腿向侧方伸直仆下，脚掌着地，脚尖里扣。燕形用此步型（图1-25）。

13.坐盘步：两腿交叉，前后相叠，屈膝下蹲，后膝顶在前腿弯里侧，前脚着地，脚尖外展，后脚成顺脚，脚跟微掀。半蹲时，势法稍高，崩拳回身用此步型；全蹲时，势法要低，龙形用此步型

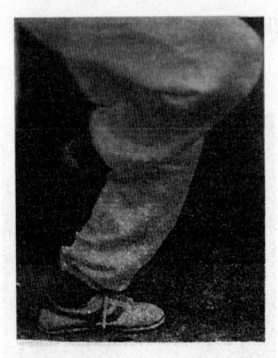

图1-24　　　　　　　图1-25

（图1-26）。

14.倒插步：左脚向前上步，横向右侧；右脚跟进，倒插在前脚后，两股紧贴，形意拳中常用此步型转身（图1-27）。

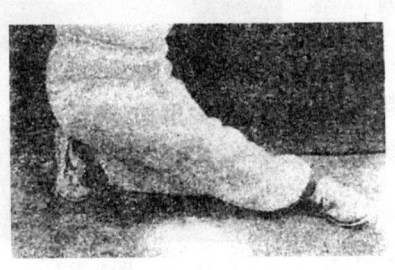

图1-26　　　　　　　图1-27

（三）手法

1.单手，2.双手，3.出手，4.拎手，5.起手，6.截手，7.顾手（见第31页"要练手"）。

8.搭手（亦称"搭把"）：对练或对打时，双方出手相搭称搭手。

9.挑手：以单手或双手向前或向上挑开对方来手。

10.托手：用掌向前或向上托出对方来手。

11.架手：以拳、肱上架对方来手。

12.拨手：向左右分拨对方来手。

13.挎手：顺对方来势，用掌向侧后挎带以化其来劲。

14.推手：以单手或双手从正面或侧面推击对方。

15.切手：手掌切击对方来手。

16.撅手：用两手顺势撅下对方来手。

17.压手：以拳背、掌背用力下压对方来手。

18.按手：以掌按下对方来手。

19.裹拳（掌）：以拳或掌向里裹住对方来手。

20.脱手：将被对方刁拿之手滚翻脱出。

21.栽拳：用阴拳前击对方胸部或从上往下栽击。

22.顶拳：用立拳顶击对方心口。

23.践拳：一拳打出未回，另一拳随之又出，扣击对方肋间。

24.阴拳（掌）：握成平拳，拳心向下为阴拳，掌心向下为阴掌。

25.阳拳（掌）：握成平拳，拳心向上为阳拳，掌心向上为阳掌。

26.立掌：五指并拢，掌直立而起，指尖向上，用以拨转防护。

27.栽掌：五指并拢，指尖向下，用以插击防护。

28.顺掌：五指并拢，拇指在上，指尖向前，用以切击防护。

29.横掌：五指并拢，掌心横向身前，拇指在上，指尖横向一侧，手以砍击防护。

30.反掌：五指并拢，掌心向外，小指在上，用以推击防护。

31.砸拳：将拳砸在另一手掌中，或用拳下砸对方来手。

32.撩阴掌：一手阴掌在前防护，另一手出阳掌向前撩击对方下阴。

33.刺喉掌：用阳掌或阴掌刺击对方喉部。

34.锁阳手（亦称"捏头"）：以前手封闭对手，后手侧身向上翻起扣捏对方太阳穴。

35.狮吞手：两手阴阳互用，侧身调膀，上下左右翻滚，如狮子张嘴吞物，以吞化来手。

36.阴阳把：为车氏独特手法之一。以侧身调膀，两手掌心相应，阴阳相合，长短互用，常与迂回步合用，可顺势将对方击出。

37.牵马挩：一手用掌胸前刁拿对方掌或拳，一手出立拳击其肱臂。

38.拘马挩：有两种用法。①以一手刁拿对方来手，另一手砍击对方耳根穴处。"挨身炮"中即有此法。②以两手阳掌封闭拘截对方两臂，向一侧推挤，对练"十六把"中有此手法。

39.金鸡捏嗉：一手防护，一手叉对方脖子，对练"十六把"套路拳中有此手法。

40.顺手牵羊：亦有两种用法。①两阴掌顺对方来势向侧后牵引，将其撅下。②一手阴掌刁拿对方手腕，一手阳掌抓扣对方肘部，向侧后方牵引下撅。

41.阴阳开合手：两阳掌剪叉截击对方来手为合；两手翻阴掌，一掌防护，一掌出击对方为开。

手之一出，可及人体各部，故谱有"手打三（上中下三节）"之说。又云："手打三节不见形，如见形影不为能。"手法之重要，由此可见。

（四）步法

1.寸步：前脚再进，以其进步不过尺而名之，为形意拳特有之步法，故列为"十六练法"之首。

2.垫步：进步时，前脚垫一步，仍上后脚，称垫步。

3.挪步（拧步）：一脚向里或外挪动脚掌，为另一脚出步作准备，或两脚同时挪动为出势准备。

4.顶步：后脚垫步，将前脚顶向前进。

5.换步：两脚前后互相交换位置。

6.顺步：动作或落势时，同一侧之手脚进退方向一致。

7.叉步：动作或落势时，同一侧之手脚方向相反。

8.并步：一脚向另一脚并拢，并步后，使两脚平行向前，或后脚脚尖同前脚心相齐。

9.进步：两脚依次向前进步，或前脚向前，后脚跟进，均为进步。

10.退步：两脚依次向后退步，或后脚后退，带动前脚退步，均为退步。

11.跟步（亦称"带步"）：一脚向前进步，一脚随之跟进，落在前脚之后，或后脚退步时前脚跟退。

12.摩胫步：进步时，前脚独立支撑，后腿屈膝提起，靠在支撑腿里侧，脚掌与里踝骨相平向前迈出。此步为形意拳出步之基本步法。谱谓"摩胫而出"，即此步法。

13.过步：进前脚急过后脚，谱谓："步起在人前，步落过于人"即是此意。

14.快步：起前脚，带后脚，平飞而去。

15.践步：后脚向前上虚步，促进前脚尽力向前上步，后脚再跟进者。

16.箭穿步（亦称"践窜步"）：后脚向前上虚步，前脚再向前上步，后脚顶进，前脚再上步，后脚跟进。犹如马奔虎践之意。

17.跃步：前脚用力蹬地，使身体腾空前跃，后脚变前脚，前脚成后脚落下。

18.外插步：双方交手时，将前脚从中门提起插于侧门，"五花炮"中即有此步法。

19.吃步：一脚在前，一脚在后，对方击来，以上体侧身泄其来劲，前脚急向对方脚后前进之步法。

20.拧转步：前后脚以脚跟为轴，顺势向一侧拧转之步法。

21.迂回步：前脚掌为轴，向一侧顺势拧步，体随步转，后脚提起，从侧面进入对方侧后之步法。此法是车毅斋独特的步法之一。

22.盘根步：以左三体式起势，先出右步向左转圆，依次出左步，再出右步……（六跷合三步）到原起势处，仍成左脚在前，再以右三体式起势从右向左转圆，如此循环往复，最后仍以左三体式收势。李飞羽所传盘根步，尚有顺"8"字行进之法。无论何种走势，多须与身法、手法动作相结合。其要点是：头顶、肩垂、肘坠、手挑、腰活、胯塌、膝裹、趾扣。

（五）脚、腿法

1.点脚：一腿支撑，一腿屈膝提起，脚面绷平，脚尖用力向前点击。

2.踩脚：一腿支撑，一腿屈膝提起，脚尖向外，横脚向对方臁骨踩下。

3.勾脚：上步时，用脚尖勾对方脚跟，向里为里勾脚，向外为外勾脚。

4.绊脚：上步时，用横脚插在对方脚跟后绊住前挤。

5.扑脚：前脚落步时，后脚向前擦地，横踢对方胫骨。

6.踩梢脚：上步时，前脚掌用力踩住对方脚梢而进逼。

7.抽跟脚：对方用踩梢脚时，我乘势进后脚前顶，并向前推进。

8.寸踢腿：一腿支撑，一脚脚跟擦地，脚尖寸踢对方臁骨。

9.堵门腿：一腿支撑，一脚擦地，横踢对方臁骨。

10.弹踢腿：一腿支撑，一腿屈膝，提起脚掌，脚面绷平，脚尖前踢对方裆部。

11.蹬踢腿：一腿支撑，一腿屈膝提起，脚尖上勾，脚跟用力蹬踢对方脐腹。

12.趟踢腿：一腿支撑，一腿屈膝提起横脚，脚尖向里蹬踢对方腰肋。

13.摆腿：一腿支撑，一腿膝部挺直，脚尖上勾，由下而上踢起，从身里侧经面部向外侧摆击对方头部为外摆，从身外侧经面部向里侧摆击为里摆。

14.鸡蹬腿：一脚擦地向前寸踢对方臁骨，落下未着地即践起另一脚，脚跟用力蹬踢对方下腹。

脚腿打人，务须两膝分而出击。谱谓"足打膝分而出""足打膝分，手打三"说的就是这个意思。

（六）一拳多名

1.掏心捶：同崩拳。凡打心口之拳均谓"掏心捶"。

2.卡面捶：同钻拳与鹞子钻天、熊形。

3.青龙出水：同退步崩拳。

4.黑虎出洞：同寸步崩拳。

5.蛰龙出现：同顺步崩拳。

6.一马三箭（亦称"立马三箭"）：即三种崩拳不同练法的总称。

7.立马崩拳：同抢步崩拳。

8.乌龙翻江：同顺步横拳。

9.指裆捶：同懒龙卧道。

10.混元捶：同金鸡食米。

11.奎星势：同乌龙倒取水。

12.斩截：同退步劈拳。亦名"猫儿洗脸"。

13.望眉斩截：同金鸡抖翎。

14.反背捶：同打鬃拳。

15.风摆柳絮：同风摆荷叶。

16.搭把：同搭手。

17.践串步：同箭穿步。

18.带步：同跟步。

19. 堵门腿：同七星点子。
20. 跌背捶：同丹凤朝阳。
21. 捏头：同锁阳手。
22. 卡脖子：同黄莺捏嗦，金鸡捏嗦。
23. 马奔蹄：同双马形。
24. 虎扑子：同虎形。
25. 扑面掌：打法同扳手炮，此系用掌。亦称"猴儿巴掌"。
26. 抖裆：同撩阴。
27. 龙虎相交：同十字崩拳。
28. 悠捶：同悠手炮。
29. 滚手炮：同双滚捶、栽捶。
30. 炮捶：同炮拳，鹞子入林。

第二章 形意拳入门

第一节 三体式桩功

形意拳三体式桩功，是依据形意拳拳理、拳法的基本特征和要求，按照人体三节（躯干、上肢、下肢）之活动组合而成的一个站桩形式。久练此功，丹田所凝之气可成团状物，并随着练功时日的增加而增大。这种丹田之气可以随意发之于周身，成为人体力量之源。同时，此桩还可锻炼"身如桩木之稳固"。久站如钉之入木，故谱有"站则如钉"之谓。李飞羽称三体式桩功为"形意入门功"。

形意桩功，在心意拳始创时，谓之"子午桩"，又称"三才势"。称"子午桩"者，以子为半夜之时，属阴；午为日中之时，属阳。于此时练功，最易贯通周天。再者，午为火，为南；子为水，为北。站桩时，面南背北，取水火相济之意。这"三才势"者，取天、地、人三才而命名。旨在表现其宏广、精深、威严、灵动之意。练法要求以六合为法，四象为根，起手鹰捉，出势虎抱头。这一势法寄寓了姬际可反清复明的大志。鹰捉者，居高临下，意在夺取中原。先出左步者，谓足踏中门抢地位，寓必夺取中原。

虎抱头者，势为左手握阴拳于心口前，藏在右阴爪掌之下，如虎之隐伏，而右掌如虎爪护抱，藏而不露，暗示反清志士隐伏待机而行之意。歌诀云："虎避深山藏洞中，抱头隐身不露形。试看他日得志时，勇猛扑食踏山林。"

子午桩练法，分两步进行。第一步，以猴相势（也叫"蹲猴势"），炼丹田之气。亦称"蹲丹田"。第二步是"射丹田"，即出左步向前，雷声助丹田力放出。心意拳大师戴龙邦、戴二间很重丹田功法。故戴氏拳谱中有"精养灵根气养神，元气不走得其真，丹田养就长命宝，万两黄金不与人"之谓。

戴二间的弟子李飞羽决定用"形意拳"名时，对子午桩的练法也作了相应的改革。他认为古老的"心意桩功"其动作姿势俱由人体之三节——躯干、上肢、下肢所完成，"外三合"表现分明，节奏协调一致，三节之间又各有要求，并互为关联，集中体现了"形意"的基本特征。于是，将形意桩功称之为"三体式桩功"。在步法上，因受太谷元顺昌炼银工人剪元宝步势的启发，始称"坐银剪步"，后改称"形意半马步"。形意拳三体式桩功将"蹲丹田"内功练法与五行、十二形乃至单练、对练、散手等起势之法融为一体，形成了既有传统内功特征，又有全新内容的站桩形式。歌诀云："三体一站四象分，下部鸡腿中龙身。熊膀猴相在上体，形意拳中此为根。起手鹰捉虎抱头，身成六式寓意深。"

19世纪末，车毅斋与其高足李复祯认为世事变迁，"虎抱头"已失去其意义。而且，通过散手训练的反复实践，觉得"虎抱头"出势不适，遂将其改为"虎扑"。民国初年，孙禄堂首先提出形意、八卦、太极三拳合一之论。遂以太极学说中之"无极、太极、两仪"理论解释三体式桩功。此后，河北形意门人中屡有以此论解释三体式桩功者。

形意拳三体式桩功，经过几代形意大师的不断改革创新，发展至今，理论更加完备，形式更为科学。形意门人认为此功是由静到动的一种最好站桩形式。久站此功，既可壮内强外，又可达到"身如桩木之稳固"的练功奇效。将其作为形意诸拳及散手的起落法式，还有"一桩顶三功"的神奇妙用。

一、功能

站三体式桩功，要排除杂念，使意念集中，气养丹田，元气充盈，通督通任，以壮内脏。上松下实，躯干四肢协调一致，上下浑然一体，增强肌肉筋骨的耐劳力和控制力，以健肌体。站此桩功、心、意、气、力合为一体，阴阳相合，内外合一，还可锻炼意志，陶冶情操，提高技击的应变能力。

图2-1

形意三体式桩功的特点是："重心稳固，暴露面小。"因此，久练三体式桩功，可"站则如钉，行则如风"，进退敏捷，变化灵活，一动即至。此桩功有利于攻防，尤利于发挥形意拳技击性强的特长。先师之论："久练自成金刚体，百病皆除如童子。欲求技击有妙用，必须练好站桩功。"可谓至理名言。

图2-2

二、法式

（一）预备式（左三体式）

全身放松，两脚扣地而立，两脚间距与两肩略同。两臂自然下垂，五指并拢，各靠于大腿前。头向上顶，下

图2-3

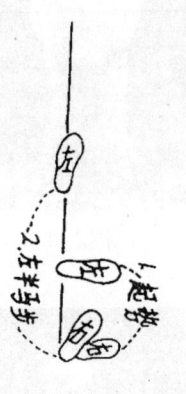

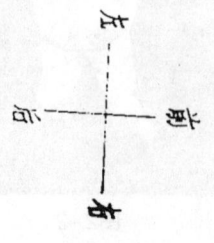

图2-4

颌微收，口唇虚合，双目平视。舌顶上腭，牙齿轻扣，含胸拔背，竖项挺腰，松肩实腹，提肛敛臀，排除杂念，呼吸自然，（见上页图2-1）。

（二）左三体式起势

两膝微屈，成半蹲势。同时，随着吸气，两掌经腹前上提，外旋成鹰捉，如捧球状，目注左侧（见上页图2-2）。

（三）左三体式落势

两掌上提至胸腹间，内旋成阴掌。同时，随着呼气，以右脚跟为轴，向左转身90°，左脚轻提，向前进步，脚尖偏右约20°（两脚跟须在一条直线上）。左膀前顺，左掌握鹰爪掌，上提至口前向前扑出，食指尖与鼻尖、左脚尖成一直角三角形（旧称"三尖相对"），前不露手，右膀后调，右臂屈肘，紧靠右肋，右手握鹰捉，护于脐前，后不露肘。左腿屈膝，似弓非弓，右腿后撑，似屈不屈。前脚踵与后脚踝骨相对，两脚相距约50厘米（可因人而异）。塌胯合裆，身略下坐，重心落于两腿，成形意半马步，身微向右，目注左掌食指尖（见图2-3）。

附：左三体式步势（图2-4）。

右三体式练法与左三体式同，唯左右有别。

三、歌诀

精气合一须凝神，双目注视胜猴鹰。
头顶项竖颔微收，口合齿扣舌上顶。
胸含腹实气下沉，背圆腰挺力催身。
肛提胯塌裆合严，前腿屈膝后腿撑。
前脚似顺不成顺，后脚似横非是横。
两脚距离两脚盈，膝合脚扣步坚稳。
肩垂肘坠腕要塌，右臂肘屈贴肋紧。
手脚掌扣筋梢发，左掌如同鹰爪形。
五指略分微微屈，拇指务要向外撑。
左掌前伸食指挑，目注食指不放松。
指鼻脚尖三尖照，右手鹰捉与脐平。
身法不俯亦不仰，看正似斜斜似正。
架势高低因人异，气聚丹田乃为真。
六形合一阴阳势，内外相合形意根。

四、六形合一法

形意拳三体式桩功，须循"六形合一"之法。

六形合一法，谱谓"鸡腿、龙身、熊膀、猴相、起手鹰捉、出势虎抱头"是也。光绪间，车毅斋将出势"虎抱头"改为出势"虎扑"。河北等地形意门人至今仍有出势循"虎抱头"之法者。民国年间，又有以"钻拳""劈拳"出势和仿南少林"提水势"出势者。出势中之"雷声"则为河北形意门人所特有。

（一）鸡腿

取鸡之两腿紧夹，似屈不屈，似直不直之形。此势法进退灵

活,伸缩自如,出步摩胫,膝扣裆合。防范对方从中门而入,当赖此法。歌诀云:

　　两腿似屈非是弓,两膝紧扣闭中门。
　　出步摩胫防意外,腿法之中此为根。

(二)龙身

取龙之腰身转动灵活,吞吐自如,变化莫测之特点。攻则纵身而起,防则藏身而落。抓击踩趾并举,威严莫过此法。

歌诀云:

　　进退反侧赖此身,纵横腾跃任意行。
　　吞吐趋避随势走,千变万化显其能。

(三)熊膀

取熊之含胸圆背,垂肩坠肘,包裹严密之形。此势法可使对方无隙可乘,而我则应变敏捷,出拳快速。歌诀云:

　　背圆胸含气下沉,两肩下垂肘护身。
　　包裹严密唯此赖,出拳应变快而灵。

(四)猴相

取猴之目光敏锐,精力充沛,伺机进击,变化神速之形。攻则眨眼即至,退则不见踪影。歌诀云:

　　双目敏锐似猴盯,拳经称它为先行。
　　审察机宜备不测,外在表现精气神。

(五)鹰捉

取凶鹰捕猎捉物之能,擒拿格斗俱赖此法。谱有"起手鹰捉""把把不离鹰捉"之谓。歌诀云:

　　风尘同庆曷容矜,飞跃苍穹试学鹰。
　　俯瞰大地擒狡兔,功成飞升宴升平。

(六)虎扑

取猛虎出洞之威,扑食之勇。手法一出,犹如猛虎扑食。攻则双掌齐出，亦可单掌独进，抓而击之；退则双掌护胸，以守为攻。

歌诀云：

　　虎踞深山藏洞中，伏身离穴显威风。

　　双掌一翻单掌出，如虎扑食向前冲。

五、要义

（一）炼丹、运气

丹田内功，是形意拳之精髓所在。练形意拳首先要练好丹田内功。内功来之于真气，练好丹田功，可使真气运行于全身。所谓："气功为武术之本体，武术乃气功之为用"即此意也。形意大师李飞羽改三体式桩功后，称炼丹运气为"炼精化气"，并以此为形意入门的第一步功夫，第二步为炼气化神，第三步为炼神还虚。这三步功夫要靠三体式桩功以意领气，以气导引逐步完成。

车毅斋继承发展并完善了戴氏、李氏丹田功的练法，使三体式桩功成为一桩顶三功的主要练功形式。站此桩时，必须按照丹田功的理论要求，并以之指导行动。拳经云："先吸后呼，一入一出，先提后降，一升一伏，内收丹田，气之归宿，吸入呼出，勿使有声。"又云："龟尾升气，丹田练气，气下于海，光聚天心。""前任后督，气行滚滚"等等都是炼丹田内功的基本理论。练形意内功，俗称："炼丹"，实假道家炼丹之名故也。练好形意丹田内功，可使真气通之于周身。俗谓"运气"，即气随意行，则丹田功成矣。久练此功，自可出神入化莫测也。

（二）重心、架势

车毅斋所传形意拳三体式桩功，强调务要使重心落于两腿，保持"双重心"式，旨在锻炼身躯之稳固。先师有"稳如泰山不动摇"之训，与人交手时，重心则要因势而转移。宜单（重心）则单，宜双（重心）则双；宜前（重心）则前，宜后（重心）则后。单双重心不单指身体重心，而头、手、足、大小关节、四体百骸，亦有单双重心之别，要皆因势而变化，随式而转移为是。势法高低，因人而异，不拘泥，不法古，需高则高，需低则低，架势灵活，实战出发。

（三）攻、防意义

形意拳以"防御为能"为特点。故站三体式桩功时即有"出手向前防上盘，腹前藏掌护中盘，裹胯扣膝中门闭，为防下盘裆合严"的具体要求。循此要求，防中寓攻，攻中有防，攻防兼顾，遇敌必克。

炼丹、运气、重心、架势、进攻、防御诸论，是车毅斋一生致力于形意拳术之研究总结得出的宝贵经验。车氏将此法立为"三体式要义"，口授门人弟子，从不外传。

第二节　形意弹腿

武术各门各派，都有其具体的基本功训练内容，形意拳也不例外。形意弹腿是车毅斋为加强对初学者基本功的训练，将少林弹腿按形意拳的练功要求改革创编而成的一个系统单练套路，至今已有百余年的历史。形意弹腿，拳脚并用，腿法变化颇多。手法有崩、炮、裹、顶、架、压、穿、搂、刁、拿、劈、砸、挑、刺、缠、推、摆、剪等，步法有马步、半马步、虚步、跐步等，腿法有弹踢、蹬踢、趟踢、十字腿、坐盘腿、扫蹚腿、丁字腿、倒插腿、堵门腿、仆腿、飞燕腿、摆莲腿、旋风腿、鸳鸯腿等。此拳既重腿法之练习，又兼顾三体式桩功。车毅斋将形意半马步作为此拳之基本步法，以定步崩拳、活步崩拳和炮拳为基本拳式。练好此拳，可为学习形意拳奠定基础。故车氏将其列为形意入门拳，名曰"形意弹腿"。

形意弹腿共12路，名称如下：

第一路炮拳坐马腿　第二路崩拳十字腿
第三路架压坐盘腿　第四路穿搂扫蹚腿
第五路刁拿趟踢腿　第六路双展丁字腿
第七路翻劈倒插腿　第八路裹膝堵门腿
第九路穿刺弹踢腿　第十路缠手飞燕腿
第十一路摆莲旋风腿　第十二路连环鸳鸯腿

具体练法如下：

第一路　炮拳坐马腿

由下列动作组成：

左三体式起势，1.左步炮拳，2.左步抱头裹拳，3.左坐马腿双顶拳，4.左坐马腿双裹拳，5.右步炮拳，6.右步抱头裹拳，7.右坐马腿双顶拳，8.右坐马腿双裹拳，9.回身，10.左三体式收势。

一、左步炮拳

左三体式起势（见图2-5），左掌向身前抽回握拳，左膀后调，屈肘将左拳向上拱至头左耳前眉后，拳心向外；右肩前顺，右掌握立拳从心口向前顶出，同心口平，身微向左，目注右拳（见下页图2-6）。

图2-5

二、左步抱头裹拳

右立拳屈肘外旋成阳拳，在身前里裹，肘顶心口前，拳同心口平，目注右拳（见图2-7）。

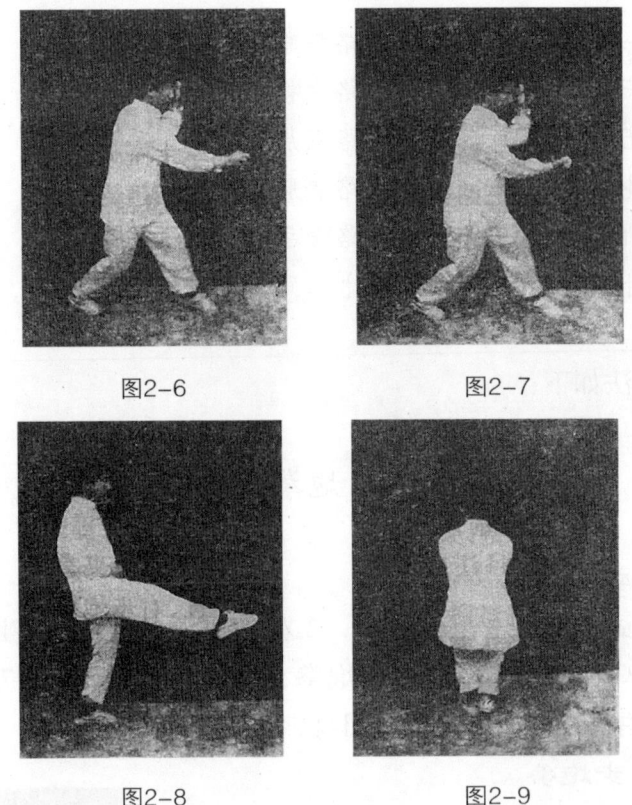

图2-6　　　　　　　图2-7

图2-8　　　　　　　图2-9

三、左坐马腿双顶拳

（1）左脚扣地：右脚提起，脚面绷平，向前水平弹踢。同时，左拳外旋，屈肘抽回，两阳拳抱在心口两侧（见图2-8）。

（2）接上式，右脚落在左脚里踝骨侧，前脚掌着地，左脚掌左碾，身向左转，两腿屈膝半蹲。同时，两肘屈回紧护两肋，两拳拳眼向上，同心口平（见图2-9）。

图2-10　　　　　　图2-11

图2-12　　　　　　图2-13

（3）接上式，右脚向右跐出约0.6米，两腿屈膝下蹲成坐马势。同时，两立拳从心口前分向左右两侧顶出，两臂撑开，两肘微垂，目注右拳（见图2-10）。

四、左坐马腿双裹拳

两拳屈肘外旋成阳拳裹回身前，两肘紧靠两肋，两拳相并，拳心向上，同心口平，目注两拳（见图2-11）。

五、右步炮拳

两脚碾地，身向右转，右脚在前成半马步。同时，右膀后调，右拳内旋屈肘拱在头右耳前眉后，拳心向外；左肩前顺，左拳握立拳向前顶出，同心口平，身微向右，目注左拳（见图2-12）。

六、右步抱头裹拳

与左步抱头裹拳练法同,唯左右有别(见图2-13)。

七、右坐马腿双顶拳

与左坐马腿双顶拳练法①②③同,唯左右有别(见图2-14,15,16)。

八、右坐马腿双裹拳

与左坐马腿双裹拳练法同,唯左右有别(见图2-17)。

九、回身

练到左坐马腿双裹拳后,向左转身90°,出左步炮拳,依次反复本路拳动作。

图2-14

图2-15

图2-16

图2-17

十、收势

练到原起势处，打出左步抱头裹拳，右脚前踢，脚落地时出右崩拳，向左转身180°，出左三体式收势（参阅第61页图2-5）。

要领：

（1）炮拳练法要快而有力。出拳时，一手刁架，一拳打出。此为一顾一打之法。

（2）坐马腿要胸含、气沉、腹实、腰挺、胯塌、膝裹、趾扣。

（3）双顶拳时两臂似屈不屈，似直不直，务要肩垂时坠。

（4）弹踢时要力达脚尖，使脚尖同大腿成一直线。

（5）身法要看阴而有阳，看阳而有阴，即看正似斜，看斜似正。以上练法为左右式。练此拳时，可根据场地与自身条件增加左右式，但收势时必须返回原起势处。

第二路　崩拳十字腿

由下列动作组成：

左三体式起势，1.左步右崩拳，2.右蹬踢扯钻拳，3.右步左崩拳，4.左蹬踢扯钻拳，5.回身，6.收势。

一、左步右崩拳

左三体式起势（见下页图2-18）两手握立拳，左膀后调，左拳抽在心口前，肘靠左肋；右肩前顺，左拳回抽时，右拳从左拳拳眼上向前崩出，同心口平，身微向左，目注右拳（见下页图2-19）。

二、右蹬踢扯钻拳

（1）左脚扣地，右脚提起，膝部挺直，脚尖向上回勾，脚跟用力向前蹬出，同腹脐成一直线。同时，右膀后调，右立拳抽在心口前；左肩前顺，左立拳从右拳拳眼上向前崩出，同心口平（见图2-20）。

（2）接上式，右脚向前落步，左脚跟进，成右半马步。同时，左膀后调，左立拳抽在心口前；右肩前顺，右立拳从左拳拳眼上向前崩出，同心口平，身微向左，目注右拳（见图2-21）。

图2-18

图2-19

图2-20

三、右步左崩拳

右膀后调，右拳抽在心口前，肘靠右肋。同时，左肩前顺，左拳从右拳拳眼上向前崩出，同心口平，身微向右，目注左拳（见图2-22）。

四、左蹬踢扯钻拳

与右蹬踢扯钻拳练法（1）（2）同，唯左右有别（见图2-23、24）。

图2-21

图2-22

图2-23

图2-24

五、回身

练到右蹬踢扯钻拳时，落步成顺步右崩拳，自左向右转身180°，依次反复本路拳动作。

六、收势

练到原起势处右蹬踢扯钻拳，落步成顺步右崩拳，自左向后转身180°，出左三体式收势（参阅第61页图2-5）。

要领：

（1）扯钻拳的动作，必须左右协调，上下一致。一拳回抽时，握鹰捉至心口前变拳，一拳出击时，要经鹰捉变拳的一瞬间经其上打出，如箭之离弦。故本书中凡崩拳打出有"经拳眼上"或"鹰捉上"两说。谱谓"拳打一条线"即此意也。

（2）蹬踢之脚，起落要快而勇猛，脚尖向上回勾，脚跟用力外蹬，脚尖和出击之拳相近，上击下踢，上下合一。有人誉此技为："二路弹腿鬼扯钻，天下英雄打一半。"也有谓二路弹腿为"龙虎相交"者。

第三路　架压坐盘腿

由下列动作组成：左三体式起势，1.转身右步崩拳，2.转身左步炮拳，3.左坐盘架压拳，4.右弹踢崩拳，5.转身左步崩拳，6.转身右步炮拳，7.右坐盘架压拳，8.左弹踢崩拳，9.回身，10.收势。

一、转身右步崩拳

左三体式起势（见图2-25）两脚碾地，从右向后转身180°，成右半马步。同时，左膀后调，左掌抽回，两手握立拳，右肩前顺，右拳从左拳拳眼上向前崩出，同心口平；左拳拉在心口前，

图2-25

肘靠左肋，身微向左，目注右拳（见图2-26）。

二、转身左步炮拳

两脚碾地，从左向后转身180°，成左半马步。同时，右拳抽回，两拳从身前齐出，左拳屈肘内旋拱至头左耳前眉后，拳心向外；右肩前顺，右立拳向前顶出，同心口平，身微向左，目注右拳（见图2-27）。

图2-26

图2-27

图2-28

三、左坐盘架压拳

右脚略向前移，右膝顶左腿弯，左脚掌外横，脚趾扣地，右脚在后，成顺脚，脚跟掀起，两腿屈膝下蹲成坐盘势，左拳顺势下劈，经身前向上划弧，上架至头左耳前眉后，拳心向外。同时，右拳外旋划弧抽回，握阳拳压下，肘顶心口，拳同肘平，目注右拳（见图2-28）。

四、右弹踢崩拳

身起，左脚扣地，右脚提起，脚面绷平，向前水平弹踢，并上步，左脚跟进，成右半马步。同时，两拳抽回握立拳，左拳抱在心口前，肘靠左肋；右肩前顺，右拳从左拳拳眼上向前崩出，同心口平，身微向左，目注右拳（见图2-29）。

五、转身左步崩拳

两脚碾地,从左向后转身180°,成左半马步。同时,右膀后调,右立拳抽回心口前,肘靠右肋。左肩前顺,左立拳从右拳拳眼上向前崩出,同心口平,身微向右,目注左拳(图2-30)。

图2-29　　　　　图2-30　　　　　图2-31

六、转身右步炮拳

与本拳二、转身左步炮拳练法同,唯左右有别(图2-31)。

七、右坐盘架压拳

与本拳三、左坐盘架压拳练法同,唯左右有别(图2-32)。

图2-32

八、左弹踢崩拳

与本拳四、右弹踢半马崩拳练法同,唯左右有别(图2-33)。

九、回身

练到右弹踢半马步崩拳后,自左向右转身180°,依次反复本路拳动作。

十、收势

练到原起势处,右弹踢半马步崩拳打出

图2-33

后，转身180°，出左三体式收势（参阅图2-5）。

要领：

坐盘腿要两腿交叉，前腿压后腿，两大腿紧贴，臀部靠在后小腿外侧。转身动作要上下协调一致。架压划弧务要绞、架、压三劲合一。

第四路　穿搂扫蹚腿

由下列动作组成：

三体式起势，1.右侧左步右崩拳，2.右弹踢扯钻拳，3.左步刺喉（穿刺），4.右扫趟搂手崩拳，5.左弹踢扯钻拳，6.右步刺喉（穿刺），7.左扫趟搂手崩拳，8.回身，9.收势。

一、右侧左步右崩拳

左三体式起势（见图2-34），右脚后退半步，左脚提起，向右前方（与正前方成45°角）进步，右脚跟进，成左半马步。同时，左膀后调，左手握鹰捉回抽，在心口前握立拳。右肩前顺，右立拳从左拳拳眼上向前崩出，同心口平，身微向左，目注右拳（图2-35）。

二、右弹踢扯钻拳

（1）左脚扣地，右脚提起，脚面绷平，向前水平弹踢。同时，

图2-34

图2-35

图2-36

右膀后调，右立拳抽回心口前，左肩前顺，左立拳从右拳拳眼上向前崩出，同心口平（图2-36）。

（2）接上式，右脚落步，左脚向前上步，右脚跟进，成左半马步。同时，左膀后调，左立拳抽至心口前，肘靠左肋；右肩前顺，右立拳从左拳拳眼上向前崩出，同心口平，身微向左，目注右拳（图2-37）。

三、左步刺喉

右膀后调，右拳变阴掌抽回心口前，肘靠右肋；左肩前顺，左拳外旋，变阳掌从右掌上穿过，向前直刺，同喉部平，身微向右，目注左掌（图2-38）。

四、右扫趟搂手崩拳

（1）左脚碾地，向右转，右脚自右后方向身左侧就地扫半周（约180°）。同时，右肩前顺，右阴掌从左阳掌下伸出，经身右侧后搂（图2-39）。

（2）接上式，身起右转成右半马步，右膀后调，右掌外旋握立拳，抽回心口前，肘紧靠右肋；左肩前顺，左掌内旋成立拳，从右拳拳眼上向前崩出，同心口平，身微向右，目注左拳（图2-40）。

图2-37

图2-38

图2-39

形意拳术大全

五、左弹踢扯钻拳

与本拳二、右弹踢扯钻拳练法（1）（2）同，唯左右有别（图2-41、42）。

六、右步刺喉

与本拳三、左步刺喉练法同，唯左右有别（图2-43）。

图2-40

图2-41

图2-42

图2-43

七、左扫趟搂手崩拳

与本拳四、右扫趟搂手崩拳练法（1）（2）同，唯左右有别（图2-44、45）。

图2-44

图2-45

八、回身

练到右扫趟搂手叉步左崩拳时,向左转身90°,依次反复本路拳动作。

九、收势

练到原起势处。右扫趟叉步左崩拳时,出顺步右崩拳,向左转身135°出三体式收势(参阅第61页图2-5)。

要领:

搂手、扫腿、转身必须上下协调一致。扫腿时,一腿为轴,成半蹲势;另一腿后扫,脚前掌着地,此为半扫腿法。搂手时,有如向后搂人,为打前顾后之法。此拳取侧向打法,开始面向右侧45°,扫腿转身后立即面向左侧45°,如此一右一左,打击面颇大,最后面向正前方收势。

第五路 刁拿趟踢腿

由下列动作组成:

三体式起势,1.左步炮拳,2.右趟踢刁拿手,3.顺步右崩拳,4.右步炮拳,5.左趟踢刁拿手,6.顺步左崩拳,7.回身,8.收势。

一、左步炮拳

(1)左三体式起势(图2-46),两手握拳,左膀后调,左拳抽在身前,屈肘内旋,拱至头左耳前眉后,拳心向外。同时,右肩前顺,右立拳向前顶出,同心口平,身微向左,目注右拳(图2-47)。

图2-46

(2)接上式,右膀后调,右拳屈肘内旋,拱至头右耳前眉后,拳心向外。同时,左肩前顺,左拳翻下握立拳向前顶出,同心口平，身微向右，目注左拳（图2-48）。

二、右趟踢刁拿手

左脚站稳，右脚提起，脚尖里勾，成横脚，脚掌趟踢对方肋间。同时，左膀后调，左拳屈肘内旋，变阴掌成刁腕状，拉至胸前，肘靠左肋，右肩前顺，右拳外旋，变阳掌成端肘状，微向前伸出，目注右脚（图2-49）。

图2-47

图2-48

图2-49

三、顺步右崩拳

右脚在前落下，成右半马步。同时，左掌握立拳抽回心口前，肘靠左肋；右掌握立拳从左拳拳眼上向前崩出，同心口平，身微向左，目注右拳（图2-50）。

四、右步炮拳

与左步炮拳练法（1）（2）同，唯左右有别（图2-51、52）。

五、左趟踢刁拿手

与右趟踢刁拿手练法同，唯左右有别（图2-53）。

图2-50

图2-51

图2-52

图2-53

六、顺步左崩拳

与顺步右崩拳练法同，唯左右有别（图2-54）。

七、回身

练到顺步右崩拳时，自左向后转身180°，依次反复本路拳动作。

图2-54

八、收势

练到原起势处顺步右崩拳时，自左向后转身180°，出左三体式收势（参阅第61页图2-5）。

要领：

刁腕、端肘务要两手阴阳相合，趟踢要全脚掌着力，用横脚趟踢对方肋骨，刁腕、端肘、趟踢要上下左右协调，动作迅速。

第六路 双展丁字腿

由下列动作组成：

三体式起势，1.右丁字腿双展势，2.右丁字腿裹拳，3.顺步右崩拳，4.左丁字腿双展势，5.左丁字腿裹拳，6.顺步左崩拳，7.回身，8.收势。

一、右丁字腿双展势

（1）左三体式起势（图2-55），右脚提起，脚面绷平，向前水平弹踢。同时，左膀后调，左掌回抽，屈时内旋成鹰捉，向头左上侧刁拿，右拳向前顺出（图2-56）。

（2）接上式，右脚落成顺脚。左脚跟进，成横脚，两腿紧靠，成丁字腿。同时，左鹰捉变立拳，向身左侧压下，右肩前顺，右手握立拳向身右侧顶出，两臂双展，两肘微垂，身向左侧，目注右拳（图2-57）。

二、右丁字腿裹拳

右拳外旋成阳拳，屈肘向身前裹回，肘顶心口前，拳同肘平。同时，左拳外旋成阳拳，抱在心口前，肘靠左肋，身微向右，目注右前方（图2-58）。

图2-55

图2-56

图2-57

图2-58

三、顺步右崩拳

右脚上步，成右半马步。同时，左拳在心口前内旋成立拳，右肩前顺，右拳从身前内旋成立拳，从左拳拳眼上向前崩出，同心口平，身微向左，目注右拳（图2-59）。

图2-59

图2-60

图2-61

四、左丁字腿双展势

与右丁字腿双展势练法（1）（2）同，唯左右有别（图2-60、61）。

五、左丁字腿裹拳

与右丁字腿裹拳练法同，唯左右有别（图2-62）。

图2-62

六、顺步左崩拳

与本拳三、顺步右崩拳练法同，唯左右有别（图2-63）。

七、回身

与第五路刁拿趟踢腿中回身练法同。

八、收势

与第五路刁拿趟踢腿中收势同。

要领：

丁字腿弹踢、上步要和上肢动作协调一致，此为上下夹攻之法。双展势时，后手握拳要有刁拿之意，并有下压之劲，压下时略低于前拳，前拳击出，应顺势向前，是为钻进、顶

图2-63

进合一之法。

第七路　翻劈倒插腿

由下列动作组成：

三体式起势，1.左步右崩拳，2.右弹踢扯钻拳，3.倒插腿左崩拳，4.翻身右劈拳，5.右步左崩拳，6.左弹踢扯钻拳，7.倒插腿右崩拳，8.翻身左劈拳，9.回身，10.收势。

一、左步右崩拳

左三体式起势（图2-64），左膀后调，左掌抽回，握立拳抱在心口前，肘靠左肋；右肩前顺，右掌握立拳从左拳拳眼上向前崩出，同心口平，身微向左，目注右拳（图2-65）。

二、右弹踢扯钻拳

（1）左脚扣地，右脚提起，脚面绷平，向前水平弹踢。同时，右膀后调，右立拳抽至心口前；左肩前顺，左立拳从右拳拳眼上向前崩出，同心口平（图2-66）。

（2）接上式，右脚向前落下，成右半马步。同时，左膀后调，左立拳抽在心口前，肘靠左肋，右肩前顺，右立拳从左拳拳眼上向前崩出，同心口平，身微向左，目注右拳（图2-67）。

图2-64

图2-65

图2-66

图2-67

三、倒插腿左崩拳

右脚在前，左脚向右前方上步，右脚跟进，成倒插步，转身90°。同时，右膀后调，右立拳抽在心口前，肘靠右肋，左肩前顺，左立拳从右拳拳眼上向前崩出，同心口平，臂似屈非屈，身微向右，目注左拳（图2-68）。

四、翻身右劈拳

两脚碾地，向右转身270°，成右半马步。同时，左膀后调，左立拳抽在心口前，肘靠左肋；右肩前顺，右立拳向上翻起，随身转而向后劈下，同肩平，目注右拳（图2-69）。

图2-68

五、右步左崩拳

右膀后调，右立拳抽在心口前，肘靠右肋；左肩前顺，左立拳从右拳拳眼上向前崩出，同心口平，身微向右，目注左拳（图2-70）。

六、左弹踢扯钻拳

与本拳"二、右弹踢扯钻拳"练法（1）（2）同，唯左右有别（图2-71、72）。

图2-69　　　图2-70　　　图2-71　　　图2-72

七、倒插腿右崩拳

与本拳"三、倒插腿左崩拳"练法同，唯左右有别（图2-73）。

八、翻身左劈拳

与本拳"四、翻身右劈拳"练法同，唯左右有别（图2-74）。

图2-73　　　　　图2-74

九、回身

练到翻身右劈拳时，自左向后转身180°，依次反复本路拳动作。

十、收势

练到原起势处，翻身右劈拳时，自左向后转身180°，出左三体式收势（参阅第61页图2-5）。

要领：

弹踢上步与扯钻拳，倒插步与崩拳，转身与劈拳务要上下协调一致。劈拳打击目标为肩部，都是打前顾后之技。

第八路　裹膝堵门腿

由下列动作组成：

三体式起势，1.叉步右崩拳，2.右堵门腿崩拳，3.左提腿裹膝拳，4.顺步右崩拳，5.叉步左崩拳，6.左堵门腿崩拳，7.右提腿裹膝拳，8.顺步左崩拳，9.回身，10.收势。

一、叉步右崩拳

左主体式起势（图2-75），左膀后调，左掌抽回，握立拳抱在心口前，肘靠左肋。同时，右肩前顺，右掌变立拳，从左拳拳眼上向前崩出，同心口平，身微向右，目注右拳（图2-76）。

二、右堵门腿崩拳

左脚扣地，右脚提起，脚跟擦地向前横踢，同臁骨平。同时，右膀后调，右拳抽在心口前，肘靠右肋；左肩前顺，左立拳从右拳拳眼上向前崩出，同心口平，身微向右，目注左拳（图2-77）。

三、左提腿裹膝拳

右脚落回原地，左腿屈膝提起，膝同大腿成水平，脚掌提平，小腿后勾。同时，左膀后调，左拳抽回，向左膝里侧裹压，再向外侧砸下，目注左膝前（图2-78）。

图2-75　　　　图2-76　　　　图2-77　　　　图2-78

四、顺步右崩拳

左脚落下，右脚向前上步，成右半马步。同时，左拳抽在心口前，肘靠左肋；右肩前顺，右立拳从左拳拳眼上向前崩出，同心口平，身微向左，目注右拳（图2-79）。

五、叉步左崩拳

右膀后调,右立拳抽在心口前,肘靠右肋;左肩前顺,左立拳从右拳拳眼上向前崩出,同心口平,身微向右,目注左拳(图2-80)。

六、左堵门腿崩拳

与右堵门腿崩拳练法同,唯左右有别(图2-81)。

七、右提腿裹膝拳

与左提腿裹膝拳练法同,唯左右有别(图2-82)。

图2-79　　　　图2-80　　　　图2-81　　　　图2-82

八、顺步左崩拳

与顺步右崩拳练法同,唯左右有别。(图2-83)。

九、回身

与第五路刁拿趟踢腿中、回身练法同。

十、收势

与第五路刁拿趟踢腿中、收势相同。

要领:

裹膝拳,膝里侧的为裹劲,膝外侧的为砸劲。堵门腿前踢,高不可过尺,动作要上下协调。

图2-83

第九路　穿刺弹踢腿

由下列动作组成：

三体式起势，1.左步右刺掌，2.左步连环穿刺，3.弹踢右刺掌，4.右步连环穿刺，5.弹踢左刺掌，6.回身，7.收势。

一、左步右刺掌

左三体式起势（图2-84），两掌外旋成阳掌，左膀后调，左掌回抽，护于心口前，肘靠左肋。同时，右肩前顺，右掌从左掌上向前直出刺喉，身微向左，目注右掌（图2-85）。

图2-84

图2-85

图2-86

图2-87

二、左步连环穿刺

（1）左肩前顺，左掌从右掌上刺出，同咽喉平。同时，右膀后调，右掌抽在心口前（图2-86）。

（2）接上式，左膀后调，左掌回抽；右肩前顺，右掌再从左掌上沿拇指向前刺出；两掌交叉时，立即内旋翻下，左掌握阴拳，右阴掌扣在左腕上，两掌抱心口前，两肘靠两肋，目注前方（图2-87）。

三、弹踢右刺掌

左脚扣地，右脚提起，脚面绷平，向前水平弹踢，落下成右半马步。同时,两掌外旋成阳掌,左掌护于心口前,肘靠左肋;右肩前顺,右掌向前直出刺喉,身微向左,目注右掌(图2-88)。

四、右步连环穿刺

(1)左肩前顺,左掌从右掌上向前直出刺喉;同时,右膀后调,右掌抽回,护于心口前,肘靠右肋(图2-89)。

(2)接上式,右肩前顺,右掌从左掌上向前直出刺喉。同时,左膀后调,左掌抽回心口前,肘靠左肋(图2-90)。

(3)接上式,右膀后调,右掌回抽,左肩前顺,左掌从右掌上沿拇指向前刺出,两掌交叉时,立即内旋翻下,右膀后调,右掌握阴拳,左阴掌扣在右腕上,两掌抱在心口前,两肘靠两肋,目注前方(图2-91)。

图2-88

图2-89

图2-90

图2-91

五、弹踢左刺掌

与"弹踢右刺掌"练法同,唯左右有别。

六、回身

练到"顺步右刺掌"时,自左向后转身180°,依次反复本路拳动作。

七、收势

练到原起势处顺步右刺掌时,自左向右转身180°,出左三体式收势(参阅图2-5)。

要领：

穿掌刺喉要动作连贯，快而有力，刺喉掌以对方咽喉为目标，高低因人而宜。

第十路　缠手飞燕腿

由下列动作组成：

三体式起势，1.左步右崩拳，2.右弹踢扯钻拳，3.右仆腿缠手，4.挑手右飞燕腿，5.右步崩拳，6.左弹踢扯钻拳，7.左仆腿缠手，8.挑手左飞燕腿，9.左步崩拳，10.回身，11.收势。

一、左步右崩拳

左三体式起势（图2-92），两手握立拳，左膀后调，左拳抽回心口前，肘靠左肋；右肩前顺，右拳从左拳拳眼上向前崩出。同心口平，身微向左，目注右拳（图2-93）。

二、右弹踢扯钻拳

（1）左脚扣地，右脚提起，脚面绷平，向前水平弹踢。同时，右膀后调，右拳抽在心口前，肘靠右肋；左肩前顺，左拳从右拳拳眼上向前崩出，同心口平（图2-94）。

（2）接上式，右脚落下成右半马步。同时，左膀后调，左拳抽在心口前，肘靠左肋；右肩前顺，右拳从左拳拳眼上向前崩出，同心口平，身微向左，目注右拳（图2-95）。

三、右仆腿缠手

右脚提起，横脚向前跐出，右腿仆下，左脚

图2-92

图2-93

图2-94

外横，屈膝蹲下，臀部接近左脚跟，身微前俯。同时，两拳内旋变阴掌，齐向身左侧外旋裹回成阳掌，右掌从身右侧向上划弧翻下，成右阴掌；左掌内旋下压成阴掌，左掌护在心口，右掌扣在右小腿上，目注右脚（图2-96）。

四、挑手右飞燕腿

身起，左脚跟进成右半马步。同时，两掌从心口前屈肘向上挑起，（高不过头顶）向左右分开划弧落下，右脚垫步，左脚向前纵步，右脚提起，身体腾空向前飞踢，目注右脚（图2-97）。

五、右步崩拳

右脚在前，落下成右半马步。同时，两掌内旋握立拳，左膀后调，左拳抱在心口前，肘靠左肋；右肩前顺，右拳从左拳拳眼上向前崩出，同心口平，身微向左，目注右拳（图2-98）。随即抽回右拳出左拳。

六、左弹踢扯钻拳

与右弹踢扯钻拳练法（1）（2）同，唯左右有别（图2-99、100）。

图2-95

图2-96

图2-97

图2-98

图2-99

图2-100

七、左仆腿缠手

与右仆腿缠手练法同，唯左右有别（图2-101）。

八、挑手左飞燕腿

与挑手右飞燕腿练法同，唯左右有别（图2-102）。

九、左步崩拳

与右步崩拳练法同，唯左右有别（图2-103）。

十、回身

与第五路刁拿趟踢腿中回身练法同。

十一、收势

与第五路刁拿趟踢腿中收势练法相同。

要领：

（1）仆腿跐出，脚尖要向里扣，脚掌要紧贴地面，身向仆腿。

（2）飞燕腿须两脚腾空向上纵踢，手势与腿的纵踢协调一致，有如飞燕之势。

图2-101　　　　　图2-102　　　　　图2-103

第十一路　摆莲旋风腿

由下列动作组成：

三体式起势，1.叉步右崩拳，2.双拍脚右摆莲腿，3.左翻旋风腿，

4.右步崩拳，5.叉步左崩拳，6.双拍脚左摆莲腿，7.右翻旋风腿，8.左步崩拳，9.回身，10.收势。

一、叉步右崩拳

左三体式起势（图2-104），两掌握立拳，左膀后调，左拳抽在心口前，肘靠左肋；右肩前顺，右拳从左拳拳眼上向前崩出，同心口平，身微向左，目注右拳（图2-105）。

图2-104

二、双拍脚右摆莲腿

左脚扣地，右脚提起，膝部挺直，脚尖上勾，向前，向上踢起，再向右侧外摆划弧。同时，两阴掌从身前向右侧划弧，并拍击摆脚外侧，目注右脚尖（图2-106）。

图2-105

三、左翻旋风腿

（1）右脚落在左脚里侧，前脚掌着地，两腿屈膝半蹲；同时，两掌外旋，左手成阳掌，右手握阳拳砸于左掌内（图2-107）。

（2）接上式，左腿提起，右脚随身腾空而起，上身趁势拧腰左转，两臂随身向左抡动，全身从左向右腾空旋转360°，右脚摆动里合；左手出掌拍击右脚里侧，右手抽下，目注左掌（图2-108）。

图2-106

四、右步崩拳

两脚落下，右脚在前，成右半马步。同时，左膀后调，左手握立拳抽在心口前，肘靠左肋；右肩前顺，右立拳从左拳拳眼上崩出，同心口平，身微向左，目注右拳（图2-109）。

图2-107

五、叉步左崩拳

右膀后调，右拳抽在心口前，肘靠右肋；左肩前顺，左立拳从右拳拳眼上向前崩出，同心口平，身微向右，目注左拳（图2-110）。

图2-108　　　　　图2-109　　　　　图2-110

六、双拍脚左摆莲腿

与双拍脚右摆腿练法同，唯左右有别（图2-111）。

七、右翻旋风腿

与左翻旋风腿练法（1）（2）同，唯左右有别（图2-112、113）。

八、左步崩拳

与右步崩拳练法同，唯左右有别（图2-114）。

图2-111　　　图2-112　　　图2-113　　　图2-114

九、回身

与第五路刁拿趟踢腿中回身练法同。

十、收势

与第五路刁拿趟踢腿八、收势练法同。

要领：

外摆时腰部要挺直，外摆的幅度要大，使腿尽量向体侧摆击。旋风腿的翻身要在前脚提起，后脚起跳时，上身前俯，成为翻身动作的横轴；旋风腿的转体，则在后腰里合的时候，上身即可直起成为转体的直轴。此项动作要翻转360°，动作务要协调，旋转必须有力，才能见效。

第十二路　连环鸳鸯腿

由下列动作组成：

三体式起势，1.鸳鸯捕食右踢腿，2.鸳鸯浮水连三腿，3.鸳鸯捕食左踢腿，4.鸳鸯浮水连三腿，5.回身，6.收势。

一、鸳鸯捕食右踢腿

左三体式起势（图2-115），左脚站稳，右脚跟擦地，脚尖上勾，向前踢出，同臁骨平。同时，左膀后调，左掌抽回，内旋成鹰捉，右肩前顺，右掌外旋成立拳，掌拳齐从身前起，向身左侧刁砸，左鹰捉在后，护于腹左侧，右拳砸于左掌前（偏左），肘靠右肋，身微向左，目注右拳（图2-116）。

二、鸳鸯浮水连三腿（左式）

（1）右脚向前落步，屈膝站稳，左脚跟擦地，脚尖上勾，向前踢出同臁骨平。同时，两手展鹰爪掌，左上右下交叉翻阴掌齐出，右掌在前，掌心向下，横掌推击，同心口平，左掌在后，向后托，位于左胯后侧，掌心微向下，臂半屈，身微向左，目注右掌（图2-117）。

图2-115　　　　图2-116　　　　图2-117

图2-118　　　　图2-119　　　　图2-120

（2）接上式，左脚落步，屈膝扣地，右脚跟擦地，脚尖上勾，向前踢出同臁骨平。同时，两掌外旋成阳掌交叉于心口前，肘屈靠两肋，右腕压在左腕上，掌指尖向外，目注前方（图2-118）。

（3）与鸳鸯浮水连三腿之（1）练法同（图2-119）。

三、鸳鸯捕食左踢腿

左脚提回落下，左脚跟擦地，脚尖上勾，向前踢出，同臁骨平。同时，两掌抽回至身前，右掌成鹰捉，左掌握立拳，齐向身右侧刁砸，右鹰捉在后，护于腹右侧，左拳砸于右手前（偏右），肘靠左肋，身微向右，目注左拳（图2-120）。

四、鸳鸯浮水连三腿（右式）

与鸳鸯浮水连三腿（左式）（1）（2）（3）练法同，唯左右有

图2-121　　　　图2-122　　　　图2-123　　　　图2-124

别（图2-121、122、123）。

五、回身

练到鸳鸯浮水连三腿（左式），第三腿（左）踢出，落回原处，自左向右转身180°，依次反复本路拳动作。

六、收势

练到原起势处，鸳鸯浮水连三腿（左式）第三腿（左）踢出，落回原处，自左向后转身180°，出左三体式收势（图2-124）。

要领：

手、脚务要齐出，上下必须协调一致。连三腿势法宜低，手脚相互配合，有如鸳鸯浮水连连向前涌进之势。出手打击，回手刁拿，上打下踢为此拳技法之特点。

十二路弹腿每路回身后即改练下路。十二路练完后，于原起势处出左三体式收势。这样，十二路弹腿即成为一个完整的形意弹腿套路。

歌诀：

　　　　十路弹腿五代始，昆仑大师亲自编。
　　　　少林增至十二路，形意本得少林传。
　　　　车二大师改此技，遂为形意入门拳。
　　　　头路炮拳坐马腿，二路崩拳鬼扯钻。

三路架压坐盘腿，四路扫趟穿搂拳。
五路刁拿趟踢腿，六路丁字双翅展。
七路翻劈倒插腿，八路堵门裹膝拳。
九路穿刺弹踢腿，十路仆腿出飞燕。
十一摆莲旋风腿，十二鸳鸯腿连环。
学好弹腿十二路，入门形意根基坚。

第三章　基本拳式

形意拳的基本拳式是五行拳和十二形拳。此拳以"象形取意"为立拳之本，以"防御为能"为特殊技艺。久练此拳，可以陶冶情操，增进健康，强内壮外，延年益寿。同时，由于此拳具有"防御为能"特技，用以表演或散打，或用以防身自卫，都有其独到之处。

第一节　五行拳

五行拳也称五拳，即劈、崩、钻、炮、横五拳的总称。古谱谓此拳依金、木、水、火、土五行而命名。"五行生克"说，是五行拳的立拳之本，也是此拳技击理论的基本依据。

五行拳，内应人之肺、肝、肾、心、脾五脏，外修劈、崩、钻、炮、横五拳，是内外兼修，各具特点，式简意深，学易精难的传统拳之一。

五行拳原称意拳，古谱以斧、箭、闪、炮、弹而喻之。每拳各有一特技，拳式规范，动作要求严格，打击目标各有规定。练此拳时，可左右轮番进行，距离可长可短，因地、因人而异。精斯术者，以掌变拳，以拳变掌，掌拳互变，拧裹而发，滚出滚回，侧身调膀，转身调步，上下协调，内外相合，无不至精妙之境。

五行拳，也是形意拳的基础拳（故有谓之"母拳"者）。初学时，只要严格遵循练功要求，一招一式都勤学苦练，精斯术而学以致用不难矣。

五行拳各拳都以左三体式为出势之法。古谱有"起横落顺，把把不离鹰捉"之说，各拳具体练法如下：

一、劈拳

劈拳属金，为五拳之首。其形似斧，有劈物之意。此拳主练"一气之起落"，即吸气时起，呼气时落。拳法特征为掌拳反复循环的立圆动作，步法特征为左右挪脚，以顺步轮番前进。立叉步与两手相抱拧裹上钻循"起横"之法，顺势劈出落步，含"落顺"之意。

（一）功能

1.古谱云："劈拳内应肺，外通鼻，在体为皮毛，守窍于膻中，气发于肺脏。"肺司气之呼吸，声之所发；肺主气，气为血之帅，气行则血行。久练此拳，可养肺、顺气，使肺气舒畅，气血运行无阻，遍体通调，体壮而身强。

2.谱谓劈拳有"生钻克崩"之能。拳法变化无端，但打法需循自上而下之规。左手刁拿，右拳劈击，或右手刁拿，左拳劈击，打击目标主要为对方肩部。劈拳一出，踩、扑、裹、束、撅、五劲合一，加上步法中的顶、寸、挤诸劲，可使对方失去重心而跌倒。练此拳时，务求劈、压、顶、挤、拧诸劲齐发，方可奏效。古谱云："起如钢锉，落如钓竿"即此拳起落之法也。河北形意门人练此拳时大多用掌而不用拳。练法、劲力与山西形意门人各有异同。

（二）步势

劈拳步势，沿直线行进。三体式起势，步势有：

1.挪步成左立叉步，2.进步成右半马步，3.挪步成右立叉步，

4.进步成左半马步，5.挪步成左立叉步，6.进步成右半马步，7.挪步成右立叉步，8.进步成右倒插步，9.拧转回身成左立叉步，10.进步成右半马步回身后，反向依次重复前步势，至起势处回身，出三体式收势（图3-1）。

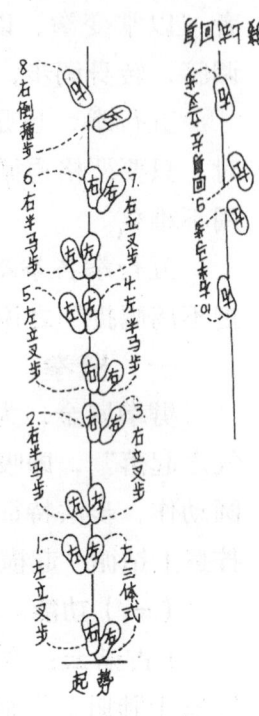

图3-1

（三）练法

劈拳由下列动作组成：左三体式起势，1.右步劈拳，2.左步劈拳，3.劈拳回身，4.收势。

1.右步劈拳

（1）左三体式（见图3-2）起势，两脚挪步，左脚掌偏左约45°，右脚向里摆成顺脚成左立叉步，重心前移；同时，随着吸气，胸腹内含，右手握立拳外旋上提，经胸前钻至口前成阳拳，左手抽回，成顺掌，护于右拳里侧，拳掌齐从口前钻出，同鼻尖平，目注前方（见图3-3）。

（2）接上式，右脚前进，左脚跟进，成右半马步。同时，随着呼气，左膀后调，右膀前顺，右拳内旋成立拳，力贯拳腕，向前劈出，略同肩平；左掌随右拳劈出，立即变鹰捉，撅至心口前，肘靠左肋侧，身向左约45°，目注右拳（见图3-4）。

图3-2

图3-3

图3-4

图3-5

2.左步劈拳

（1）两脚挪步，右脚掌偏右约45°，左脚向里成顺脚，成右立叉步，重心前移。同时，随着吸气，胸腹内含，左手握立拳外旋并上提，经胸前钻至口前成阳拳，右拳抽回成顺掌，护于左掌里侧，拳掌齐从口前钻出。同鼻尖平，目注前方（见图3-5）。

（2）接上式，左脚向前进步，右脚跟进，成左半马步。同时，随着呼气，右膀后调，左膀前顺，左拳内旋成立拳，力贯拳腕，向前劈出，略同肩平；右掌随左拳劈出，立即变鹰捉，撅至心口前，肘靠右肋侧，身向右约45°，目注左拳（见图3-6）。

3.劈拳回身

劈拳回身时，需练至右步劈拳（参阅图3-3、4）后进行。

（1）与左步劈拳练法（1）相同（见图3-7）。

（2）接上式，左脚向右前方进步，脚掌偏右，右脚跟进，成倒插步，身向右转90°。同时，随着呼气，右膀后调，左膀前顺，左拳内旋成立拳，力贯拳腕，向前劈出，略同肩平；右顺掌随左立拳劈出，立即变鹰捉，撅至心口前，肘靠右肋侧，身微向右，目注左拳（见图3-8）。

（3）接上式，左脚跟为轴，身向右转约90°，两脚拧步，左脚在前，右脚在后，成左立叉步，重心偏于左腿。同时，随着吸气，胸腹内含，右鹰捉变立拳外旋并上提至胸前，成阳拳，左立拳抽回

图3-6

图3-7

图3-8

图3-9

变顺掌，护于右拳里侧，拳、掌顺身向上，由口前钻出，同鼻尖平，目注前方（见图3-9）。

（4）与右步劈拳练法（2）同，唯方向相反，（见图3-10）。

图3-10

4.劈拳收势

以上动作练至起势处回身后，右脚后挪，右立拳变掌抽回心口前，左脚向前进步，同时出左三体式收势。

（四）实用一例

以对方用左崩拳击我胸腹为例。我向左侧身，左手握成鹰捉，刁其腕部；右手握立拳，顺势劈出，击其肩部。同时，以右腿挤其左腿，使之失去平衡（图3-11）。

图3-11

（五）要领

1.练劈拳时要意领身随，以意领气，上下协调，内外相合。侧身调膀，要以后膀促前膀，贯两膀之力，以增强打击力量。

2.练劈拳要有五劲、六法，两手抽回胸前为裹劲，立叉步时，两手随身而束为束劲，前进落步，如踩毒物为踩劲，拳向前伸为扑劲，鹰捉撅下为撅劲。五劲之中，每劲又都有撅劲。六法者，起、落、钻、翻、横、竖是也。两手拧裹抱起顺身向上到口前钻出阳拳为起钻，与鼻平时内旋成立拳为翻横，拳向前劈出落下为落竖。身向前拥之挤劲，也是劈拳固有之劲法。

（六）歌诀

劈拳似斧性属金，久练肺气自然顺。

五拳之中位居首，生钻克崩妙无穷。

起势歌
　　两手抱起胸前生，前拳钻出与鼻平。
　　后掌当护拳里侧，挪脚上步后脚跟。
落势歌
　　前拳劈下与肩平，后掌鹰捉腹前存。
　　劈压挤撅劲合一，藏身而落乃为真。

二、崩拳

崩拳属木，拳形似箭，有射物之意。此拳主练"一气之伸缩"。即吸气时缩，呼气时伸。基本练法为左右拳轮番交错平冲而出。前进时，左脚在前，右脚以寸步促左脚前进。

（一）功能

1.古谱有"崩拳内应肝，外通目，在体为筋，守窍于夹脊，气发于肝脏"之说。肝有贮血调血之功能。人动则血运于诸经，人静则血归于肝脏。其拳顺，则肝气舒畅，升降有序，气血运行，筋络通调，目光敏锐，精神贯注，关节灵活，身强体壮。

2.谱有"崩拳生炮克横"之论。此拳以立马步、半马步兼寸步从中门而入，钻进合膝，包裹严密。同时，两拳轮番交错直打对方心口，拳法如同连珠弩箭，使对方无喘息之机。两手滚出滚回，掌拳瞬息即变。既有刁拿之法，又有进击之技，顷刻即可击伤对方或使之倾跌。拳经所谓"手起如箭落如风，追风赶月不放松"，即此拳之技也。

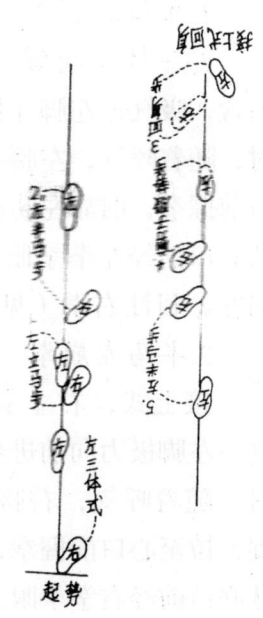

图3-12

（二）步势

崩拳沿直线行进。

由三体式起势，步势有：1.左立马步，2.左半马步，3.回身步，4.剪子股步，5.收势（见图3-12，图中虚线步型脚不着地）。

（三）练法

崩拳由下列动作组成：

左三体式起势，1.立马右崩拳，2.半马左崩拳，3.崩拳回身，4.收势。

1.立马右崩拳

左三体式起势（见图3-13），左掌回抽，胸腹内含，吸气；左脚寸步，右脚跟进，成左立马步。同时，随着呼气，左膀右调，左掌内旋成鹰捉，抽至心口前握拳，肘靠左肋；右膀前顶，右掌外旋成立拳，从心口前经左拳拳眼上向前崩出，同心口平，身微向左，目注右拳（见图3-14）。

2.半马左崩拳

接上式，右立拳变掌内旋回抽，胸腹内含，吸气。左脚极力向前进步，右脚跟进，成左半马步。同时，随着呼气，右膀后调，右拳边回抽边内旋成鹰捉，拉至心口前握拳，肘靠右肋；左膀前顺，左立拳从心口前经右拳拳眼上向前崩出，同心口平，身微向右，目注左拳（见图3-15）。

3.崩拳回身

崩拳回身，须练至半马左崩拳时进行。

（1）步不动，重心后移，左立拳回抽，胸腹内含，吸气。随着呼气，左拳内旋成鹰捉，抽至心口前握拳肘靠左肋；左膀后调，右膀前顺，重心移于两腿，右立拳从心口前经左拳拳眼上向前崩出，

图3-13

图3-14

图3-15

图3-16

同心口平。身微向左，目注右拳（见图3-16）。

（2）接上式，左脚跟为轴，从右向后转身180°，右腿屈膝提脚，膝胯成水平，右脚掌外拧成横脚，高同左膝。同时，随着吸气，右拳抽至左拳里，经胸前顺身向上从口前钻出阳拳。左拳内旋成鹰捉，从右拳外横时压下握阴掌，扣在心口前，右肘靠近左拳（见图3-17）。

（3）接上式，右脚从左膝前极力向前趾下，左脚在后，成顺脚，屈膝下蹲，右腿压左腿，左膝顶右腿弯，左脚跟提起成剪子股势。同时，随着呼气，右拳翻成鹰爪掌，右膀后调，左膀前顺，左拳展掌顺右掌背向前扑出，抓下成鹰捉，同心口平，右掌抓下成鹰捉，护在脐前，肘靠右肋侧，身微向右，目注左掌（见图3-18）。

4.崩拳收势

以上动作练至原起势处回身后，随着身起，两掌抽至心口前，左脚进步。同时，出左三体式收势。

（四）实用一例

对方以左步左拳击我心口。我用左手刁拿来拳。同时，进右步出右拳打击对方心口（图3-19）。

图3-17

图3-18

图3-19

（五）要领

1. 崩拳一出，丹田之力由夹脊、腰间挤出；侧身调膀，垂肩坠肘，拳从心口出，直打心口间。谱谓"拳打一条线"即此意也。出拳回抽，立即拧裹曲肘，上下滚翻，以利出击顾破。是为滚出滚回之法。谱云："身如弩弓拳似箭，箭箭连发不间断"，即崩拳之基本打法。与人交手，当发挥"拳去不空回，掌拳互变奥妙在"的技艺。崩拳之劲法，谱有"两把一股劲"之谓，即前把（拳）打出如箭之发，后把（立拳与鹰捉互变）拉回如弩之张。拳之发出为锉打，拳之回拉为顾破。得此要领，遇敌必克。不明要义，枉学此艺。基本步法，始终以左脚在前，立马、半马、互相轮换。上步时，前脚要低，极力向前；落步时，后脚紧跟，身躯稳健。上下协调，整齐如一，内外相合，其益必得。

2. 古谱有"崩拳五劲加螺旋，一寸最为先"之论。五劲者，拳之回，用掌抽，为裹劲；身之束，劲乃蓄，为束劲；拳之出，劲力发，为扑劲；步之进，踩狠毒，为踩劲；拳出入，扑而拉，为撅劲。五劲之中，劲劲都含撅劲。螺旋劲者，只在近身一瞬间。寸步而上，拳尖似陀螺，一寸之劲，其力无穷。

3. 崩拳步法，一为进步，二为寸步，三为跟步。而进步、寸步都在左脚，跟步则在右脚，旧有"半步崩拳"之称。回身姿势，仿"狸猫上树"之法。手如前爪击上，脚似后爪跐下，回转束身下蹲，气势咄咄逼人。掌握此拳要领，可会天下英雄。

（六）歌诀

　　　　崩拳属木内应肝，两拳轮击形似箭。
　　　　久练气舒筋骨壮，生炮克横法无边。

起势歌：
　　　　前拳崩出同心平，后拳拉在心口存。
　　　　前脚进步后脚催，后脚勿过前脚心。

回身落势歌：
　　右拳上钻打鼻准，右脚提起急转身。
　　狸猫上树剪子股，后脚要顺前脚横。

三、钻拳

钻拳属水，形似闪电，有如泉水向上翻钻之状。此拳主练"一气之翻钻"，即翻时吸气，钻时呼气。主要动作为斜立圆形。主要手法为掌拳互变，即两阳拳轮番上钻，两鹰捉轮番下扣。

基本步法为顺步直线行进。

（一）功能

1. 古谱有"钻拳内应肾，外通耳，在体为骨，守窍于会阴。气发于肾脏"之说。肾精为生命之本。肾主骨、生髓、纳气，并可谓节水液，排泄废液。其拳顺，则丹田气足，肾气旺盛，精力充沛，听觉灵敏，并可补先天，壮后天，使体壮而有力。

2. 谱有"钻拳生崩克炮"之说。打法自下而上，目标以鼻为准。两顾一打，先顾后打，掌拳互变，鬼神亦怕。谱有"起如水翻落如风，亦搂亦扒击鼻准。举止之中暗含疾，形如闪电在天空"之谓，此拳功能自当明矣。

（二）步势

钻拳步势沿直线行进，与劈拳步势相同。（见图3-20）。

（三）练法

钻拳由下列动作组成：

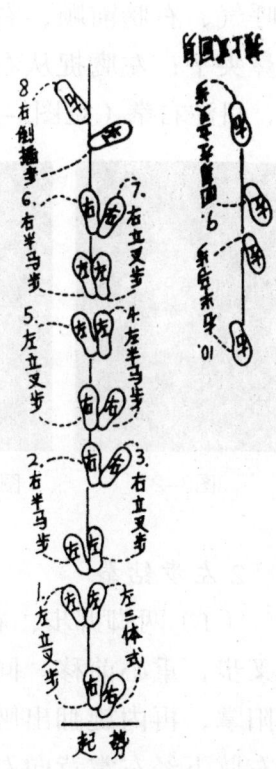

图3-20

左三体式起势，1.右步钻拳，2.左步钻拳，3.回身，4.收势。

1.右步钻拳

（1）左三体式起势（见图3-21），两脚挪步，左脚掌左展约45°，右脚向里摆成顺脚，成左立叉步，重心前移。同时，随着吸气，胸腹内含，左膀后调，左掌回抽外旋，在心口前成阳掌，再内旋翻出鹰捉，向前刁扣，肘靠左肋前。右阴掌从左肱下经左掌背向右侧划弧，外旋成阳掌抽在心口前，肘靠右肋，目注前方（见图3-22）。

（2）接上式，右脚进步，左脚跟进，成右半马步。同时，随着呼气，右膀前顺，右掌从左肱里顺身向上由口前向前钻出阳拳，同鼻尖平；左鹰捉从右拳前撅在心口前成阴拳，肘靠左肋，身微向左，目注右拳（见图3-23）。

图3-21　　　图3-22（1）　　　图3-22（2）　　　图3-23

2.左步钻拳

（1）两脚挪步，右脚掌右展约45°，左脚向里摆成顺脚，成右立叉步，重心前移。同时，随着吸气，胸腹内含，右膀后调，右拳变阳掌，再内旋翻出鹰捉，向前刁扣，肘靠右肋前。左拳变阴掌，从右肱下经右掌背向左划弧，外旋成阳掌抽在心口前，肘靠左肋，目注前方（见图3-24）。

（2）接上式，左脚进步，右脚跟进，成左半马步。同时，随着呼气，左膀前顺，左掌从右肱里顺身向上，由口前向前钻出阳拳，同鼻尖平，右鹰捉从左拳前撅在心口前成阴拳，肘靠右肋，身微向右，目注左拳（见图3-25）。

图3-24（1）　　　图3-24（2）　　　图3-25

3.回身

钻拳回身，须练至右钻拳（参阅图3-22，23）后进行。

（1）与左步钻拳练法（1）同（见图3-26）。

（2）接上式，左脚向右前方进步，脚掌略向右展，右脚跟进，成倒插步，身向右转90°。同时，随着呼气，左膀前顺，左掌从右肱里顺身向上，由口前向前钻出阳拳，同鼻尖平；右鹰捉从左拳前撅在心口前成阴拳，肘靠右肋，身微向右，目注左拳（见图3-27）。

图3-26（1）　　　图3-26（2）　　　图3-27

(3)接上式,以左脚跟为轴,从右向后转身90°,两脚拧步,右脚在后,两腿紧靠,成左立叉步。同时,随着吸气。胸腹内含,左膀后调,左拳变阳掌,再内旋翻出鹰捉,向前刁扣,肘靠左肋前,右拳变阴掌,从左肱下经左掌背向右侧划弧,外旋成阳掌,抽在心口前,肘靠右肋,目注前方(见图3-28)。

(4)与右步钻拳之(2)练法同,唯方向相反(见图3-29)。

4.钻拳收势

以上动作练至原起势处回身后,左脚进步,同时出三体式收势。

(四)实用一例

以我用左钻拳打对方鼻准,对方用左手刁我左腕为例。我立将右拳变鹰捉刁其左腕,并将左拳内旋脱下,变鹰捉反扣其左腕刁下,再出右钻拳击其鼻准,同时右步挤击其下部。(见图3-30)。

图3-28(1)　　图3-28(2)　　图3-29　　　　图3-30

(五)要领

1.钻拳之起落,务要做到侧身调膀,虚实分明,肩胯相随,肘膝相合,掌拳互变,钻翻刁扣,起横落顺,手脚一致。出拳上步,须使拳尖、鼻尖、脚尖三尖相照。拳之上钻下扣,要阴阳相合,柔中有刚,快而有力。以横圆拨转防护,以立圆乘隙而入,乃此拳之基本技法。

2.钻拳劲法,裹、枣、踩、扑、撅五劲兼备。两肘抱回为裹,两腿紧贴,成立叉步时为束,进步出拳,踩扑结合,上下合一,鹰捉下扣，用力拉回为撅。五劲之中，劲劲都含撅劲。起落、钻翻、横竖，尚有刁拿、缠绕、挤击诸劲法。

（六）歌诀

　　　　钻拳出势如涌泉，掌拳互变阴阳翻。
　　　　久练壮肾精力足，生崩克炮顺势变。

起势歌：

　　　　钻拳出手暗中行，一手阳拳一手阴。
　　　　两肘不离两肋侧，挪脚调步须束身。

落势歌：

　　　　前拳钻出打鼻准，后手阴拳护脐门。
　　　　步落拳发内外合，两脚扣地稳如钉。

四、炮拳

炮拳属火，拳形似炮，有如炮打出口，其劲猛不可挡。此拳主练"一气之开合"，即合时吸气，开时呼气。拳法特征为两鹰捉队身前齐向身侧撅回成阳拳，两拳一架一顶，轮番出击顾破。步法特征为沿左右折线斜向前进，独立步仅在一瞬之间，有"束身而起"之意。

（一）功能

1. 古谱有"炮拳内应心，外通舌，在体主血，守于祖窍，发于心脏"之说。心主血液之循环，支配并统帅五脏六腑，为生命之本。久练此拳，可以养心血，和中气，使心血旺盛，神志清晰，精力充沛，身体壮实。

2. 谱有炮拳"生横克劈"之谓。两掌撅回，可破击我之拳掌；两拳一出，既顾自身，又可击敌。打击目标为对方心口。

拳谚云："遇敌好似火烧身，手起如炮向前冲。顾中有打打中顾，进步踩打莫容情。"炮拳独到之功能由此可知。

（二）步势

炮拳步势沿折线斜向前进，左右间距约0.7~0.8米。左三体式起势，步势有：1.左虚步，2.左半马步，3.左独立步，4.右半马步，5.右独立步，6.右倒插步，7.回身左独立步，8.右半马步。反向依次重复前步势，至起势处回身，出三体式收势（见图3-31，图中虚线步型脚不着地）。

（三）练法

炮拳由下列动作组成：左三体式起势，1.左步炮拳，2.右步炮拳，3.回身，4.收势。

1.左步炮拳

（1）左三体式起势（见图3-32），左脚后提，成虚步，

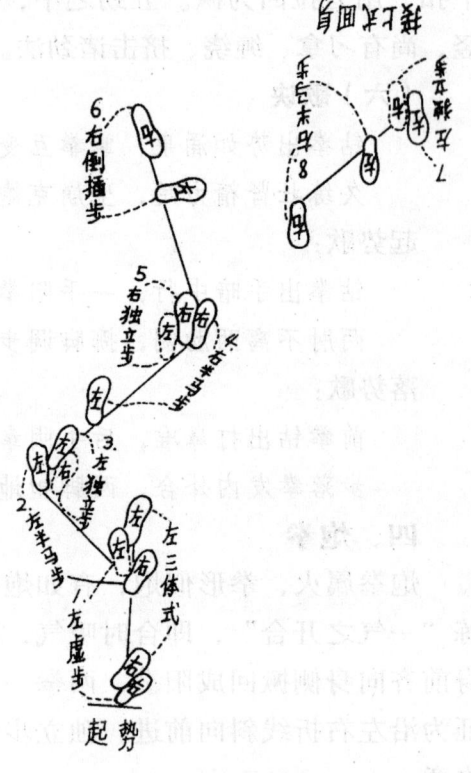

图3-31

重心偏于右腿。同时，随着吸气，胸腹内含，左右掌外旋成鹰捉，用力撅至脐右侧成阳拳。左拳在前，拳面向右，拳眼向前，右拳在后，拳面顶左拳；小臂横于腹前，右肘屈靠右肋侧，身微向右，目注前方（见图3-33）。

（2）接上式，左脚向左前方进步，右脚跟进成左半马步。同时，随着呼气，左膀后调，右膀前顺，左拳变鹰捉，屈肘向上内旋刁架于头左耳前眉后时握拳，拳心向外，右拳内旋为立拳，向前顶出，同心口平，身微向左，目注右拳（见图3-34）。

图3-32　　　　图3-33　　　　图3-34　　　　图3-35

2.右步炮拳

（1）左脚挪步，脚掌里摆约45°，右脚提在左脚里踝骨侧，两腿紧靠成左独立步，重心落于左腿。同时，随着吸气，胸腹内含，两拳外旋成鹰捉，用力撅至脐左侧成阳拳，右拳在前，拳面向左，左拳在后，拳面顶右拳，小臂横于腹前，左肘屈靠左肋侧，身微向左，目注前方（见图3-35）。

图3-36

（2）接上式，右脚向右前方进步，左脚跟进，成右半马步。同时，随着呼气，右膀后调，左膀前顺，右拳变鹰捉，屈肘内旋刁架于头右耳前眉后时握拳，拳心向外。左拳内旋为立拳，向前顶出，同心口平，身微向右，目注左拳（见图3-36）。

3.回身

炮拳回身，须练至右步炮拳后进行。

（1）与右步炮拳（1）练法同，唯左右有别（见图3-37）。

图3-37

（2）接上式，左脚向右前方进步，右脚跟进，成倒插步。身向右转90°，同时，随着呼气，左膀后调，右膀前顺，左拳变鹰捉，屈肘向上内旋，刁架于头左耳前眉后时握拳，拳心向外；右拳内旋为立拳，向前顶出，同心口平，侧身向左，目注右拳（见图3-38）。

（3）接上式，以左脚跟为轴，向右转身90°，右脚提在左脚里踝骨侧，两腿紧靠，成左独立步，重心落于左腿。同时，随着吸气，胸腹内含，两拳外旋成鹰捉，用力撅至脐左侧成阳拳。右拳在前，拳面向左，左拳在后，拳面顶右拳。小臂横于腹前，左肘屈靠左肋侧，目注前方（见图3-39）。

（4）与右步炮拳练法之（2）同，唯方向相反（见图3-40）。

以上动作练至原起势处回身后，右脚挪步，两拳外旋变鹰捉，撅至脐右侧成阳拳，左脚向前进步，出左三体式收势。

图3-38

图3-39

图3-40

（四）实用一例

以对方用右崩拳击我为例，我即以两鹰捉刁拿，并向右侧牵引。如对方脱手或用虚招，再以左劈拳击来，我当侧身进右步，以右鹰捉上刁来拳，以左立拳击其心口，此为"先顾后打，打顾兼用"之法（见图3-41）。

图3-41

（五）要领

1.炮拳练法，谱有"两拳出入，要一气开合"之谓。出步摩胫而进，出拳上刁下顶，打击目标以对方心口为准。打法有如炮弹出口之劲，并与撅劲、牵引之力结合，是谓"出击顾破合一"。此拳五劲俱用，掌拳瞬间即变，亦此拳拳法之妙用。

2.炮拳练法为两顾二打，左顾右打，右顾左打的斜立圆动作。撅回对方来手后，一手刁拿，向侧牵引，另一手猛击对方心口。

（六）歌诀

炮拳属火内应心，斜行架打似炮攻。
久练气和心神稳，生横克劈变化灵。

起势歌：

炮拳出势束身起，侧抱阳拳与肋齐。
前拳要横后拳顺，身手一动脚步提。

落势歌：

侧身进步斜向行，立拳顶出同心平。
刁扣架拳眉梢后，内外合一落势稳。

五、横拳

横拳属土，拳形似弹，有如弹滚之状。此拳主练"一气之翻横"，即翻时吸气，横时呼气。拳法特征为平圆形，两拳左右轮换自肘下拧翻而出。步法以顺步、叉步交替使用为特征。顺步横拳亦称外横拳，进退灵活，叉步横拳亦称里横拳，重心稳固，格压力极大。

（一）功能

1.古谱有"横拳内应脾，外通口，在体为肌肉，有守窍中脘，气发脾脏"之说。又云："脾为后天之本，主水谷之运化，开窍于口。"久练此拳，脾健胃和，运化力强，精神振奋，四肢矫健，灵活有力，身强体壮。

形意拳术大全

2.谱有横拳"生劈克钻"之说。两拳一出一入，以横破直，圆活有力。既有翻、横、压、顶之技，又有挑、扣、刁、推之法，尚有封闭、切挤之术。横拳一出，以对方胸肋为打击目标。拳势如盘中滚珠，阴阳相合，横裹开拓，拧缠吸吃，变化灵活。

（二）步势

横拳步势，沿折线行进，左右间距约0.7~0.8米。左三体式起势，步势有：1.左独立步，2.右半马步，3.右独立步，4.左半马步，5.左独立步，6.右半马步，7.右独立步，8.右倒插步，9.回身左独立步，10.右半马步。反向依次重复

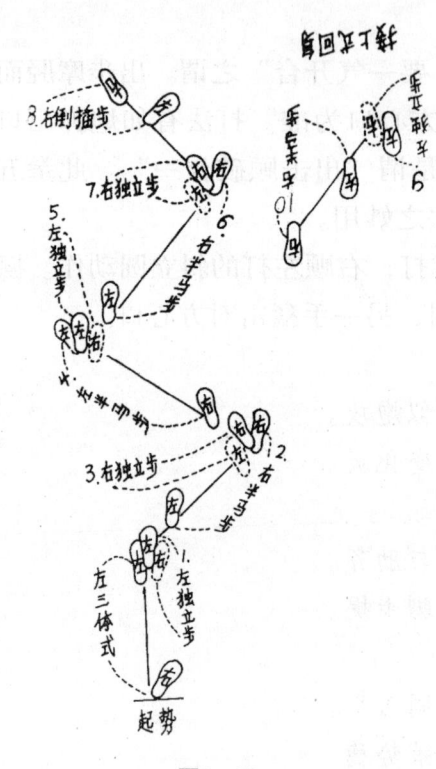

图3-42

前步势，至起势处回身，出三体式收势（见图3-42，图中虚线步型脚不着地）。

（三）练法

顺步横拳由下列动作组成：

左三体式起势，1.右步横拳，2.左步横拳，3.回身，4.收势。

1.右步横拳

（1）左三体式起势，（见图3-43）左脚挪步，脚掌里摆约45°，右脚提至左脚里踝骨侧，两腿紧靠，成左独立步，重心落于左腿。同时，随着吸气，胸腹内含，左膀后调，左掌回抽内旋，刁扣成鹰捉，肘靠左肋前；右掌外旋成阳掌，藏在左肘下，目注前方

（见图3-44）。

（2）接上式，右脚向右前方进步，左脚跟进，成右半马步。同时，随着呼气，右膀前顺，右掌从左肘肱下向右横出阳拳，同胸平。左鹰捉从右腕上撅在心口前，成阴拳，肘靠左肋，身微向左，目注右拳（见图3-45）。

图3-43　　　　图3-44　　　　图3-45　　　　图3-46

2.左步横拳

（1）右脚挪步，脚掌里摆约45°，左脚提至右脚里踝骨侧，两腿紧靠，成右独立步，重心落于右腿。同时，随着吸气，胸腹内含，右膀后调，右拳向左内旋，刁扣成鹰捉，肘靠右肋前。左拳外旋成阳掌，藏在右肘下，目注前方（见图3-46）。

图3-47

（2）接上式，左脚向左前方进步，右脚跟进，成左半马步。同时，随着呼气，左膀前顺，左掌从右肘肱下向左横出阳拳，同胸平。右鹰捉从左腕上撅在心口前，成阴拳，肘靠右肋，身微向右，目注左拳（见图3-47）。

3.回身

横拳回身，须练至右步横拳（参阅图3-44、45）后进行。

图3-48

（1）与左步横拳练法（1）同（见图3-48）。

（2）接上式，左脚向右前方进步，右脚跟进，成倒插步，身向右转90°。同时，随着呼气，左膀前顺，左掌从右肘肱下向左横出阳拳，同胸平；右鹰捉从左腕上撇在心口前，成阴拳，肘靠右肋，身微向右，目注左拳（见图3-49）。

（3）接上式，以左脚跟为轴，向右转身90°，左脚挪步，右脚提至左脚里踝骨侧，两腿紧靠，成左独立步，重心落于左腿。同时，随着吸气，胸腹内含，左膀后调，左拳向右内旋，刁扣成鹰捉，肘靠左肋前；右拳外旋成阳掌，藏在左肘下，目注前方（见图3-50）。

（4）与右步横拳练法之（2）同，唯方向相反（见图3-51）。

图3-49　　　　　　　图3-50　　　　　　　图3-51

4.收势

以上动作练至原起势处回身后，左脚进步，出左三体式收势。
叉步横拳由下列动作组成：
左三体式起势，1.左步右横拳，2.右步左横拳，3.回身，4.收势。

1.左步右横拳

左三体式起势（参阅第113页图3-43），左脚后提成虚步，重心落于右腿，随着吸气，胸腹内含，左膀后调，左掌回抽内旋成鹰捉；右阴掌从左肘下向前外旋成阳掌，交叉在身前。左脚向左前方进步，右脚跟进，成左半马步。同时，随着呼气，右膀前顺，右掌向左横出，成阳拳，同胸平。左鹰捉撅在心口前，成阴拳，肘靠左肋，身微向左，目注右拳（见图3-52）。

2.右步左横拳

练法同左步右横拳，唯步法、手法左右有别。

3.回身

叉步横拳回身须练至右步左横拳后进行。

上左步，右步跟进，成倒插步。横拳动作同左步右横拳。

4.收势

以上动作练至原起势处回身后，上右步，出左横拳。左脚进步，出左三体式收势。

（四）实用（一例）

以对方用左崩拳击我为例。我以左掌刁拿来拳，并向左侧牵引。同时，上右步挤其左腿，并出右横拳压其左肱，向前顶击其左肋，使之挨打或向后倾跌（见图3-53）。

图3-52

图3-53

（五）要领

1.横拳一出，须使拧、翻、横、压（顾）、顶（打）诸劲合一。

拳之回抽，要有拧、裹、刁、扣、撅等多种劲法，而且拳法必须与身法、步法协调一致。尤其在起落之间，万不可拳到身步不到，或身步到而拳不到。此拳以左右换势，平圆斜向前进，如弹之滚动。

2.横拳掌拳互变，只在一瞬之间滚出滚回，为横拳拳法之妙用。谱有"起手横拳势难招"之论。得此拳要领者，遇敌必克无疑。

（六）歌诀

　　　　横拳属土似弹滚，拳翻阴阳步斜行。
　　　　久练壮脾运化强，生劈克钻法无穷。

起势歌：

　　　　横拳须自肘下行，前手阳拳后手阴。
　　　　拳脚起于一瞬间，身法有束也有伸。

落势落：

　　　　两手一翻阴阳分，前手阳拳防中攻。
　　　　后手鹰捉扣腹侧，脚随拳落如生根。

六、五行生克歌诀

（一）五行相生歌诀

　　　　劈能生钻钻生崩，崩能生炮炮生横。
　　　　横能生劈循环演，万物都从五行生。

（二）五行相克歌诀

　　　　劈能克崩崩克横，横能克钻钻克炮。
　　　　炮能克劈归易理，循规可求五行妙。

七、五行拳综合练法

以上五行拳练法主要介绍了各拳之起势，左右式、回身式及收势诸法之分解动作。平时演练，可根据场地和自身条件，增加左右式和回身式次数。

五行拳拳式虽简，但一招一式都有严格要求，而且一拳一势都打有目标，落有去处。对于初学者来说，短时间内是很难做到"动作规范，姿势正确，上下协调，内外合一"的。为了扎扎实实练好五行拳，开始学练，可从"定步"的各拳学起，继而再练"活步"的动作。在此基础上，反复练习行进中的各拳。如虚步出势，直接出势，半马步、立叉步、摩胫步、顺步直进法、斜进法、叉步法、倒插步法等都应循序渐进，一一掌握要领，力使上下协调，内外合一。五行拳非常"吃功"，故先师有"式简意深，学易精难"之论。习此拳时，可在"五拳"单练的基础上，然后将其作为一个完整套路连贯起来反复练习。这样，既可熟练掌握各拳之要领，还可通过反复比较，加深对各拳拳理、拳法之理解，五行拳各拳之功能即可自然得到充分的发挥。具体练法为：左三体式起势，劈拳而出，钻拳而回，崩拳再出，炮拳返回，顺步横拳再出，叉步横拳或顺步劈拳返回，转身左三体式收势。谱谓此法为"五行相生之法"，实系五行拳的综合演练巧妙之法。以下是五行拳综合练习路线图（图3-54）。

左三体式起势

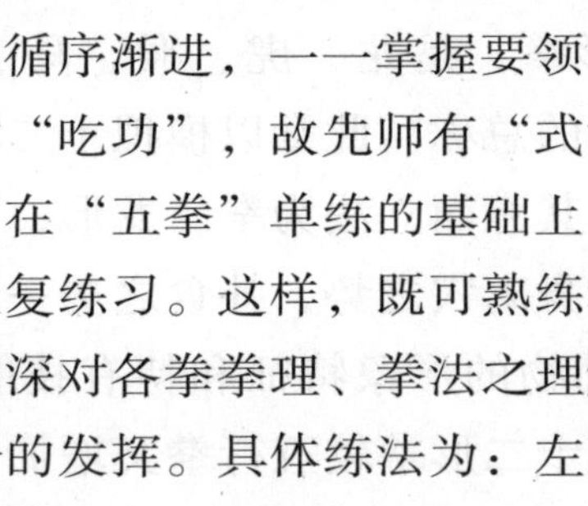

```
        劈 拳 去
        钻 拳 回
        崩 拳 去
        炮 拳 回
   顺步横拳去
   叉步横拳回
```

图3-54

左三体式收势

此路线为分解各拳拳式而设，"去"与"回"当在一条路线上。

第二节 十二形拳

十二形拳亦称形拳，是龙、虎、猴、马、蛇、鸡、燕、鹞、鼍、鲐、鹰、熊诸拳的总称。此拳以模拟十二种动物的形态与技能为特征，象其形，取其意而立法为拳。龙形，仿龙升降之形，抓击之能；虎形，仿虎伏身离穴之势，扑食之勇……因此，每一形拳的练法都须符合每一动物的形象特征和特有技能，使形象服务于拳法，拳法结合形象。十二形拳较五行拳又增加了许多手法、身法、腿法和步法。练好十二形拳，既可进一步坚内壮外，改变人的精神气质，达到延年益寿之目的，又可进一步增强防御和进攻意识，大大提高技击水平与实战能力。以下是车毅斋传授门人弟子十二形拳的练法，主要介绍每形拳的起势、左式、右式及回身收势之法。演练时，仍可根据场地、时间和身体素质等条件，增加左、右式和回身动作。但是，收势如同五行拳一样，必须返回原起势处。

一、龙形

龙为传说中的神物。相传，龙形是取雕龙倒映于水中随波舞动之形而立法为拳的。谱称龙有"升降之形，搜骨之法，抓击之能"。练此拳时，取直线行进之法。身法之起落，手法之屈伸，步法之跳跃、转换都有严格要求，练龙形要神发于目，威生于爪，气注丹田，遍体灵活，运转自如，变化神速，如神龙游空，夭矫而莫测。此拳主练"一气之升降"。升时吸气，降时呼气。

（一）功能

1.古谱有龙形"力起涌泉，通督通任，心火下降，肾水上升"之说。起伏、伸缩、跳跃、扑击、对人体之内脏、气血、筋骨、腰膝等都有裨益。久练此拳，可使心肾相交，培元壮肾，宽胸降逆，调气宁神，内可清虚，外可健体，关节灵活，周身轻松。

2.龙形练神。两目炯炯，神发于目。手法酷似鹰形，但鹰形重打，而龙形则打顾并重，故而威生于爪。其法为自下而上、自上而下的斜立圆动作。腰之旋转，侧身调膀，两掌同时出击，刁拿牵引并举，抓击诸法均利于近身击敌。而纵身起落，还可增加对敌之威慑力量。前后调步，左右变换招式，则可使敌后退不及而挨打。连用踩跐敌腿之法，可致敌身无主而倾跌无疑。

（二）步势

龙形步势，沿直线行进。左三体式起势，步势有：1.左虚步，2.坐盘右踩步，3.右独立步，4.坐盘左踩步，5.回身左独立步，6.坐盘右踩步（见图3-55，图中虚线步型脚不着地）。

（三）练法

龙形由下列动作组成：

左三体式起势，1.右步龙形，2.左步龙形，3.回身，4.收势。

1.右步龙形

（1）左三体式起势（见图3-56），左脚向后提成虚步，重心偏于右腿。同时，随着吸气，左掌回抽，右掌前伸，两掌在胸前外旋成阳掌，右掌从下翻起伸出，同口平，肘尖顶在胸前，左掌护于右肱里侧，肘靠左肋前，身略向左，目注前方（见图3-57）。

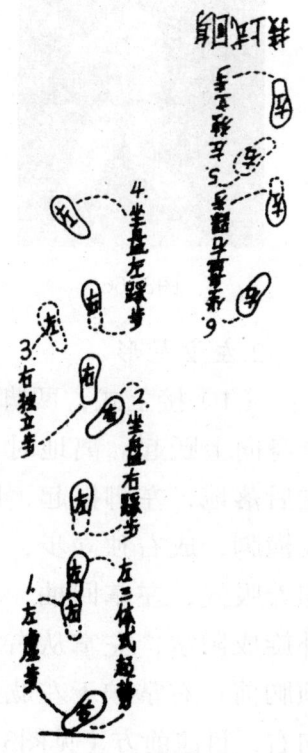

图3-55

（2）接上式，左脚提起上跃，向前落步，右腿提起，膝同大腿平，脚掌外展成横脚，前跃跳趾落地，左脚跟进，左腿屈膝下蹲，身略向右，微前俯，左脚跟提起，接近臀部，成全蹲坐盘踩势。同时，随着呼气，右膀后调，左膀前顺，两掌内旋，成鹰爪掌，右掌回抽，左掌顺右掌背前伸，两掌相对时，左掌猛力向前扑出，用鹰捉抓下，同心口平。右鹰捉用力抓下，护脐前，肘靠右肋侧，目注左掌（见图3-58）。

图3-56

图3-57

图3-58

2. 左步龙形

（1）接上式，两脚涌泉生力，腰向上挺，全身向上跃起。离地时，换成左脚在前，右脚在后落地，左脚提起，膝同大腿平，脚掌外展成横脚，成右独立步，重心落于右腿。同时，随着吸气，左掌回抽，右掌前伸，两掌在胸前外旋成阳掌，左掌从右掌上伸出，同口平，肘顶胸前；右掌护于左肱里侧，肘靠右肋，身略向右，目注前方（见图3-59）。

图3-59

（2）接上式，左脚前跃跳踩落地，右脚跟进，右腿屈膝下蹲，身略向左，微前俯，右脚跟提起，接近臀部，成全蹲坐盘踩势。同时，随着呼气，左膀后调，右膀前顺，两掌内旋成鹰爪掌，左掌回抽，右掌顺左掌背前伸，两掌交叉时，右掌猛力向前扑出抓下，同心口平；左鹰捉用力抓下，护脐前，肘靠左肋，目注右掌（见图3-60）。

3.龙形回身

图3-60

龙形回身，须练至左步龙形时进行。

（1）接上式，两脚涌泉生力，腰向上挺，全身向上跃起，落下成半蹲势时，以左脚跟为轴，右脚提起转身180°，右膝同大腿平，脚掌外展成横脚，成独立步，重心落于左腿。同时，随着吸气，右掌回抽，左掌前伸，两掌在胸前外旋成鹰爪阳掌，右掌从下翻起伸出，同口平，肘顶胸前；左掌护于右肱里侧，肘靠左肋前，身略向左，目注前方（见图3-61）。

（2）与左步龙形之（2）练法同，唯方向相反（见图3-62）。

图3-61

图3-62

图3-63

4.收势

以上动作，反复练至原起势处。回身后，身起脚顺，两掌抽回身前，左脚进步，同时，出左三体式收势。

（四）实用一例

以对方用右钻拳击我为例。我立以右步龙形两掌刁拿，并向身右侧牵引下撅。同时，用右脚跐踩其右腿臁骨，上撅下踩而致对方倾跌（见图3-63）。

（五）要领

龙形之起伏，以腰为轴，两脚着地，两膝屈伸，轻身提气，向上拔地而起。落地时，要拧腰折身，下肢盘坐收缩，前手极力前伸，后手极力向后牵引；跳跃时，凝神静气，力起涌泉，腿膝吃劲，腰向上挺；两脚腾空时，前后交换，直线行进。谱称龙行动作有"起如云飞行，落似雷击地，动如水翻浪，手去如风响"之势。练好飞龙升天潜下捕捉之形，务要使每一动作伸缩自如，连贯迅速，上下协调，整齐如一，内外相合，神气十足，刚柔相济，威猛有力。

（六）歌诀

搜骨伸缩显其能，升降之形阳而阴。
拳顺能使心火降，肾水充足劲自升。

起势歌：

侧身换步腾空行，一双阳掌胸前生。
手起如风身似云，纵身而起势不停。

落势歌：

前掌一出后掌跟，掌脚一齐向前冲。
前脚要横后脚顺，剪子股势捕捉形。

赞歌三首（古谱称"游艺引"，下同）：

1. 一波未定一波生，好似神龙水中行。
忽尔冲空高处跃，声涛汹涌令人惊。
2. 武褒勇力冠群生，夺得昆仑元夜行。
直疑将军天外降，冲空霹雳使人惊。

3.飞龙跃起升天空，入海翻浪显神通。

云同雷声随地走，空中神物唯它灵。

二、虎形

虎为兽中之王，贲走逐兽，猛不可挡。虎形取猛虎伏身离穴扑食之势而为拳。练法为：束身而起，两掌连环猛扑，两腿左右轮换侧身斜向前进。李飞羽所传为翻手虎形，即以阳拳翻阴掌向前扑击，步法与直接出阴掌虎形相同，技法则各有特色。虎形主练"一气之吞吐"，即束身而起，胸腹内含、吸气，谓之"吞"，两掌猛扑时呼气，谓之"吐"。

（一）功能

1.古谱有虎形"在体内属肾"之说。练此拳时，鼓实全身之气，力起涌泉，劲发尻尾，自背而达脑，由脑而下注于丹田，施于一扑。久练可通督任，壮腰肾，充耳目，健脑髓，水升火降，调和心肾，清气上升，丹田气足，身坚体壮，精神振奋。

2.虎形练力，其行生风，威武勇猛，练时全身鼓力，有怒虎出林、两爪排山之势。虎形俗称"虎扑"，是形意拳中最常用的手法之一。练此拳时，双臂合抱，中门封闭，松肩塌胯，双掌齐出。向敌直扑时，先推击下扣，再行推击，出掌疾而勇猛，冲击力特强。再加上"沾身纵力"的击法，一瞬间即可

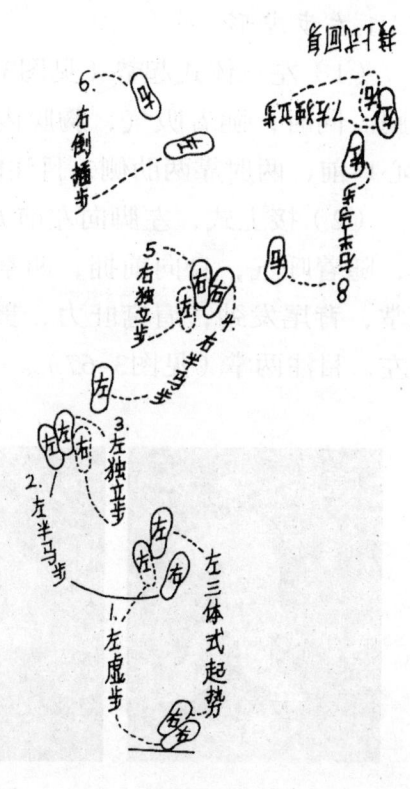

图3-64

将敌击出。其打法为自下而上、自上而下的立圆形动作,打击目标为胸腹两肋。车毅斋还传有双掌齐出,单掌独进之技法。

(二)步势

虎形步势,沿折线行进,左右间距约0.7米。左三体式起势,步势有:1.左虚步,2.左半马步,3.左独立步,4.右半马步,5.右独立步,6.右倒插步,7.回身左独立步,8.右半马步(见图3-64,图中虚线步型不着地)。

(三)练法

虎形由下列动作组成:

左三体式起势,1.左步虎形,2.右步虎形,3.回身,4.收势。

1.左步虎形

(1)左三体式起势(见图3-65),左脚后提成虚步,重心落于右腿。同时,随着吸气,胸腹内含,左掌抽回,两掌握成虎爪拳提在心口前,两肘靠两肋侧,目注前方(见图3-66)。

(2)接上式,左脚向左前方进步,右脚跟进,成左半马步。同时,随着呼气,身向前拥,两拳拳眼相对,顺身向上提至颔下出虎爪掌,背尾发劲,肩窝吐力,贯于两掌,向前扑出,同胸平,身略向左,目注两掌(见图3-67)。

图3-65

图3-66

图3-67

图3-68

图3-69

2.右步虎形

（1）左脚挪步，脚掌里摆约45°，右脚提在左脚里踝骨侧，两腿紧靠，膝微屈，成左独立步，重心落于左腿。同时，随着吸气，胸腹内含，两掌抓下，抽至心口前握虎爪拳，两肘靠两肋侧，目注前方（见图3-68）。

（2）接上式，右脚向右前方进步，左脚跟进，成右半马步。同时，随着呼气，身向前拥，两拳拳眼相对，向上提至颏下出虎爪掌，背尾发劲，肩窝吐力，贯于两掌，向前扑出，同胸平，身略向右，目注两掌（见图3-69）。

3.回身

虎形回身，须练至右步虎形时进行。

（1）与右步虎形之（1）练法同，唯左右有别（见图3-70）。

（2）接上式，左脚进步，右脚跟进，成倒插步。同时，随着呼气，身向前拥，两拳拳眼相对，向上提至颏下出虎爪掌，背尾发劲，肩窝吐力，贯于两掌，向前扑出，同胸平，身略向右，目注两掌（见图3-71）。

图3-70

图3-71

图3-72

图3-73

（3）接上式，以左脚跟为轴，自右向后转身约180°，左脚挪成顺脚，右脚提在左脚里踝骨侧，两腿紧靠，膝微屈，成左独立步，重心落于左腿。同时随着吸气，胸腹内含，两掌抓下，抽在心口前握虎爪拳，两肘靠两肋侧，目注前方（见图3-72）。

（4）与右步虎形之（2）练法同，唯方向相反（见图3-73）。

4.收势

以上动作练到原起势处回身后，两掌抽回腹前，左脚向左前方进步，同时，出左三体收势。

（四）实用二例

1.以对方用崩拳击我为例。我以虚步撅手吞进，使其前倾，乘势出虎形将其击出（见图3-74）。

2.以对方用虎形击我为例。我提虚步内含，两掌捋其两肱，使之前倾，立即出虎爪掌击之，使其后跌（见图3-75）。

图3-74　　　　　　图3-75（1）　　　　　　图3-75（2）

（五）要领

虎形起势，撅手提脚，身向里吞，怒目强项，束身上下如一，有如猛虎伏身离穴之形。两手前扑，两脚跟进，有如猛虎排山之势，扑食之勇。练此拳时，要松肩坠肘，两肘夹肋。出手时，肘护胸前，封闭中门；发劲时，强膝塌胯，足趾扣地，上下协调，内外相合，一气整贯，始终不懈，身力前送，稳固不摇。

（六）歌诀

猛虎扑食势凶勇，性属阳刚坐窝能。
拳顺清气自然起，力能排山显威风。

起势歌：

起势提脚要摩胫，两手阴拳腹下存。
两拳相并胸前起，好似猛虎出洞中。

落势歌：

两拳翻掌向前冲，出手高低如胸平。
掌心要扣力要实，脚手齐落方为真。

赞歌三首：

1. 撼山河易撼军难，只有提防我为先。
   猛虎施威扑食勇，形意合一乃真传。
2. 风云成阵又何难，环卫傲胥士卒先。
   蒙马虎皮成霸绩，陈师牧野可同参。
3. 猛虎离穴出势猛，长啸一声鬼神惊。
   翻掀尾剪随风起，越山跳涧显威风。

三、猴形

猴，性敏而精灵。猴形取猴伸缩之法，纵跳之灵，攫取之能而为拳。其练法以斜向前进后退纵跳、伸缩、抓击为特点。基本步法为脚尖步、小跳步、纵跳步，手法则用刁、拿、钩、抓、刺诸法，以表现猴之灵敏、快速等特长。此拳主练"一气之伸缩"，吸气时缩回，呼气时前伸。

（一）功能

1. 古谱有猴形"在体内为心源"之说。又云："根心生色，现于面，盎于背，施于四体。"其动作特征，内外抖动，活动不息。久练自可通督通任，气血畅通，安心凝神，心态平静，周身活泼，四肢轻灵。

2.猴形练灵，练目光之锐敏，练手脚之轻灵。而束身、缩臂、裹肋、肘肱都不离胸腹，防护十分严密。由于伸缩起伏进退灵活迅速，既可刁拿刺击近身之敌，又可避免为敌所乘。打法自下而上，打击部位主要在上节头部，刺目、刺喉，抓击面部无一不可。此为"走两角"之练法，也有"奔四角"之练法，还有"倒撺猴"之练法。

（二）步势

猴形步势，分左右两条路线斜向前进、后退。左三体式起势，步势有：1.左跳步，2.右进步，3.左进步，4.左独立步，5.右退步，6.左退步，7.右退步，8.右跳换步。

向右侧进步，退步，与左侧进退步势同，唯左右有别。（见图3-76，图中虚线步型脚不着地）。

（三）练法

猴形由下列动作组成：

左三体式起势，1.猴形左进势，2.猴形左退势，3.猴形右换势，4.猴形右进势，5.猴形右退势，6.猴形左换势，7.收势。

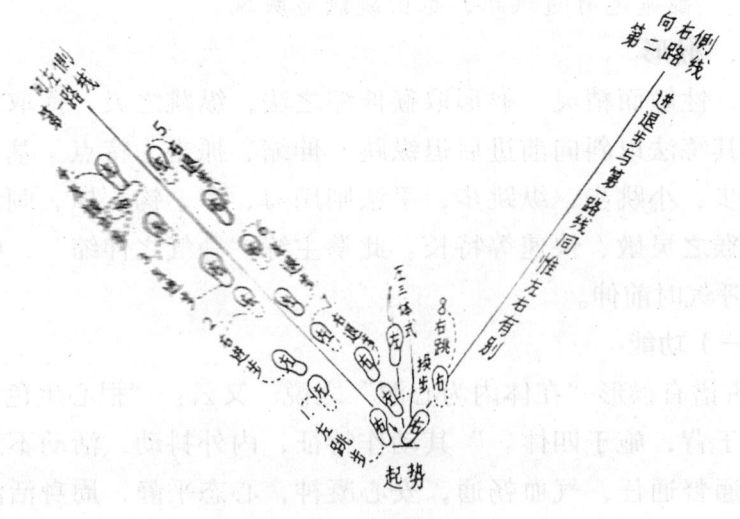

图3-76

1.猴形左进势

（1）左三体式起势（见图3-77），左脚提回成虚步，胸腹内含，吸气。左掌抽回，两掌腹前内旋成阴掌，右脚垫步，左脚斜向左侧小跳，成脚尖步，重心落于右腿。同时，随着呼气，右膀后调，左膀前顺，右掌从左肱上翻下，至心口前抓成猴爪拳，肘靠右肋侧，左掌从右肘前向左上方划弧，刁抓成猴爪拳，同口平，肘在左肋前，身略向右，微下蹲，目注左拳（见图3-78）。

（2）接上式，左脚略向左侧垫步落下，左拳回抽，胸腹内含，吸气。右脚提起，从右脚里侧向前上虚步，重心落于左腿。同时，随着呼气，左膀后调，右膀前顺，左拳抽在心口前，肘靠左肋侧；右拳向上，从左拳里钻起抓出，同口平，肘在右肋前，身略向左，微下蹲，目注右拳（见图3-79）。

（3）接上式，右脚落下，右拳回抽，胸腹内含，吸气。左脚提起，向前上虚步，重心落于右腿；同时，随着呼气，右膀后调，左膀前顺，右拳抽在心口前，肘靠右肋侧；左拳向上，从右拳里钻起，向前抓出，同口平，肘在左肋前，身略向右，微下蹲，目注左拳（见图3-80）。

图3-77　　　　图3-78　　　　图3-79　　　　图3-80

（4）接上式，左脚向前进步，左拳回抽，胸腹内含，吸气。左脚扣地，右脚提起，脚尖向左，横脚勾在左腿弯，成左独立步，重心落于左腿。同时，随着呼气，左膀后调，右膀前顺，左拳抽在心口前，肘靠左肋侧；右拳从左拳里钻起钩掌，向前抓击，同眼平，速缩回口前，成猴爪拳，肘在右肋前，身略向左，目注右拳（见图3-81）。

2.猴形左退势

（1）右脚后退，右拳外旋成阳掌回抽，吸气。右脚沿进步路线后退一步，左脚在前提成虚步，重心落于右腿；同时，随着呼气，右膀后调，右阳掌从左掌下抽至胸前，肘靠右肋侧，左膀前顺，左阳掌从右掌上向前穿出刺喉掌同咽喉平，身略向右，目注左掌（见图3-82）。

（2）接上式，左脚沿进步路线后退，左掌回抽，胸腹内含，吸气。左脚落步，右脚在前提成虚步，重心落于左腿。同时，随着呼气，左膀后调，左阳掌从右掌下抽至胸前，肘靠左肋侧；右膀前顺，右阳掌从左阳掌上向前穿出刺喉掌，同咽喉平，身略向左，目注右掌（见图3-83）。

（3）接上式，两脚垫步，右掌回抽时吸气。调右脚在后，左脚在前成虚步，重心落于右腿。同时，随着呼气，右膀后调，右掌内旋成猴拳抽至心口前，肘靠右肋；左膀前顺，左掌从右肘下内旋向左翻猴拳，同口平，身微向右，目注左拳（见图3-84）。

图3-81

图3-82

图3-83

图3-84

3.猴形右换势

左掌内旋回抽，胸腹内含，吸气。左脚向后小跳换步，右肚斜向右前方小跳，换成脚尖步，重心落于左腿。同时，随着呼气，左膀后调，右膀前顺，左掌从右肱工翻下至心口前抓成猴爪拳，肘靠左肋；右掌从左肋前向右上方划弧，刁抓成猴爪拳，同口平，肘在右肋前，身略向左，微下蹲，目注右拳（见图3-85）。

图3-85

4.猴形右进势

与猴形左进势（2）（3）（4）练法同，唯左右有别（见图3-86、87、88）。

5.猴形右退势

与猴形左退势（1）（2）（3）练法同,唯左右有别（见图3-89、90、91）。

图3-86　　　　图3-87　　　　图3-88

图3-89　　　　图3-90　　　　图3-91

图3-92

图3-93

6.猴形左换势

与猴形右换势练法同，唯左右有别（见图3-92）。

7.收势

以上动作练到原起势处，两阳掌抽回身前，左脚进步，出左三体式收势。

（四）实用一例

以对方用左崩拳击我心口为例。我立以左掌刁扣其腕部，向左侧牵引，同时出右猴爪拳抓击其面部，使之心慌而着打（见图3-93）。

（五）要领

猴形动作，务要做到肩松、颈缩、臂圆、胯塌、肘弯、膝屈、步轻、身活，目光敏锐，掌似钩爪，力达指端，脚步灵活。手之一出一入，既有刁拿抓击之意，又有穿刺击敌之力，左右相互交换，上下协调一致，缩臂裹肋，调膀侧身，沉静稳定，防中寓攻。每一动作，务要连贯完整，不能稍有停顿。

（六）歌诀

    猴形纵跳势轻灵，性属阳刚缩力精。
    拳顺能使心宁静，力达指端爪为锋。

起势歌

    猴形起势步法跟，掌出钻起肘下行。
    闪转吞吐随时用，出手随眼显灵通。

落势歌

    猴形落势须缩身，前脚虚步后脚平。
    前掌抓出臂弯曲，后拳落下胸前存。

赞歌三首

1. 不是飞仙体自轻，居然无影令人惊。
化着一身无定势，尽是纵山一片灵。
2. 何尔一顿载为空，诙谐上殿寺人惊。
任凭施尽弓弩法，侧击旁通万变灵。
3. 神猴虽小秉性灵，纵跳抓击数它能。
晃手打人人易慌，进退趋避捷如风。

四、马形

马，性勇而耐劳。马形取烈马疾蹄之功，冲锋陷阵之勇而为拳。马形有"单双"两种练法。双马形练法，以两拳齐出，向前猛刨，左右换步，直线行进。单马形练法，则取两拳滚拨、刁扣、猛击之法。此拳主练"一气之吞吐"。束身而起，胸腹内含时吸气，谓之"吞"；两拳向前猛刨时呼气，谓之"吐"。

（一）功能

1. 古谱称马形"在体内属脾"，此拳可炼身心意志和精神气质。其拳顺，则心神宁静，意志坚强，丹田气足，气血通畅，五脏调和，身体健壮。

2. 马形练疾，古谱有"马有冲锋疾蹄功，奔驰疆场似风行"之赞誉。其手法吞进即吐，快似急风，步法则以后蹬前进为特点。动作以疾驰猛刨，由下而上、由上而下的立圆形动作为特色。双拳击敌胸腹，疾步拥身前靠，使敌倒地，此为双马

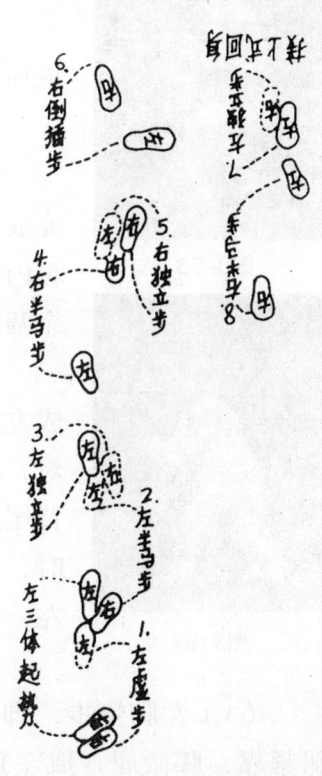

图3-94

形之打法。单马形则以双拳滚拨，提步为吞；一手刁扣，一手阴拳打击敌胸，以疾步拥身前靠，使敌倒地为吐。此技亦顾中有打之法。

（二）步势

马形步势，沿直线行进。左三体式起势，步势有：1.左虚步，2.左半马步，3.左独立步，4.右半马步，5.右独立步，6.右倒插步，7.回身左独立步，8.右半马步（见图3-94，图中虚线步型脚不着地）。

图3-95

（三）练法（双马形）

马形由下列动作组成：左三体式起势，1.左步马形，2.右步马形，3.回身，4.收势。

1.左步马形

（1）左三体式起势（见图3-95）；左脚后提成虚步，重心落于右腿。同时，随着吸气，胸腹内含，左掌抽回，两掌在心口前握阴拳，两肘靠两肋侧，目注前方（见图3-96）。

图3-96

（2）接上式，左脚向前进步，右脚跟进，成左半马步。同时，随着呼气，两阴拳拳眼相对，拳面向前，顺身向上提至口前，身向前拥，背尾发劲，肩窝吐力，贯于两拳顶出，拳同胸平时，猛力刨下，同腹平；两肘在两肋前，身略向左，目注两拳（见图3-97）。

图3-97

2.右步马形

（1）左脚垫步，脚掌外展约45°，右脚提在左脚里踝骨侧，两腿紧靠，膝微屈，成左独立步，重心落于左腿。同时，随着吸气，胸腹内含，两阴拳抽至心口前，两肘紧靠两肋，目注前方（见图

3-98）。

（2）接上式，右脚向前进步，左脚跟进，成右半马步。同时，随着呼气，两阴拳拳眼相对，拳面向前，顺身向上提至口前，身向前拥，背尾发劲，肩窝吐力，贯于两拳顶出，拳同胸平时，猛力刨下，同腹平。两肘在两肋前，身微向右，目注两拳（见图3-99）。

3.回身

马形回身，须练至右步马形后进行。

（1）与右步马形之（1）练法同，唯左右有别（见图3-100）。

图3-98

（2）接上式，左脚向前进步，脚掌右展约45°，右脚跟进，成倒插步。同时，随着呼气，两阴拳拳眼相对，拳面向前，顺身向上提至口前，身向前拥，背尾发劲，肩窝吐力，贯于两拳顶出，拳同胸平，猛力刨下，同腹平。两肘在两肋前，身略向右，目注两拳（见图3-101）。

图3-99

（3）接上式，以左脚跟为轴，从右向后转身约180°，左脚挪成顺脚，右脚提在左脚里踝骨侧，两腿紧靠，膝微屈，成左独立步，重心落于左腿。同时，随着吸气，胸腹内含，两阴拳抽至心口前，两肘紧靠两肋，目注前方（见图3-102）。

（4）与右步马形之（2）练法同，唯方向相反（见图3-103）。

图3-100

4.收势

以上动作练到原起势处回身后，左脚向前进步，同时，出左三体式收势。

图3-101　　　　　图3-102　　　　　图3-103

（四）实用二例

1.以对方用左步虎形击我为例。我立将右脚提回成虚步，胸腹里吞，以泄其来劲，并乘势出右步马形，从对方双臂中插入，以双拳刨击其胸部，上击下挤，身向前拥，使之后倾（见图3-104）。

2.以对方用左劈拳击我为例。我立将右膀后调，右脚提成虚步吞进。同时，两拳向头右侧滚拨，并以左手刁拿对方手腕，右阴拳栽击其胸部，并出右步前挤，使其着打而倾跌（见图3-105）。

图3-104　　　　　　　　图3-105

（五）要领

马形练法，务要垂肩坠肘，挺腰塌胯，提肛敛臀，手脚齐一，内外相合，上下协调一致。束身时，撅手提脚；出势时，进步猛刨；落势时，稳固不摇。

（六）歌诀

人学烈马扬武威，吞吐亦要身法随。
拳顺贵在内外合，力达双拳纵步追。

起势歌：

马形起势后蹄催，一脚先起一脚随。
束身而起两拳抱，势如冲锋向前追。

落势歌：

马形停步四蹄落，双蹄刨下莫敢捉。
前蹄落下后蹄跟，才是马形落步法。

赞歌三首：

1. 人学烈马双蹄刨，争功需要胆气豪。
   英雄四海扬威武，定知此势得名高。
2. 奔腾迅速在奋蹄，性烈垂缰重取义。
   双拳进击须催劲，拧转冲撞世间稀。
3. 马有冲锋疾蹄功，奔驰疆场似风行。
   紧追敌手步法妙，拳拳打击不放松。

五、蛇形

蛇，有起伏屈伸拨草之能，并有能绕、能盘、能吐、能吞之技，节节灵通，首尾相应。蛇形取蛇吸食之功，拨草之能而为拳。其练法以左右反复，斜向前进为特色。此拳主练"一气之吞吐"。吞时吸气，吐时呼气。

（一）功能

1. 蛇形练气。练气以柔身而出，使气之吞吐抑扬，节节灵通，臂活腰灵。古谱有蛇形为"肾中之阳"之说，练此拳可以养肺壮肾，精神振奋，健壮体质。久练内可使气通督通任，运行周身；外可使人体柔韧屈伸，臂腿自如，腰身灵活。

2.蛇形有屈伸起伏拨草特技，乘隙而入，进攻敌手。以盘屈伏卧退步刁撅之法吞进，如蛇之吸食，将敌"咬"住不放；以进步为"吐"，腰劲挺起，膀劲前靠，顺步从下插入敌裆；以"起如挑担"之劲，"如水翻浪"之力拥身而起，使敌倾跌。

（二）步势

蛇形步势，沿折线行进，左右间距约0.7米。左三体式起势，步势有：1.左蹲步，2.右半马步，3.右蹲步，4.左半马步，5.左蹲步，6.右半马步，7.右蹲步，8.倒插步，9.左

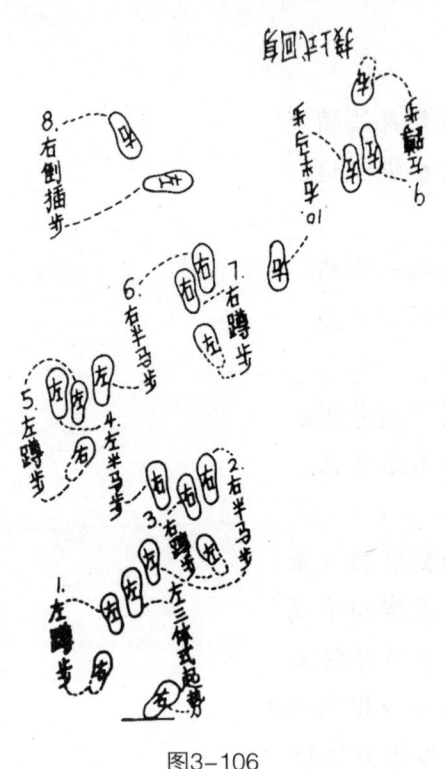

图3-106

蹲步，10.右半马步（见图3-106，图中虚线步型脚不着地）。

（二）练法

蛇形由下列动作组成：

左三体式起势，1.右步蛇形，2.左步蛇形，3.回身，4.收势。

1.右步蛇形

（1）左三体式起势（见图3-107），左脚挪步，脚掌外展约45°，右脚提在左脚里侧后，两大腿紧靠，屈膝下蹲，右膝顶在左腿弯，右脚跟提起，重心落于左腿。同时，随着吸气，胸腹内含，左膀后调，右膀前顺，左掌握鹰捉刁在下腹前，右手并成瓦楞掌，掌心向左，指尖向下，从左掌前极力向左胯侧插下，身略向左，目

注前方（见图3-108）。

（2）接上式，身起，右脚向右前方进步，左脚跟进，成右半马步。同时，随着呼气，身向前拥，右膀前顺，右手出蛇掌，掌心向左，从下而上向右前方挑出，高与裆平，膀向前靠；左鹰捉抽在腹左侧，肘靠左肋，目注右掌（见图3-109）。

图3-107　　　　　图3-108　　　　　图3-109

2.左步蛇形

与右步蛇形（1）（2）练法同，唯左右有别（见图3-110、111）。

图3-110　　　　　图3-111　　　　　图3-112

3.回身

蛇形回身，须练至右步蛇形后进行。

（1）与右步蛇形（1）练法同，唯左右有别（见图3-112）。

（2）接上式，身起，左脚向左前方进步，右脚跟进，成倒插步。同时，随着呼气，身向前拥，左手出蛇掌，掌心向右，自下而上向左前方挑出，高与裆平，膀向前靠；右手鹰捉抽在腹右侧，肘靠右肋，目注左掌（见图3-113）。

（3）接上式，以左脚跟为轴，从右向后转身约180°，左脚挪成顺脚，右脚提在左脚里侧后，两大腿紧靠，屈膝下蹲，右膝顶在左腿弯，右脚跟提起，重心落于左腿。同时，随着吸气，胸腹内含，左膀后调，右膀前顺，左掌握鹰捉刁在下腹前；右手并成瓦楞掌，掌心向左，指尖向下，从左掌前极力向左胯侧插下，身略向左，目注前方（见图3-114）。

（4）与右步蛇形（2）练法同，唯方向相反（见图3-115）。

图3-113

图3-114

图3-115

4.收势

上述动作练到原起势处回身后，两掌抽回胸前，出左三体式收势。

（四）实用一例

以对方用左崩拳击我为例。我立即退步吞进，用左掌刁扣来拳，右臂插压，使其前倾。如对方往回抽拳，我乘势进右步插其脚后，用左手刁撅，右臂挑挤，身向前拥，使之倾跌

图3-116

（见图3-116）。

（五）要领

蛇形练法，务要腰身灵活，臂腿自如，上下协调，内外相合。动作时，先伏后起，先缩后伸，先吞后吐，先退后进。两手刁扣拨击，互为利用，并以两指挑推起落，如蛇舌之游荡曲折，上拨下扣与步法相结合，为本拳技法之妙用。

（六）歌诀

蛇行拨草为本能，盘旋吞吐性属阴。
束展起落一瞬间，劲意合一靠腰功。

起势歌：

蛇形出势要盘结，一手刁扣一手插。
吞进来手退为进，拳法之中有妙诀。

落势歌：

束身而起步向前，二指盘绕是迷团。
吞进须吐用膀力，才知此势不等闲。

赞歌三首：

1. 从来顺理自成章，拨草能行逞刚强。
   蛇形寄语人学会，如水翻浪细思量。
2. 落花水面亦文章，韬略无须畏强梁。
   入阵浪翻千载敬，千变万化孰能量。
3. 草密蛇串见缝行，挑拨奇谋自得心。
   屈伸缠绕多变化，节节灵通首尾应。

六、鸡形

鸡，善啄食而喜斗。鸡形取鸡厮斗之勇，啄食之功，摩胫之能而为拳。练法以两手轮番上啄和两腿轮番下踢相结合为特点。基本步法为直线行进。鸡形主练"一气之收纵"，即收时吸气，纵时呼气。此拳由车毅斋依据两鸡厮斗之特技而改编，较之旧鸡形式简意深，而技击性更强。旧鸡形编入"鸡形四把"，作为套路拳练习。故，迄今仍有以"鸡形四把"为鸡形练法者。

（一）功能

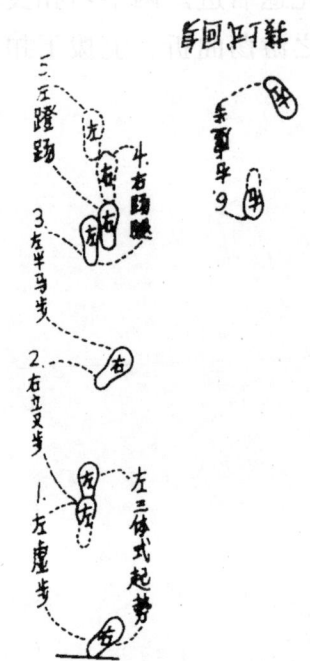

图3-117

1.古谱有鸡形"属脾，为阴气初动"之说。练此拳能使人体足跟之力上升，头顶之气下降，通督通任，散真劲于四肢。其拳顺则真气流通，脾胃调和，五脏充盈，上可补脑髓之不足，下可医腿脚之疼痛。

2.鸡形练勇，谱有"头破血流，不稍退却"之赞誉。此拳之技法，防中有攻，攻防兼顾，连环进击，上下结合。动作为两掌切截对方来手，随即以两手轮番啄击对方两目，两脚连环蹬踢对方臁骨和下腹，上下夹攻，使对方着打而倒地。

（二）步势

鸡形步势，沿直线行进，左式鸡形由左三体式起势，步势有：1.左虚步，2.右立叉步，3.左半马步，4.右踢腿，5.左蹬腹，6.回身右虚步（右式鸡形与左式鸡形步势同，惟左右有别），左式鸡形步势（见图3-117，图中虚线步型脚不着地）。

（三）练法

鸡形由下列动作组成：

左三体式起势，1.左式鸡形，2.右式鸡形，3.回身，4.收势。

1.左式鸡形

（1）左三体式起势（见图3-118），左脚后提成虚步，左掌抽在胸前，吸气。左脚向前进步，右脚跟进，成左半马步；同时，随着呼气，左掌从胸前顺掌切下至下腹前，肘靠左肋侧，右掌成顺掌，抽在脐前，肘靠右肋，身略向右，目注左掌（见图3-119）。

（2）右腿、右掌提起，吸气，右膝同大腿平，脚掌外展约45°向前落步，成右立叉步。同时，随着呼气，左膀后调，右膀前顺，右掌提在胸前，指尖前倾，从左掌前切下，至下腹前，肘靠右肋侧；左掌指尖下倾，从右掌下抽至脐前，肘靠右肋，身略向左，目注右掌（见图3-120）。

图3-118　　　　　　图3-119　　　　　　图3-120

（3）接上式，左腿、左掌提起，吸气，左脚向前进虚步，重心落于右腿。同时，随着呼气，右膀后调，左膀前顺，左掌提在胸前，指尖前倾，从右掌前切下，至下腹前，肘靠左肋侧；右掌指尖下倾，从左掌下抽在脐前，肘靠右肋，身略向右，目注左掌（见图3-121）。

（4）接上式，重心前移，左脚扣地，左掌回抽，吸气，右脚提起，脚尖上挺，脚跟擦地向前踢出，同臁骨平，重心落于左腿。同时，随着呼气，左膀后调，右膀前顺，左掌抽在胸前，肘靠左肋，右掌从腹前顺身向上提至口前，伸出啄目指，力贯中、食指，向前分击，同两眼平，身略向左，目注右手中、食指尖（见图3-122）。

（5）接上式，右脚落地，右掌回抽，吸气，重心前移，践起左脚向前蹬踢，同下腹平，重心落于右腿。同时，随着呼气，右膀后调，左膀前顺，右掌抽在胸前，肘靠右肋；左掌从腹前顺身向上提至口前，伸出啄目指，力贯中、食指，向前分击，同两眼平，身略向右，目注左手中、食指尖（见图3-123）。

图3-121　　　　　图3-122　　　　　图3-123

2.右式鸡形

与左式鸡形（1）（2）（3）（4）（5）练法同，唯左右有别（见图3-124、125、126、127、128）。

图3-124　　　　　图3-125　　　　　图3-126

图3-127　　　　　图3-128

3.回身

练至左右式鸡形时均可回身。如右式回身即在右脚蹬踢后向前落步，右掌回抽，吸气，两脚跟碾地从左向后转身180°，成左半马步。同时，随着呼气，右膀后调，左膀前顺，右掌抽在腹前，肘靠右肋；左掌提在胸前，指尖前倾，从右掌前切下，肘靠肋侧，身略向右，目注左掌（见图3-129）。

图3-129

4.收势

以上动作练到起势处回身后，左脚向后提步，两掌外旋，抽在腹前，左脚向前进步，出左三体式收势。

（四）实用一例

以对方用左崩拳击我为例。我立以虚步吞进，用左手截来拳，并向左侧牵引，出右脚猛踢对方臁骨，右啄目指击其两目，使对方着打而后跌（见图3-130）。

图3-130

（五）要领

鸡形练法，务要内外相合，肩胯相催，肘膝相随，手脚齐动，侧身调膀，上下协调，连环出击，不能停顿。两手切截，防护严密，轮番出入，两肘不能离肋；两脚出入，紧靠踝骨里侧，上啄下踢，动作迅速，整齐一致，灵活有力。

（六）歌诀

　　　金鸡厮斗最为勇，随高随低打法灵。

　　　啄目蹬踢伸缩妙，虚实变化法无穷。

起势歌：

　　　脚腿提起要摩胫，后脚要顺前脚横。

　　　前掌一出截来手，后掌藏在肚脐门。

落势歌：
　　两腿一纵踢下阴，手指啄目快如风。
　　脚掌齐去踢又啄，藏身落势显奇能。
赞歌三首：
　　1.将在谋而不在勇，败中取胜成英雄。
　　　二鸡相千仔细瞧，才知羽化有灵通。
　　2.两军交战勇者胜，金鸡厮斗即明证。
　　　头破血流不败退，人无勇气难比禽。
　　3.金鸡善于独立功，厮斗擦步用脚蹬。
　　　二鸡相争似戏珠，起落之间见功成。

七、燕形

燕，性敏而轻捷。燕形取燕子抄水之特技而为拳。练法以伏身下势，沾水即跃身而起为特点。基本步法为直线行进。此拳主练"一气之起伏"，即伏时吸气，起时呼气，全神贯注，一气呵成。河北、山西形意门人精此技者颇多，练法各有特色。

（一）功能

1.燕形，古谱有"水火既济，复其真元"之说。久练此拳，内可使心火下降，肾水上升，心肾相交，水火既济，五脏调和，运比力强，清心凝神，补血养气，使丹田之气运行周身；外可健腰、腿、胯、膝、足、肩、髋、臂、腕、手等各部关节，使人精神振奋，身体轻灵。

2.燕形练捷，谱有"燕子取水捷如风"之赞誉。动作防中有攻，一动即至，打击部位，托手胸肋，抄水下阴。即一手横击敌肋，随即仆腿下伏，前手防护，后手掠地而起撩阴，两腿践步而上，又击敌胸。敌无喘息之机，挨打或倾跌无疑。

（二）步势

燕形步势，沿直线行进。左步燕形，由左三体式起势，步势有：1.左虚步，2.左侧半马步，3.左仆腿步，4.右践步，5.左半马步，6.回身右半马步。

右步燕形步势及回身同左步燕形，唯左右有别（见图3-131，图中虚线步型脚不着地）。

（三）练法

燕形由下列动作组成：

左三体式起势，1.左步燕形，2.燕形右回身，3.右步燕形，4.燕形左回身，5.收势。

1.左步燕形

（1）左三体起势（见图3-132），左脚后提成虚步，重心落于右腿。同时，随着吸气，左掌抽回，两掌从腹前外旋成阳掌，两肘靠两肋，目注前方（见图3-133）。

（2）接上式，左脚向前进步，脚掌里扣，右脚跟进，成左侧半马步，重心移向左腿。同时，随着呼气，左膀前顺，两掌内旋，左掌成横掌，掌心向前托出，同肩平，肘微下垂，右立掌掌心向前，指尖向上托至胸左侧，小臂横在腹前，身略向右，目注左掌（见图3-134）。

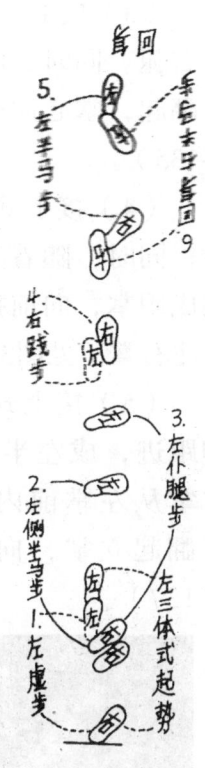

图3-131

图3-132

图3-133

图3-134

（3）接上式，身向右扭转，左腿仆下，右腿屈膝下蹲，重心落于右腿。同时，随着吸气，左掌外旋成阳掌，向前伸至左膝上，右掌翻起，掌心向外，经身前向右划弧护在头右侧，目注左掌（见图3-135）。

（4）接上式，身起，左脚挪步，重心移向左腿，右脚向前践步；同时，随着呼气，左膀后调，右膀前顺；右掌从地面由左腿前翻成阳掌，向前抄出，同裆平；左掌内旋成阴掌，护在右腕里侧，目注右掌（见图3-136）。

（5）接上式，左脚提步，右掌回抽，吸气，左脚进步，右脚跟进，成左半马步。同时，随着呼气，右膀后调，左膀前顺，右掌从左掌前内旋成阴掌，拉在脐前，肘靠右肋；左掌从右掌下翻起立掌，向前托出，同胸平，身略向右，目注左掌（见图3-137）。

图3-135　　　　　　图3-136　　　　　图3-137

2.燕形右回身

两脚跟碾地，从右向后转身180°，右脚在前，成右半马步，重心落于左腿。同时，随着吸气，两掌从腹前外旋成阳掌，两肘靠两肋，目注前方（见图3-138）。

3.右步燕形

与左步燕形（2）（3）（4）（5）练法同，

图3-138

图3-139　　　　图3-140　　　　图3-141　　　　图3-142

唯方向相反（见图3-139、140、141、142）。

4.燕形左回身

与燕形右回身练法同，唯方向相反，（见图3-143）。

5.燕形收势

练到原起势处回身后，左脚进步，出左三体式收势。

图3-143

（四）实用一例

以对方用左手钻拳击我为例。我立伏身以右手防护，左掌托胸，使其落空着打，随即翻出右掌撩阴，并践步而上，左掌再击其胸，使之着打后倾（见图3-144）。

图3-144

（五）要领

燕形练法要求上下相随，左右协调，内外相合，一气连贯，不能停顿。伏身而起，脚起要轻；藏身而落，脚落要稳；践步而上，纵步要远；出手要快，掌击要猛。重心要随势而易，宜前则前，宜后则后。

（六）歌诀

燕子抄水捷而灵，阴阳相合非等同。

拳顺心肾能相交，丹田气充周身轻。

起势歌：

燕形出势托手去，藏身而落束身起。

去意好似卷地风，践串步法快无比。

落势歌：

抄水手出去撩阴，翻手一掌如胸平；

落步好似钉入木，脚手齐落方为真。

赞歌三首：

1. 艺术求精百倍功，功成云路自然通。

   伏身试看燕取水，才识男儿高世风。

2. 燕子来去捷如风，抄水之技是奇能。

   多少飞禽难相比，一招之中显神通。

3. 燕子取水巧，身法轻灵妙。

   气活神则通，领悟其中奥。

八、鹞形

鹞为猛禽，鹞形取鹞子入林特技而为拳。练法取直线行进，侧身缩体，形似飞鹞。两臂向前一裹，践步而上，如鹞子入林；两臂一收，如鹞子束身；步随身转，如鹞子翻身；扣拳而上，如鹞子钻天。此拳主练"一气之开合"，即合时吸气，开时呼气。

（一）功能

1. 鹞形，古谱有"收心藏气"之说。久练此拳，能收先天之气，上升泥丸，下归丹田，气血通畅，运行全身；能使人之腰强肾健，筋舒骨坚，四肢灵活，全身轻松。

2. 鹞形练猛，有两臂一抖连环进击猛不可挡之势。此拳与炮拳有别；出拳顾打兼备，目标只在心口之间；侧身践步而上，势猛迅疾，打击力量尤强；鹞子钻天，可击敌鼻。身法强调侧身调膀，既架又打；践步而上，旨在近身击敌；翻身时，下扣上钻，扣则为顾，钻则为打。顾中有打，打中有顾，为本拳特色。

（二）步势

鹞形步势，沿直线行进。左步鹞形，由左三体式起势，步势有：1.左虚步，2.右践步，3.左半马步，4.回身右虚步。

右步鹞形及回身步势与左步鹞形同，唯左右有别（见图3-145，图中虚线步型脚不着地）。

（三）练法

鹞形则下列动作组成：左三体式起势，1.左步鹞形，2.鹞形右翻身，3.右步鹞形，4.鹞形左翻身，5.收势。

1.左步鹞形

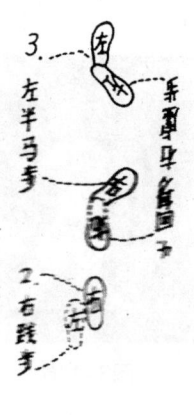

图3-145

（1）左三体式起势（见图3-146）。左脚后提成虚步，脚尖外展约45°，左掌回抽时吸气，重心落于右腿。同时，随着呼气，左膀后调，右膀前顺，右掌外旋，从左拳里经胸前，由口前钻出阳拳，同鼻尖平，肘靠胸前，左掌内旋成阴拳，从右拳前扣在腹前，肘靠左肋（此为鹞子钻天势），身略向左，目注右拳（见图3-147）。

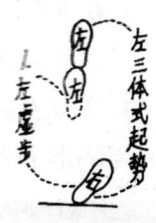

（2）接上式，重心前移，左拳外旋成阳拳，提至右拳里侧，吸气，右脚向前践步，左脚进步，右脚跟进，成左半马步。同时，随着呼气，右膀后调，左膀前顺，向右侧身，右拳向右拱至右额角，拳心向外；左拳变立拳，向前直出，同心口平，目注左拳（见图3-148）。（以上练法可根据场地连续演练）。

2.鹞形右翻身

鹞形翻身时，两脚跟碾地，从右向后转身180°，两拳回抽时吸气，右脚在前成虚步，脚尖外展，重心落于左腿。同时，随着呼气，左拳外旋，从右拳里经胸前由口前钻出阳拳，同鼻尖平，肘靠胸前，右拳内旋，从左拳前翻下成阴拳扣在腹前，肘靠右肋，目注左拳（见图3-149）。

图3-146　　　　图3-147　　　　图3-148　　　　图3-149

3.右步鹞形

与左步鹞形（2）练法同，唯方向相反（见图3-150）。

4.鹞形左翻身

与鹞形右翻身练法同，唯方向相反（见图3-151）。

图3-150　　　　图3-151　　　　图3-152

5.收势

练到起势处翻身后，两拳回抽，左脚进步，出左三体式收势。

（四）实用二例

1.以对方用左贯耳击我为例。我立以右肱架顾，左立拳向前顶

图3-153

击,并侧身践步而上,以"鹞子入林"势将对方击出(见图3-152)。

2.以背后有人用右崩拳来袭为例。我立从右向后翻身,用右掌扣其来拳,顺势钻出左拳,以"鹞子钻天"击其鼻尖,使其着打(见图3-153)。

(五)要领

鹞形练法务要手脚齐一,起落迅速,内柔外刚,内外合一。束身而起,藏身而落;侧身进击,践步相随;翻身以脚为根,以腰为轴,拧转迅速;出拳顾打,包裹严密,动作连贯,上下协调。

(六)歌诀

　　鹞子入林是其能,束翅翻身显威风。
　　拳顺贵在形连意,劲力一致出势猛。

起势歌:
　　鹞形出势须束身,一手阳拳一手阴。
　　践串步法随手法,拳法之中此为能。

落势歌:
　　鹞子入林势迅猛,两拳齐出架又顶。
　　侧身进步须束翅,脚手齐落是真形。

赞歌三首:

1.历来鹞飞善翱翔,两翅居然像凤凰。
　　试看擒捉还束翅,武将才知此势强。

2.鹞子束身疾飞翔,左右翻身无阻挡。
　　何惧有人来攻击,躲避入林是专长。

3.鹞子高空行,入林不损身。
　　进法巧,顾法妙,取其意,利防攻。

九、鼍形

鼍，亦称扬子鳄，俗名猪婆龙。鼍性凶猛，有浮水分浪之技，翻江拨水之能，取其形而为拳。练法以两手阴阳相合，左右分拨，两脚沿折线进退为特色。此拳主练"一气之屈伸"，即屈时吸气，伸时呼气。"游鼍化险"为车毅斋特技之一。车氏传人有大鼍、小鼍之别，俗谓"剪子股"者，即小鼍俗名也。也有谓小鼍为"水蝎子""跳童儿"者。

（一）功能

1.鼍形，古谱有"腹内为肾"之说。练时以腰为轴，以腰劲带动四肢，上动下随，能锻炼人之腰肾，有舒肝、顺气、散心火、消饮食、散积聚之功能。久练可使人耳聪目明，体态轻灵，气血通畅，精神振奋。

2.鼍形练活，先哲有"活则能在水中游，滞则进退不自由"之说。此拳以舒臂探掌之功，拨转刁拿之法，轻捷灵活之步，既可化解对方来手，又便于向侧后牵引。两手一前一后不离胸前，以钻、横、翻、拨、刁、拿、钩、挂等手法，防护极为严密。两脚起落灵活，进退自如，使对方无懈可击。此拳阴阳相合，虚实相因，屈伸变化出其不意，瞬间即可将敌击出。武界谓此技法为游鼍化险。

（二）步势

鼍形步势，沿曲线进退，左右间距为0.7米。进步鼍形由左三体式起势，步势有：1.左虚步，2.左进步，3.左独立步，4.右进步，5.右独立步，6.左进步，7.左独立步，8.右进步，9.接上式右退步，10.左退步，11.右退步，12.左退步（见图3-154，图中虚线步型脚不着地）。

（三）练法

鼍形由下列动作组成：

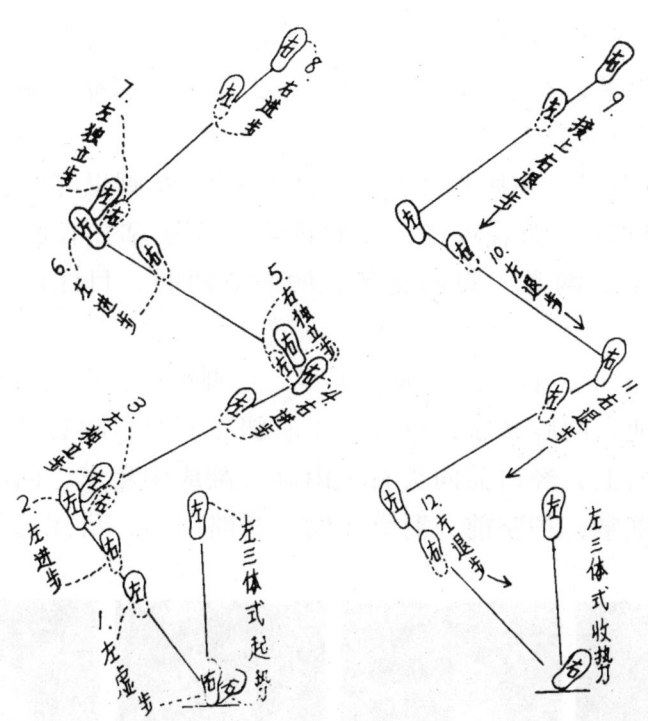

图3-154

左三体式起势，1.进步鼍形，2.退步鼍形，3.收势。

1.进步鼍形

（1）左三体式起势（见图3-155），左脚提成虚步，重心落于右腿。同时，随着吸气，胸腹内含，左掌回抽，在腹前外旋成阳鼍掌，右阴掌藏在左掌下，于腹前交叉，两肘靠两肋，目注前方（见图3-156）。

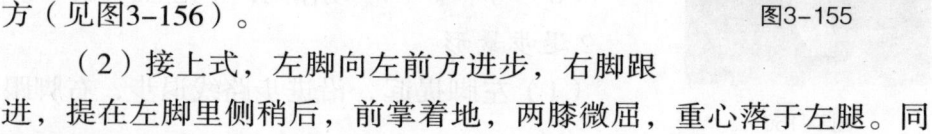

图3-155

（2）接上式，左脚向左前方进步，右脚跟进，提在左脚里侧稍后，前掌着地，两膝微屈，重心落于左腿。同时，随着呼气，身向前拥，左掌向上，经口前向头左侧内旋，翻成阴鼍掌，同眼平；右掌外旋成阳鼍掌，护脐前，肘靠右肋，身略向左，目注左掌（见图3-157）。

（3）接上式，左脚挪步独立，右脚提在左脚里踝骨侧，重心落于左腿。同时，随着吸气，胸腹内含，左阴掌扣在腹前，右阳掌提在左掌上，两掌于腹前交叉，两肘靠两肋，目注前方（见图3-158）。

（4）接上式，右脚向右前方进步，左脚跟进，提在右脚里侧稍后，前掌着地，两膝微屈，重心落于右腿；同时，随着呼气，身向前拥，右掌向上，经口前向头右侧内旋，翻成阴鼍掌，同眼平；左掌外旋成阳鼍掌，护脐前，肘靠左肋，身略向右，目注右掌（见图3-159）。

图3-156　　　　图3-157　　　　图3-158　　　　图3-159

（5）接上式，与本拳（3）动作同，唯左右有别（见图3-160）。

（6）与本拳（2）动作同，（见图3-161）。

（7）与本拳（3）动作同，（见图3-162）。

（8）与本拳（4）动作同，（见图3-163）。

2.退步鼍形

（1）左脚提起，沿进步路线退步，右脚跟

图3-160

图3-161　　　　图3-162　　　　图3-163　　　　图3-164

步,退在左脚里侧稍后,前掌着地,膝微屈,重心落于左腿。同时,随着吸气,右掌回抽,在腹前外旋成阳鼍掌,肘靠右肋;左掌向上,由口前向头左侧内旋,翻成阴鼍掌,同眼平,肘下垂,身略向左,目注左掌(见图3-164)。

(2)接上式,右脚沿进步路线退步,左脚跟步退在右脚里侧稍后,前掌着地,膝微屈,重心落于右腿。同时,随着呼气,左掌抽至脐前,肘靠左肋,右掌向上,由口前向头右侧内旋,翻成阴鼍掌,同眼平,肘下垂,身略向右,目注右掌(见图3-165)。

(3)与退步鼍形(1)练法同,(见图3-166)。

(4)与退步鼍形(2)练法同,(见图3-167)。

图3-165　　　　　图3-166　　　　　图3-167

3.鼍形收势

退步鼍形练到原起势处，左脚落步，右脚向后退步，出左三体式收势。

（四）实用一例

以对方用左钻拳击我为例。我立以左掌拨转其左腕并向后刁拿牵引，同时侧身进右步，以右掌刁扣其喉部，身向前拥，使之倾跌（见图3-168）。

图3-168

（五）要领

鼍形练法，手脚起落务要齐一，连环进退不能间断。两手虽有分合，但要一气连贯。手脚虽有分合，但要与腰合成一气。步法以带步前进或后退，要灵活自如。侧身斜步，实为拨转防护，伺机进击，所谓"灵通于背，活泼于腰，变化于肢"是也。先哲有"掌从胸前起，落下心口前，两掌阴阳合，胸肋要护严"之论。此拳进步式与退步式务要一致。进退次数可根据场地或自身条件而定。

（六）鼍形歌诀

　　游鼍戏水身形灵，随波逐浪曲折行。
　　拳顺贵在腰中力，两手连环阴阳分。

起势歌：

　　鼍形出势脚提急，两掌须从胸前出。
　　上掌要阴下掌阳，左右横拨轮翻击。

落势歌：

　　前进后退两脚跟，拨转防护要侧身。
　　上手齐目下在腹，脚手齐落是真形。

赞歌三首：

　　1.鼍形须知身有灵，左右分拨任意行。
　　安不忘危危自解，与人何事更相争。

2.翻江倒海胜蛟龙,逐波分浪显神通。

　　悉心推究攻防技,玄妙之中数鼍形。

3.鼍有浮水功,拨转防护能。

　　进退神莫测,身形变化灵。

十、鲐形

鲐,性洄游,古谱谓有"护尾之能"。鲐形取鲐鱼分水前进之技,护尾之能而为拳。其练法以两掌左右分拨,两阳拳向前顶击为特点,步法则以前脚斜向(左右)前进,后脚左右调步跟进,臀尾随之左右调动为技艺。此拳主练"一气之提送",即提时吸气,送时呼气。此拳有称"骀、鲐、鹝"者,都以"竖尾"为能,实乃讹传所致。车毅斋传人有大鲐、小鲐之分。小鲐者,即"蝌蚪"也。还有喻其为"兔虎只"者,即太谷人所称之"木门卷"别名。

(一)功能

1.鲐形,古谱有"强肾固本"之说。久练此拳能通督任,养丹田、固肾精、舒肝气、健内脏、活四肢、活腰、活胯、活肩、活臂,虚心实腹,坚膝利腿,遍体灵活。

2.鲐之精在尾,鲐之神在静。练时凝精铸神,舒臂运气,神志清晰,体运自如。故鲐形主在"练精"。此拳以两手分拨为顾,双拳顶击为打,其打击目标为腹脐,进步调臀尾为本拳之技法妙用。形意名师李广亨谓此形练法为:"两手分拨似分水,进退打顾全赖腿。两拳前顶如攫食,左右调臀在护尾。"实顾中有打之技法也。与人交手时,务要调动臀尾,始终将其置于正面可击之处,使对方无法从背后袭击于我。此为形意十二形中特有之技法。

(二)步势

鲐形步势,沿折线行进,后脚行进间距约1米。左三体式起势,步势有:1.左虚步,2.左立叉步,3.左拧步,4.右立叉步,5.右拧步,6.右倒插步,7.回身左拧步,8.右立叉步(见图3-169,图中虚线步型

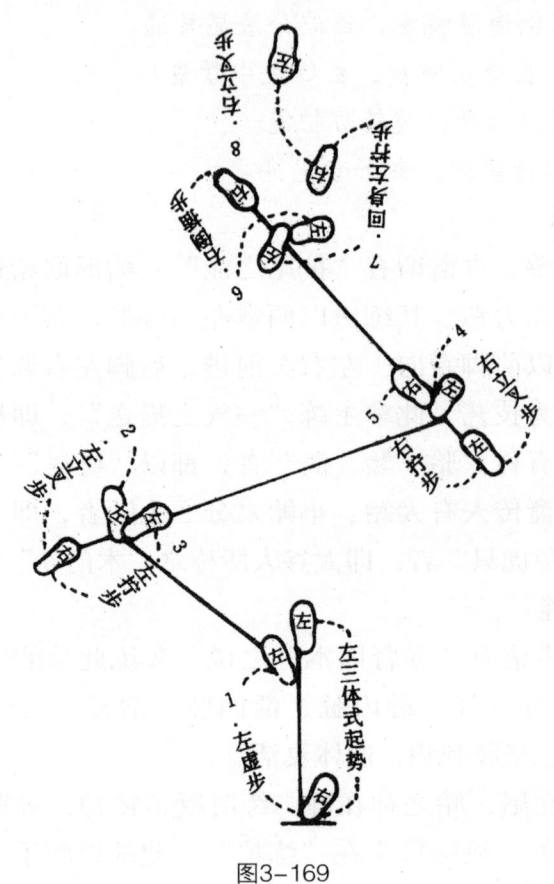

图3-169

脚不着地）。

（三）练法

鮐形由下列动作组成：

左三体式起势，1.左步鮐形，2.右步鮐形，3.回身，4.收势。

1.左步鮐形

（1）左三体式起势（见图3-170），左脚提成虚步，脚掌左展约45°，重心落于右腿。同时，随着吸气，胸腹内含，左掌回抽，两掌从胸前向上至口前分向左右划弧，外旋成阳拳，抱在脐两侧。

两时靠两肋，目注前方（见图3-171）。

（2）接上式，左脚向左前方进步，脚掌外展成横脚，右脚跟进，在左脚后调步，脚尖斜向右方，身向右转约45°，臀尾调向左侧，两大腿紧靠，成左立叉步。同时，随着呼气，身向前拥，两阳拳相并，腰尾发劲，力贯拳端，向前顶出，同脐平，肘顶下腹前，目注两拳（见图3-172）。

图3-170

图3-171

图3-172

2.右步鲐形

（1）左脚掌向右拧成顺脚，同时，随着吸气，胸腹内含，两拳展掌，掌心向外翻起，从胸前向上至口前分向左右划弧，外旋成阳拳，抱在脐两侧，两肘靠两肋，目注前方（见图3-173）。

（2）接上式，右脚向右前方进步，脚掌外展成横脚，左脚跟进，在右脚后调步，脚尖斜向左方，身向左转约90°，臀尾调向右侧，两大腿紧靠，成右立叉步。同时，随着呼气，身向前拥，两阳拳相并，腰尾发劲，力贯拳端，向前顶出，同脐平，肘顶下腹前，目注两拳（见图3-174）。

3.回身

鲐形回身，须练至右步鲐形时进行。

（1）与右步鲐形（1）练法同，唯左右有别（见图3-175）。

（2）接上式，左脚向右前方进步，右脚跟进，插在左脚后，成倒插步。同时，随着呼气，身向前拥，两阳拳相并，腰尾发劲，力贯拳端，向前顶出，同脐平，肘顶下腹前，目注两拳（见图3-176）。

（3）接上式，以左脚跟为轴，自右向后转身约180°，左脚拧成顺脚，并提为虚步，重心偏于右腿。同时，随着吸气，胸腹内含，两拳展掌，从胸前向上至口前分向左右划弧，外旋成阳拳，抱在脐两侧，两肘靠两肋，目注前方（见图3-177）。

（4）与右步鲐形之（2）练法同，唯方向相反（见图3-178）。

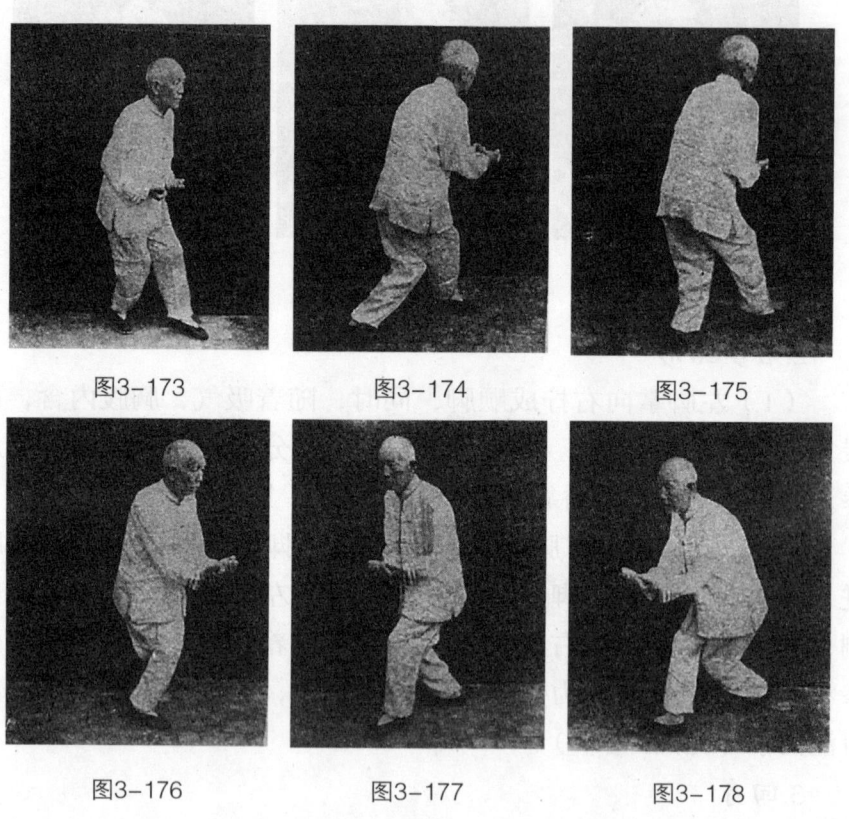

图3-173　　　　　图3-174　　　　　图3-175

图3-176　　　　　图3-177　　　　　图3-178

4.收势

以上动作练到原起势处回身后，左脚向前进步，出左三体式收势。

（四）实用一例

以对方用左步虎形击我为例。

我立拧右脚吞进，用两掌分压来手，乘势调臀尾进左步，以双拳击其下腹。（见图3-179）。

图3-179

（五）要领

此拳步法为形意拳中独特之步法。进步时，前脚拧，后脚进，前脚随之跟进，臀尾也随之调动。即拳经中所谓："臀尾起落不见形"是也。落步时，两大腿紧靠，后膝顶前腿弯，两腿稳固不摇。练此拳时，必须上下协调一致，内外相合如一。

（六）歌诀

鲐鱼洄游将水分，双手阳拳向前冲。

拳顺贵在内外合，调步护尾是真形。

起势歌：

鲐形起势须束身，两掌口前左右分。

两肘拧裹紧抱肋，左右前进势不停。

落势歌：

两手落下阳拳并，向前顶出肚脐平。

拧脚绕步调臀尾，落步护尾是真形。

赞歌三首：

1. 一艺求精百倍明，鲐凭收尾内敛灵。

   绕地出走几处远，起落叫他丧生命。

2. 鲐形出势调臀尾，向前挺进似分水。

   护尾洄游显其技，双拳顶击左右追。

3. 鲐鱼生水中，分水向前冲。

   往来左右调，护尾是其能。

十一、十二 鹰形、熊形

鹰，为猛禽，取其神目利爪，捉拿之精而为拳。熊，为猛兽，取其出洞之威，竖项之力而为拳。练此二形，俗称"鹰熊合演"。

鹰有下落抓物之技，熊有向上防御之能。二形合演，起为熊形，落为鹰形。古谱中有："阴阳为母，取法为拳"，"无阴阳不能成拳"之说。此二形之合演，起（熊）、落（鹰）、伸（鹰）、缩（熊）、攻（鹰）、防（熊）、吐（鹰）、纳（熊）等等，处处遵"阴阳相合"之意。鹰熊二字与"英雄"谐音，谱有"英（鹰）雄（熊）合演"之说。拳经中"鹰熊竞智，取法为拳、阴阳暗合，形意之源"诸论，乃是鹰熊合演之依据。

此拳练法，以头顶项竖，眼神上注，两拳上顶，裹身叉步，若熊之斗鹰势；而侧身叉步，眼神下注，筋梢用力，鹰捉下抓，如鹰之斗熊势。二形合演，务要"一气之合"，吸气时出熊形，呼气时出鹰形。

（一）功能

1.鹰熊合演，古谱有"起肾中阳气，上升补脑，使阴气下降，还于丹田，通督通任"之说。久练此拳，能使气血畅通，精力充沛，目光敏锐，手脚灵活，使二气相接，阴阳和而体健壮。此外，还可锻炼人的机智勇敢精神。

2.古谱有鹰形"练狠"、熊形"练威"之说。鹰，目光似箭，俯视大地，精气神力集于一体，劲发于爪，出手疾，着手狠，抓物必着。谱有"双爪狠抓寒透骨"之谓。鹰捉一出，刁拿击打胸腹之间，使敌难逃；熊形则以其头顶项竖主力，两膊屈护胸前，有伺机出洞之威。打击目标为敌鼻准。两拳一前一后，威力无穷。

（二）步势

鹰熊合演步势，沿折线行进，左右间距为0.7米。由左三体式起势，步势有：1.左虚步，2.右半马步，3.右独立步，4.左半马步，

5.左独立步，6.右半马步，7.右独立步，8.右倒插步，9.回身左独立步，10.右半马步（见图3-180，图中虚线步型脚不着地）。

（三）练法

鹰、熊二形合演由下列动作组成：左三体式起势，1.右步鹰熊合演，2.左步鹰熊合演，3.回身，4.收势。

1.右步鹰熊合演

（1）左三体式起势（见图3-181），左脚向后提成虚步，脚掌里摆，重心落于右腿。同时，随着吸气，左膀后调，左掌抽回，两掌从胸前外旋握阳拳，顺身向上钻起，右膀前顺，右拳在上，从口前钻出，同鼻尖平，肘靠胸右侧；左拳在下，钻在右腕里侧，肘靠右肋，身略向左，目注右拳（见图3-182）。

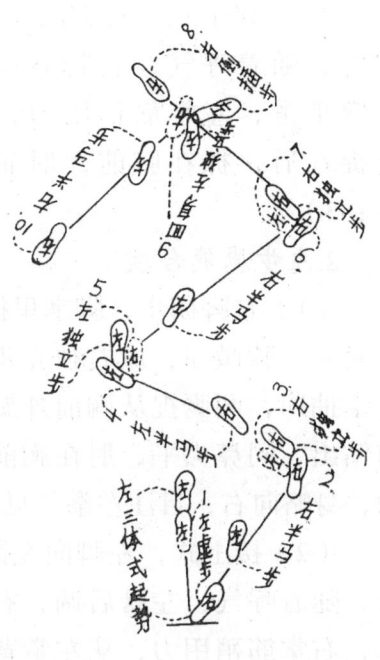

图3-180

图3-181

图3-182

图3-183

（2）接上式，右脚向右前方进步，左脚跟进，成右半马步。同时，随着呼气，右膀后调，左膀前顺，身向前拥，两拳内旋成鹰爪掌，左掌筋稍用力，从右掌背向前扑出，同心口平，右鹰捉在后，抓在脐前，肘靠右肋，身略向右，目注左掌（见图3-183）。

2.左步鹰熊合演

（1）右脚挪步，脚掌里摆约45°，左脚提在右脚里踝骨侧，两腿紧靠，膝微屈，成右独立步，重心落于右腿。同时，随着吸气，左掌抽回，两鹰捉从胸前外旋握阳拳，向上钻起，左拳在上，从口前钻出，同鼻尖平，肘在胸前；右拳在下，钻在左腕里侧，肘靠右肋，身略向右，目注左拳（见图3-184）。

（2）接上式，左脚向左前方进步，右脚跟进，成左半马步。同时，随着呼气，左膀后调，右膀前顺，身向前拥，两拳内旋成鹰爪掌，右掌筋稍用力，从左掌背向前扑出，同心口平；左鹰捉在后，抓在脐前，肘靠左肋，身略向左，目注右掌（见图3-185）。

图3-184　　　　图3-185　　　　图3-186

3.回身

须练至右步鹰熊合演后进行。

（1）与左步鹰熊合演（1）练法同，唯左右有别（见图3-186）。

（2）接上式，左脚向右前方进步，右脚跟进，插在左脚后，成倒插步。同时，随着呼气，左膀后调，右膀前顺，身向前拥，两拳内旋成鹰爪掌，右掌筋稍用力，从左掌背向前扑出，同心口平；左鹰捉在后，抓在脐前，肘靠左肋，身略向左，目注右掌（见图3-187）。

（3）接上式，左脚跟为轴，从右向后转180°，右脚提在左脚里踝骨侧，两腿紧靠，膝微屈，成左独立步，重心落于左腿。同时，随着吸气，右掌抽回，两鹰捉从胸前外旋握阳拳，向上钻起，右拳在前，从口前钻出，同鼻尖平，肘在胸前；左拳在后，钻在右腕里侧，肘靠左肋，目注右拳（见图3-188）。

（4）与右步鹰熊合演（2）练法同，唯方向相反，（见图3-189）。

图3-187　　图3-188　　图3-189　　图3-190

4.收势

以上动作练到原起势处回身后，左脚向前进步，出左三体出收势。

（四）实用一例

以对方用左钻拳击我为例。我立出右熊形翻鹰捉刁其小臂，左鹰爪掌乘势击其胸腹，右脚吃步，左鹰捉刁拿对方肘弯，两鹰捉用力撅下，向右侧牵引，使其倾跌（见图3-190）。

（五）要领

练此拳时，要全神贯注于拳，目神上注而头不仰，猛力上顶；拳一翻成鹰爪掌，要眼神下注而不低头，筋稍用力下抓。出势时，头顶项竖，身向上拥；落势时，身势下俯，抓击合一。二形合一，练法务要拳法连贯，不能停顿，上下协调，内外相合。

（六）歌诀

鹰形歌：

  凶鹰觅食目似箭，鹰熊斗智拳掌变。
  拳顺能贯筋梢劲，精气神力功法全。

赞歌三首：

  1.英雄处世不骄矜，遇便何妨一学鹰。
   最是九秋鹰得志，擒捉狡兔便飞升。
  2.两目卓然电光充，九秋觅兔在高空。
   双爪狠抓寒透骨，动静虚实更灵通。
  3.风尘同庆曷容矜，飞跃苍茫试学鹰。
   俯瞰大地擒狡兔，功成飞升晏升平。

熊形歌：

  山灵之精熊守洞，两拳防护与鹰争。
  拳顺能贯丹田力，内外相合是真功。

赞歌三首：

  1.熊形出洞老熊行，为要防身胜不伸。
   得失只争此一点，真情寄语有情人。
  2.桓桓写出老熊形，山麓藏身意欲伸。
   祁父爪牙聊一试，群惊群易万千人。
  3.行行出洞老熊形，时时防身常留心。

双膀练就千斤力，丹田内劲是真功。

鹰熊合演起势歌：

　　熊形出势用阳拳，一手在前取鼻尖。
　　一手在后肱间藏，身步合一防护严。

落势歌：

　　凶鹰抓物不留情，抓击合一建奇功。
　　脚手齐落伸向前，方知老鹰有神通。

十三、十二形综合练法

以上形意十二形为车毅斋得师祖戴二闾、师傅李老农真传后，经过几十年的苦心钻研和改革创新传授给门人弟子的具体练法。除鹰形、熊形二形合演外，其余十形均为单独演练。十二形拳以"六合"为法，以"象形取意"为立拳之本。又有"拳法结合形象，形象服务于拳法"的具体要求，而且每一形拳都有严格的拳式规范。因此，要将一招一势练到"内外三合，无一不合"，既符合"象形取意"的立拳之本，又符合"形象服务于拳法"的要求，难度是相当大的，非下苦功不可。为了更好地掌握十二形的练法，可在每一形拳熟练的基础上进行综合演练。即把十二形拳作为一个完整的"套路"去练。车毅斋所传十二形拳的综合练法是：

1.龙虎相交，2.猴马纵奔，3.蛇鸡伏斗，4.燕鹞同禽，5.鼍鲐戏水，6.鹰熊合演。

以上练法务要在一条路线上进行。两头回身，最后于原起势处收势。十二形综合练法路线图如下（见图3-191）。

左三体式起势　　　　　鹰熊合演去
　　　　　　　　　　　　龙形回
　　　　　　　　　　　　虎形去
　　　　　　猴形返回后，再退原处，由马形回
　　　　　　　　　　　　蛇形去
　　　　　　　　　　　　鸡形回
　　　　　　　　　　　　燕形去
　　　　　　　　　　　　鹞形回
　　　　　　鼍形去后退回，再由鲐形去
　　　　　　　　　　　　鹰熊合演回
左三体收势

图3-191

第四章 单练套路

形意拳单练套路是依据形意五行、十二形拳的技法要领有选择地综合编排而成的几种练功拳式，有的还增加了一些新的技法，形意门人习惯称之为"单练套路"。其中，形意连拳则是五形、十二形拳的综合拳式。练好这些套路，既可以巩固学过的基本拳式，还可以进一步增强攻防意识，提高技击水平，为学好对练套路奠定基础。

练习单练套路，务要在学好基本拳的基础上进行。此为"循序渐进"之法，不可不记。

形意宗师车毅斋所传单练套路有六合拳、进退连环、鸡形四把、八势拳、杂势拳、形意连拳等，各拳具体练法如下：

第一节 六合拳

六合拳强调以"六合"为法，是传统形意拳单练套路之一。

一、名称

1.起势，2.践步撩阴横拳，3.右步鹰熊合演，4.左步鹰熊合演，5.望眉斩截，6.截手炮左式，7.截手炮右式，8.进步炮拳，9.狸猫上树倒转身，10.抢步崩拳，11.坐盘擒拿势，12.收势。

二、练法

（一）起势

左三体式起势（见图4-1）。

（二）践步撩阴横拳

1.右脚向前践步，左脚跟进，提在右脚里踝骨侧，成右独立步。重心落于右腿。同时。左膀后调，左掌回抽，右膀前顺，右掌外旋，出撩阴掌，同裆平；左掌内旋成阴掌，护在右腕里侧，身微向左，目注右掌（见图4-2）。

2. 接上式，左脚进步，右脚跟进，成左半马步。同时，两掌交叉相翻，右膀后调，右掌内旋成阴拳，从左掌上拉在心口前，肘靠右肋；左膀前顺，左掌外旋，从右掌下翻起阳拳横向左前方，同胸平，身微向右，目注左拳（见图4-3）。

图4-1

图4-2

图4-3

（三）右步鹰熊合演

1.左脚向后提成虚步，脚掌里摆，重心落于右腿。同时，左膀后调，左拳抽回，右膀前顺，右拳外旋，两拳从胸前翻起阳拳，顺身向上钻起，右拳在上，从口前钻出，同鼻尖平，肘靠胸右侧；左拳在下，钻在右腕里侧，肘靠左肋，身微向左，目注右拳（见图4-4）。

2. 接上式，右脚进步，左脚跟进，成右半马步。同时，右膀后调，两拳内旋成鹰爪掌，左膀前顺，左掌经右掌背向前扑出，两掌筋梢用力抓下，成鹰捉，左鹰捉在前，同心口平；右鹰捉在后，抓至脐前，肘靠右肋，身微向右，目注左掌（见图4-5）。

图4-4　　　　　　　图4-5　　　　　　　图4-6

（四）左步鹰熊合演

1. 右脚挪步，左脚提在右脚里踝骨侧，成右独立步，重心落于右腿。同时，左掌抽回，两掌从胸前外旋握阳拳，顺身向上钻起，左拳在上，从口前钻出，同鼻尖平，肘靠胸左侧；右拳在下，钻在左腕里侧，肘靠右肋，身微向右，目注左拳（见图4-6）。

2. 接上式，左脚进步，右脚跟进，成左半马步。同时，两拳内旋翻鹰爪掌，左膀后调，右

图4-7

膀前顺，右掌经左掌背向前扑出，两掌筋梢用力抓下，成鹰捉，右鹰捉在前，同心口平；左鹰捉在后，抓至脐前，肘靠左肋，身微向左，目注右掌（见图4-7）。

（五）望眉斩截

两脚跟碾地向右转身90°，成右半马步。同时，右掌抽回，两

掌从胸前向前后分开,右掌向上,屈肘护于头右侧,掌心向外,左掌顺身托在下阴左侧,掌心向下,目注左肩(见图4-8)。

(六)截手炮左式

1. 右脚提起,向右转身90°,并向左前方调步,成右立叉步。同时,右掌从胸前翻成鹰捉,向里刁扣在心口前,左掌上提,握立拳从胸前经前掌截下,肘靠左肋(见图4-9)。

2. 接上式,左脚向前方上步,右脚跟进,成左半马步。同时,右鹰捉顺身向上,由口前钻出阳拳,同鼻尖平,肘顶心口前,左拳内旋成鹰捉,护在心口前,肘靠左肋(见图4-10)。

3. 接上式,右膀后调,右拳内旋成立拳,抽在心口前,肘靠右肋;左膀前顺,左鹰捉外旋握立拳,从右拳上向前顶出,同鼻尖平,身微向右,目注左拳(见图4-11)。

图4-8　　　　图4-9　　　　图4-10　　　　图4-11

(七)截手炮右式

1. 左脚提起,向右前方调步。同时,左膀后调,左拳抽回从心口前翻成鹰捉,护在心口前,右拳向上握立拳,由胸前经前掌截下,肘靠右肋(见图4-12)。

2. 接下来的动作与本拳截手炮左式2、3练法同,唯左右有别(见图4-13、14)。

图4-12　　　　图4-13　　　　图4-14

（八）进步炮拳

1. 右脚尖外展，拧转成立叉步，身微下蹲，两大腿紧夹。同时，右膀后调，两拳撅回成阳拳，护于右肋侧，身微向右，目注前方（见图4-15）。

2. 接上式，左脚进步，右脚跟进，成左半马步。同时，左膀后调，左拳内旋成鹰捉，屈肘上刁至头左侧，掌心向前；右膀前顺，右立拳向前顶出，同心口平，身微向左，目注右拳（见图4-16）。

（九）狸猫上树倒转身

1. 两脚碾地，从右向后转身180°，右腿提起，脚掌同左膝平，脚尖右展，成左独立步，重心落于左腿。同时，右膀后调，右拳抽回，由心口前从左拳里顺身向上，至口前钻出阳拳，同鼻尖平，肘顶胸前；左拳从右拳外翻阴拳扣至心口前，肘靠左肋，目注右拳

图4-15　　　　图4-16　　　　图4-17

（见图4-17）。

2. 接上式，右横脚从左膝前极力向前趾下，左脚摆顺，屈膝下蹲，右腿压左腿，左膝顶右腿弯，左脚跟提起，成剪子股势。同时，两拳翻成鹰爪掌，左膀前顺，左掌提起，从右掌背向前扑出，两掌筋梢用力抓下，成鹰捉，左鹰捉在前，同心口平。右鹰捉在后，抓在脐前，肘靠右肋，目注左掌（见图4-18）。

（十）抢步崩拳

身起，左脚进步，右脚抢步跟在左脚后，成左立马步。同时，左膀后调，左鹰捉回抽至心口前握拳，肘靠左肋；右膀前顺，右手握立拳，从左拳拳眼上向前崩出，同心口平，身微向左，目注右拳（见图4-19）。

图4-18　　　　　图4-19　　　　　图4-20

（十一）坐盘擒拿势

右脚后退一步，脚尖向右展成横脚，左脚退在右脚后，成顺脚，两腿屈膝下蹲，成坐盘腿势。同时，两拳内旋翻鹰爪掌，左膀前顺，左掌向前扑出，筋梢用力抓下成鹰捉，同心口平；右膀后调，右掌从胸前出鹰捉护于脐前，肘靠右肋，身微向右，目注左掌（见图4-20）。

（十二）收势

练到原起势处，回身后出左三体式收势。（参阅图4-21）。

三、要领

练此拳时，务要意念集中，心、意、气力合为一体，肩胯相催，肘膝相随，手和相合。拳中望眉斩截，虽是顾法，亦有束身而起之意；截手炮出势要迅速，勇猛有力，连环进击，不能稍有停顿；炮拳打顾兼备，速度要快如风行；鹰捉抓击跐踩，都要符合"六合"之法。

四、歌诀

起手横拳势难招，展开四平前后梢。
望眉斩截反肩背，如虎搜山截手炮。
炮行如风，鹰捉四平，
足下存身，进步踩打莫容情。
抢上抢步十字立，剪子股势如擒拿。

第二节 进退连环

李飞羽创此拳时称"五行连环拳"。后经车毅斋改编，始称"进退连环"。此拳以五行拳为主要内容，兼有其他手法，练法以进中有退、退中有进、进退相因、攻防兼备为特点。具体练法如下：

一、名称

1.起势，2.搂手炮，3.一马三箭，4.白鹤亮翅，5.右步炮拳，6.左牵马拐，7.左步鹰熊合演，8.右步鹰熊合演，9.叉步崩拳，10.回身，11.收势。

二、练法

（一）起势

左三体式起势（见图4-21）。

（二）搂手炮

1. 左脚前提，右脚紧随，再提回成左半马步。同时，左膀后调，左掌内旋成阴掌，抽在心口前；右膀前顺，右掌外旋成阳掌，从左掌下直出，同脐平，身微向左，目注右掌（见图4-22）。

2. 接上式，左脚寸步，右脚跟进，成左半马步。同时，右膀后调，右掌握鹰捉，抽至心口前握拳，肘靠右肋；左膀前顺，左掌变立拳，从右拳下向前崩出，同心口平，身微向右，目注左拳（见图4-23）。

图4-21

图4-22

图4-23

（三）一马三箭

1. 立马崩拳：左脚进步，右脚跟进，成左立马步。同时，左膀后调，左拳内旋成鹰捉，抽至心口前握拳，肘靠左肋；右膀前顺，右掌外旋握立拳，从左拳拳眼上向前崩出，同心口平，身微向左，目注右拳（见图4-24）。

2. 退步崩拳：右脚后提半步，脚前掌外展，左脚提在右脚后成顺脚，两大腿紧靠，左膝顶右腿弯，两腿交叉成半蹲势。同时，右膀后调，右拳内旋成鹰捉，抽至心口前握拳，肘靠右肋；右膀前顺，右掌外旋握立拳，从右拳拳眼上向前崩出，同心口平，身微向右，目注左拳（见图4-25）。

3.寸步崩拳：右脚向左拧成顺脚进步，左脚跟进，成短式右半马步。同时，左膀后调，左拳内旋成鹰捉，抽至心口前握拳，肘靠左肋；右膀前顺，右掌外旋成立拳，从左拳拳眼上向前崩出，同心口平，身微向左，目注右拳（见图4-26）。

图4-24

图4-25

图4-26

（四）白鹤亮翅

左脚后提半步，右脚后退一步，脚前掌着地，两脚并拢，微向左撇，两腿紧靠，膝微屈，身微向左，重心落于左腿。同时，右拳回抽，两拳从腹前内旋成阴掌，顺身向上（见图4-27），由鼻前向左右分开划弧，两肘紧靠两肋，两掌划至腹前时，左手成阳掌，右手握阳拳砸在左掌中，目注前方（见图4-28）。

（五）右步炮拳

右脚进步，左脚跟进，成右半马步。同时，右膀后调，右拳内旋成鹰捉，屈肘向上刁扣在头右侧耳前眉后，拳心向外；左膀前顺，左掌握立拳向前顶出，同心口平，身微向右，目注左拳（见图4-29）。

 图4-27
 图4-28
 图4-29

（六）左牵马拚

右脚退步，左脚提成虚步，重心落于右腿。同时，右膀后调，右手握立拳，从左拳外拉在心口前，肘靠右肋；左膀前顺，左拳从心口前顺身向上，由口前钻出，握立拳砸下，同胸平，身微向右，目注左拳（见图4-30）。

 图4-30

（七）左步鹰熊合演

1. 两脚退步，左脚在前，提成虚步，重心落于右腿。同时，左膀调回，左拳回抽，两拳从心口前外旋成阳拳，顺身向上钻起，左拳在上，从口前钻出，同鼻尖平，肘靠胸左侧；右拳钻在左腕里侧，肘靠右肋。目注左拳（见图4-31）。

 图4-31

2. 接上式，左脚向前方进步，右脚跟进，成左半马步。同时，左膀后调，右膀前顺，两拳内旋成鹰爪掌，右掌从左掌背向前扑出，两掌筋梢用力抓下，成鹰捉。右鹰捉在前，同心口平，左鹰捉在后，抓在脐前，肘靠左肋，身

微向左,目注右掌(见图4-32)。

(八)右步鹰熊合演

1. 左脚挪步,脚掌里展,右脚提在左脚里踝骨侧,成左独立步,重心落于左腿。同时,右掌抽回,两鹰捉从胸前外旋握阳拳,顺身向上钻起,右拳在上,从口前钻出,同鼻尖平,肘靠胸右侧;左拳钻在右腕里侧,肘靠左肋,目注右拳(见图4-33)。

2. 与本拳"(七)左步鹰熊合演动作2."同,唯左右有别(见图4-34)。

图4-32

图4-33

图4-34

(九)叉步崩拳

左脚进步,右脚跟进,成左半马步。同时,左膀后调,左鹰捉抽至心口前握拳,肘靠左肋;右膀前顺,右手握立拳,从左拳拳眼上向前崩出,同心口平,身微向左,目注右拳(见图4-35)。

图4-35

(十)回身

1. 两脚碾地,从右向后转身180°,右腿提起,脚掌同左膝平,脚尖右展,成左独立步,重心落于左腿。同时,右膀后调,右拳抽回,由心口前经左拳里顺

图4-36

图4-37

身向上从口前钻出阳拳,同鼻尖平,肘顶胸前;左拳经右拳外内旋成阴拳,扣至心口前,肘靠左肋,目注右拳(见图4-36)。

2. 接上式,右横脚从左膝前极力向前跐下,左脚在后成顺脚,屈膝下蹲,右腿压左腿,左膝顶右腿弯,左脚跟提起,成剪子股势。同时,两拳翻鹰爪掌,左膀前顺,左掌提起,从右掌背向前扑出,两掌筋梢用力抓下,成鹰捉。左鹰捉在前,同心口平;右鹰捉在后,抓至脐前,肘靠右肋,身微向右,目注左掌(见图4-37)。

(十一)收势

回身后,再从"(三)一马三箭起,依次练到原起势处(十)"回身后,出三体式收势(参阅图4-21)。

练此拳时,也可在鹰熊合演后接一马三箭,依次反复前面动作。回身后,仍从一马三箭起,练到原起势处回身收势。

三、要领

此拳进中有退,退中有进,进退连环,环环紧扣;刚中有柔,柔中有刚,刚柔相济。一马三箭练法要领各不相同,劲力各有特色。如立马崩拳,双脚一出,有如脚下生根,腰为主宰,丹田力发,肩催肘,肘催手,发为催劲;退步崩拳要肩胯相合,发为尾劲;寸步崩拳要上下肢动作一致,发为寸劲。白鹤亮翅、牵马拚为顾破结合之法。搂手炮顾中有打,打中有顾,是车毅斋破崩拳的技法之一。

此拳几经改编而成。最初练法为:炮拳之后接进步鼍形,再出右式鹰熊合演。歌诀云："进退本是形意根，一马三箭向前冲。鹰熊合演鼍形意，狸猫上树倒转身。"之后，将鼍形改为两裹一鹰熊合演，最后方改为以上练法。至今已有百余年之历史。

四、歌诀

出势搂手上崩拳，一马三箭冲向前。
白鹤亮翅束身势，进步炮拳牵马拚。
鹰熊合演出崩拳，狸猫上树向后转。
进退本是形意根，拳法奥妙连环演。

第三节　鸡形四把

此拳由车毅斋在原鸡形"金鸡独立""金鸡食米""金鸡抖翎""金鸡束翅""金鸡报晓"的基础上，增加顺步鹰形、顺步劈拳、熊形、鹰形合演四把（手）拳法改编而成，故名"鸡形四把"，简称"四把"。具体练法如下：

一、名称

1.起势，2.金鸡独立，3.金鸡食米，4.金鸡抖翎，5.金鸡束翅，6.金鸡报晓，7.左步鹰形，8.右步劈拳，9.鹰熊合演独立步，10.金鸡食米，11.金鸡抖翎，12.金鸡束翅，13.金鸡报晓，14.左步鹰形，15.收势。

二、练法

（一）起势

左三体式起势（见图4-38）。

图4-38

（二）金鸡独立

图4-39

右脚垫步，屈膝半蹲，左腿提起，膝同大腿平，小腿微后勾，脚掌提平，靠在右膝里侧，成右独立步，重心落于右腿。同时，左膀后调，左掌回抽，经右掌上变阴掌扣在膝前，肘靠左肋；右掌外旋成阳掌，从下腹前出撩阴掌，经左掌下翻起，经左掌背上内旋成鹰捉，拉在腹右侧，肘靠右肋，身微向右，目注左掌（见图4-39）。

（三）金鸡食米

图4-40

左脚向前落步，右脚垫步，左脚向前践步，右脚跟进，成左半马步，身微下蹲，重心略偏于左腿。同时，右掌握立拳，左掌上提成阴掌，扣在右腕上，两肩催肘，力贯右拳，向前顶出，同心口平，目注右拳（见图4-40）。

（四）金鸡抖翎

两脚跟碾地，向右转身90°，成右半马步。同时，右拳变掌，两掌从胸前前后分开，右掌向上，屈肘护于头右侧，掌心向外；左掌顺身托在下阴左侧，掌心向下，目注左肩（见图4-41）。

（五）金鸡束翅

左脚提起垫步，向右转身90°，右脚提在左脚里踝骨侧，两腿紧靠，屈膝下蹲成左独立蹲步，重心落于左腿。同时，右掌抽下，掌心向左，指尖向下，极力插在腹左侧，左掌掌心向右，指尖向上，顺身向上护于右耳侧，左右肱胸腹前交叉，身微向左，目注左掌（见图4-42）。

（六）金鸡报晓

身起，右脚向前进步，左脚跟进，成右半马步。同时，左膀后调，左掌变鹰捉，刁扣腹前，肘靠左肋。右膀前顺，右掌掌心向左，从腹前向上挑起立掌，掌尖同鼻尖平，目注右掌（见图4-43）。

图4-41

图4-42

图4-43

（七）左步鹰形

左脚进步，右脚跟进，成左半马步。同时，右膀后调，右掌回抽，左膀前顺，左鹰爪掌顺身向上由胸前从右掌背上向前扑出。两掌筋梢用力抓下，成鹰捉，左鹰捉在前，同心口平；右鹰捉在后，抓至脐前，身微向右，目注左掌（见图4-44）。

（八）右步劈拳

右脚进步，左脚跟进，成右半马步。同时，左掌回抽展成顺掌，右掌握拳，顺身向上钻起，左手顺掌护在右腕上，右掌由口前钻出阳拳。同鼻尖平时，右膀前顺，右拳内旋成立拳，向前劈下，同肩平。左膀后调，左掌变鹰捉，撅至心口前，肘靠左肋，身微向左，目注右拳（见图4-45）。

图4-44

图4-45

（九）鹰熊合演独立步

1. 右脚向后提成虚步，重心落于左腿。同时，右膀后调，右拳抽回，两拳经胸前顺身向上，由口前钻出阳拳，右拳在前，与鼻尖平，肘靠胸右侧；左拳在下，钻在右腕里侧，肘靠左肋。身微向左，目注右拳（见图4-46）。

2. 接上式，右脚垫步，屈膝半蹲，左腿提起，膝同大腿平，小腿微后勾，脚掌提平，靠在右膝里侧，成右独立步，重心落于右腿。同时，两拳内旋，翻鹰爪掌，左膀前顺，左掌从右掌背上向前扑出，两掌筋梢用力抓下，左掌指尖向下，扣在左膝前。右掌成鹰捉，抓至脐前，肘靠右肋，身微向右，目注左掌（见图4-47）。

（十）金鸡食米

左脚向前落步，右脚跟进，成左半马步，身微下蹲。同时，右掌握立拳，左掌上提变阴掌，扣在右腕上，两肩催肘，力贯右拳，向前顶出，同心口平，目注右拳（见图4-48）。

图4-46　　　　　图4-47　　　　　图4-48

（十一）金鸡抖翎

与金鸡抖翎练法同，唯方向相反，（见图4-49）。

（十二）金鸡束翅

与金鸡束翅练法同，唯方向相反，（见图4-50）。

(十三)金鸡报晓

与金鸡报晓练法同,唯方向相反,(见图4-51)。

(十四)左步鹰形

与左步鹰形练法同,唯方向相反,(见图4-52)。

图4-49

图4-50

图4-51

图4-52

(十五)收势

练至原起势处,出左三体式收势(参阅图4-38)。

三、要领

练此拳时,要手脚灵活,腰胯转运自如,伏身而起,藏身而落,上下协调一致,使劲力达于四梢。其中,金鸡独立,脚趾扣地要稳,提脚脚掌要平,护膝要用扣掌,落脚要快、要稳。金鸡食米,出拳要狠,步法称"独行千里",起脚轻,落脚稳,践步出击一气完成。金鸡抖翎,上下兼顾,上撑掌要顾,下托掌要打。转身金鸡束翅,如金鸡束翅之形,左掌上托,右掌下插,两掌各有专用,缩身蹲势,全靠腿功,左脚着地,两腿要弓。金鸡报晓,不能过顶,挑掌先行,鹰捉紧跟,步法协调,全赖鸡形。

四、歌诀

金鸡独立掌护膝,独行千里鸡食米。

抖翎转步反肩背,束翅防身下蹲势。

金鸡报晓伏身起,左步鹰形右步劈。

鹰熊合演势连环，鸡形四把拳法奇。

第四节　八势拳

八势拳亦称八式拳，也有叫"八字功拳"者。此拳系根据古谱中"斩、截、裹、挎、挑、顶、云、领"八字功法，并按五行、十二形中某些动作组合编排而成的一个单练拳式。具体练法如下：

一、名称

1.起势，2.左步劈拳，3.右步钻拳，4.左步横拳，5.立马崩拳，6.左步践拳，7.左步炮拳，8.进步鼍形，9.右步蛇形，10.插步劈拳，11.回身钻拳，12.收势。

二、练法

（一）起势

左三体式起势（见图4-53）。

图4-53

（二）左步劈拳

左脚后提成虚步，左膀后调，左掌向心口前回抽握拳，右手出顺掌，抱在左拳里侧，一同顺身向上，从口前钻出阳拳，同鼻尖平，左脚进步，成左半马步。同时，左膀前顺，左拳内旋成立拳，向前劈出，同肩平；右掌随左拳劈出，立即变鹰捉撅至心口前，肘靠右肋，身微向右，目注左拳（见图4-54）。

图4-54

（三）右步钻拳

左脚挪步外展，右脚进步，左脚跟进，成

右半马步。同时，左膀后调，左拳外旋成阳掌，从右肱上内旋成鹰捉，扣在右肘下握拳。右膀前顺，右拳变阴掌，从左肱下向前右侧划弧，外旋握阳拳，再从左拳里经口前钻出，同鼻尖平，身微向左，目注右拳（见图4-55）。

图4-55

（四）左步横拳

左脚向左前方进步，右脚跟进，成左半马步。同时，右膀后调，右拳内旋成鹰捉，从左肱上拉在心口前握拳，肘靠右肋。左膀前顺，左掌从右肱下外旋翻阳拳横出，同胸平，身微向右，目注左拳（见图4-56）。

图4-56

（五）立马崩拳

左脚进步，右脚跟进，成左立马步。同时，左膀后调，左拳内旋成鹰捉，抽在心口前握拳，肘靠左肋。右膀前顺，右掌外旋成立拳，从左拳拳眼上向前崩出，同心口平，身微向左，目注右拳（见图4-57）。

图4-57

（六）左步践拳

左脚进步，右脚跟进，成左半马步。同时，右膀后调，右拳向上，屈肘内旋变掌，向右侧挑拨至右额前，掌心向外，五指微弯。左膀前顺，左掌握立拳向前顶出，同肋平，身微向右，目注左拳（见图4-58）。

图4-58

（七）左步炮拳

左脚后提，立即向左前方上步，右脚跟进，成左半马步。同时，左膀后调，两拳掌向右侧回抽，左拳变鹰捉，屈肘上刁至头左侧，掌心向外。右膀前顺，右掌握立拳向前顶出，同心口平，身微向左，目注右拳（见图4-59）。

（八）进步鼍形

1. 左脚向左前方上步，右脚跟进，提在左脚里侧之后，前掌着地，两膝微屈，重心落于左腿。同时，两拳掌抽至胸前变掌，左阳掌顺身向上，到口前时，屈肘向前划弧，内旋成阴鼍掌左拨，右掌外旋成阳鼍掌，护于脐前，肘靠右肋，身微向左，目注左掌（见图4-60）。

2. 右步鼍形与本拳"（八）进步鼍形1"练法同，唯左右有别（见图4-61）。

3. 左步鼍形与本拳"（八）进步鼍形1"练法同（见图4-62）。

图4-59　　　　图4-60　　　　图4-61　　　　图4-62

（九）右步蛇形

1. 左脚垫步，脚掌外展，右脚提在左脚里侧稍后，两腿屈膝下蹲，右膝顶左腿弯，两大腿紧靠，右脚跟提起，重心落于左腿。同时，左膀后调，左掌握鹰捉，刁在下腹前，右掌变瓦楞掌，掌心向左，指尖向下，从腹前经左掌向左胯侧极力插下，身微向左，目注前方（见图4-63）。

2. 接上式，身起，右脚向右前方进步，左脚跟进，成右半马步。同时，右膀前顺，右手出蛇掌，掌心向左，向右前方挑出。与裆平，左鹰捉抽在腹左侧，肘靠左肋，目注右掌（见图4-64）。

（十）插步劈拳

左脚向右前方进步，右脚跟进，成倒插步。同时，右膀后调，左膀前顺，左掌在心口前握拳，右掌成顺掌，护在左拳里侧，拳掌顺身向上，经口前钻出阳拳，同鼻尖平时，左拳内旋成立拳，向前劈下，同肩平。右拳变鹰捉，拉在心口前，肘靠右肋，身微向右，目注左拳（见图4-65）。

（十一）回身钻拳

接上式，以左脚跟为轴，从右向后转身180°，向前垫步，右脚进步，成右半马步。同时，左膀后调，左拳外旋成阳掌，从右肱上内旋成鹰捉，扣在右肘下握拳，左肱屈横心口前。右肩前顺，右拳变阴掌，从左肱下向前右侧划弧，外旋握阳拳，再从左拳里经口前钻出，同鼻尖平，身微向左，目注右拳（见图4-66）。

图4-63　　　　图4-64　　　　图4-65　　　　图4-66

（十二）收势

回身钻拳后，从"（四）左步横拳"起，依次反复前动作，练至原起势处回身钻拳后，出左三体式收势（参阅图4-53）。

三、要领

本拳练法与五行、十二形各拳要领相同。但此拳重在表现"八字功法"，每一动作既要体现出各拳的特点，又要前后连贯如一，一气呵成。

四、歌诀

力强用斩出劈拳，力猛用截靠钻拳。
搭手用裹横拳上，应变用挎凭崩拳。
变手用挑出践拳，破手用顶赖炮拳。
云手用拨矗形意，钻劲用领蛇形拳。

第五节　杂势捶

此拳是车毅斋于清同治间从祁县学得戴氏"五趟闸势"后改编而成的一个单练套路。它与戴氏五趟闸势的练法、劲法不尽相同，并增加了许多捶（拳）法。由于拳势复杂，又多用捶（拳），故称杂势捶。具体练法如下：

一、名称

第一趟

1.起势，2.顺步撩阴，鹞子入林，3.退步劈拳，4.乌龙倒取水，5.顺手牵羊，6.蜇龙出现，7.黑虎出洞，8.白鹤亮翅，9.进步炮拳，10.丹凤朝阳。

第二趟

1.鹞子入林，2.退步劈拳，3.乌龙倒取水，4.燕子取水，5.鹞子入林，6.一马三箭，7.白鹤亮翅，8.进步炮拳，9.丹凤朝阳。

第三趟

1.鹞子入林，2.退步劈拳，3.乌龙倒取水，4.黑熊探掌，5.大鹏冲霄，6.退步鹰捉，7.推窗望月，8.提步砸拳，9.懒龙卧道，10.乌龙翻江，11.右掏心捶，12.龙虎相交，13.黑虎出洞，14.白鹤亮翅，15.进步炮拳，16.丹凤朝阳。

第四趟

1.鹞子入林，2.退步劈拳，3.乌龙倒取水，4.顺手牵羊，5.蛰龙出现，6.黑虎出洞，7.风摆荷叶，8.蛰龙出现，9.黑虎出洞，10.鹞子翻身，11.鹞子入林，12.收势。

二、练法

第一趟

（一）起势

左三体式起势（见图4-67）。

（二）顺步撩阴，鹞子入林

1.右脚践步，左脚提起，重心落于右腿。同时，右手外旋成阳掌，向前撩出，同裆平；左掌抽回，内旋成阴掌，护在右腕里侧，肘靠左肋，身微向左，目注右掌（见图4-68）。

2.接上式，左脚提起，向前进步，右脚跟进，成左半马步。同时，右膀后调，右掌握拳，屈肘上拱至右额角；左膀前顺，左掌握立拳向前顶出，同心口平，身微向右，目注左拳（见图4-69）。

图4-67

图4-68

图4-69

（三）退步劈拳

1. 左脚提起，退在右脚后，成右半马步，重心偏于左腿。同时，左拳变顺掌，屈肘提起从左耳前劈下，肘靠左肋。右拳变掌，屈肘提在右耳前，肘靠右肋前，身微向左，目注前方（见图4-70）。

2. 退步左劈拳，与退步右劈拳练法相同，唯左右有别（见图4-71）。

（四）乌龙倒取水

左掌提起，屈肘从右肱外绕至胸前变阴掌，扣在心口前，右掌由腹前握拳，从左拳外屈肘向上拱在头额正中，拳心向外，拳眼向下。两拳上下交叉时，左脚提成虚步，重心落于右腿，右拳拱至头额正中时，左拳扣在脐前，左脚随之前出，成左半马步，重心落于两腿，目注前方（见图4-72）。

图4-70

图4-71

图4-72

图4-73

（五）顺手牵羊

左脚退步，右脚随之退半步，成低架右半马步。同时，右拳变鹰捉，从上刁下，同腹平，与右脚尖齐，肘靠腹前。左拳变鹰捉，从心口前撅至脐左侧，肘靠左肋，身微向左，目注右掌（见图4-73）。

（六）蛰龙出现（即左掏心捶）

左脚进步，右脚跟进，成左半马步。同时，右膀后调，左膀前顺，左手握立拳，从右拳拳眼上向前崩出，同心口平；右拳内旋成鹰捉，扣在心口前，肘靠右肋，身微向右，目注左拳（见图4-74）。

（七）黑虎出洞（即右掏心捶）

右脚进步，左脚跟进，成右半马步。同时，左膀后调，左拳回抽，右膀前顺，右拳变立拳从左拳拳眼上向前崩出，同心口平。左拳内旋成鹰捉，抽在心口前，肘靠左肋，身微向左，目注右拳（见图4-75）。

（八）白鹤亮翅

左脚后退半步，右脚后退一步。脚掌着地，重心落于左腿，两脚并拢，脚尖微向左撇，两腿紧靠，膝微屈，身微向左。同时，右拳回抽，两拳从心口前内旋成阴掌，屈肘顺身向上（见图4-76），由鼻前向左右划弧，至心口前时，左掌变阳掌，右掌握阳拳，砸在左掌中，两肘靠两肋侧，目注前方（见图4-77）。

图4-74　　　　图4-75　　　　图4-76　　　　图4-77

（九）进步炮拳

右脚向右前方进步，左脚跟进，成右半马步。同时，右拳内旋成鹰捉，屈肘上刁，在右额侧握拳，拳心向外。左膀前顺，左掌握立拳向前顶出，同心口平，身微向右，目注左拳（见图4-78）。

（十）丹凤朝阳（即跌背捶）

左脚后提半步，右脚后退一步，震脚落下，两脚尖相齐，两腿相靠，屈膝微蹲。同时，左膀后调，左拳内旋成阴拳，扣至脐左侧，肘靠左肋。右膀前顺，右掌外旋握阳拳砸下，同心口平，肘顶心口右侧，身微向左，目注右拳（见图4-79）。

图4-78

第二趟

（一）鹞子入林

右脚践步，左脚跃至右脚前，成左半马步。同时，右膀后调，右拳屈肘上拱至右额侧；左膀前顺，左手立拳向前顶出，同心口平，身微向右，目注左拳（见图4-80）。

图4-79

（二）退步劈拳

与本拳第一趟"（三）退步劈拳"练法同（见图4-81、82）。

（三）乌龙倒取水

与本拳第一趟"（四）乌龙倒取水"练法同（见图4-83）。

图4-80　　图4-81　　图4-82　　图4-83

（四）燕子取水

1. 左脚前进半步，右脚跟进，成左半马步，身微前俯。重心移于左腿。同时，左膀前顺，左拳内旋，向前出横掌，掌心向前托出，同肩平，肘微下垂；右拳变掌抽在胸前，掌心向前，指尖向上，小臂横在腹前，目注左掌（见图4-84）。

2. 接上式，两脚为轴，身向右转90°，左腿仆下，右腿屈膝下蹲，重心移向右腿。同时，左掌外旋成阳掌，护于左膝；右掌掌心向外，经身前向后划弧，护在头右侧，目注左掌（见图4-85）。

3. 接上式，身起，向左转身90°，两脚摆顺，重心移向左腿，右脚践步，重心落于右腿。同时，左膀后调，右膀前顺，右掌从地面向前抄出阳掌，同裆平；左掌内旋成阴掌，护在右腕里侧，目注右掌（见图4-86）。

图4-84

图4-85

图4-86

（五）鹞子入林

与本拳第二趟"（一）鹞子入林"练法同（见图4-87）。

（六）一马三箭

与本章单练套路第二节"进退连环""（三）一马三箭"练法同：1.立马崩拳（见图4-88），2.退步崩拳（见图4-89），3.寸步崩拳（见图4-90）。

图4-87　　　　图4-88　　　　图4-89　　　　图4-90

（七）白鹤亮翅

与本拳第一趟"（八）白鹤亮翅"练法同（见图4-91、92）。

（八）进步炮拳

与本拳第一趟"（九）进步炮拳"练法同（见图4-93）。

（九）丹凤朝阳

与本拳第一趟"（十）丹凤朝阳"练法同（见图4-94）。

图4-91　　　　图4-92　　　　图4-93　　　　图4-94

第三趟

（一）鹞子入林

与本拳第二趟"（一）鹞子入林"练法同（见图4-95）。

（二）退步劈拳

与本拳第一趟"（三）退步劈拳"练法同（见图4-96、97）。

（三）乌龙倒取水

与本拳第一趟"（四）乌龙倒取水"练法相同（见图4-98）。

图4-95

图4-96

图4-97

图4-98

（四）黑熊探掌

右脚向右侧后退半步，脚掌微向右展，左脚向后提成虚步，重心落于右腿。同时，两拳变掌，齐向身右侧托出。左掌掌心向右，指尖向上，同肩平，屈肘横在胸前，右掌掌心向外，指尖向上，同耳平，肘靠右肋侧，身微向右，目注右掌（见图4-99）。

图4-99

（五）大鹏冲霄

左脚向左前方进步，右脚跟进，提横脚勾在左腿弯，成左独立步，重心落于左腿。同时，身起侧向左，右膀前顺，两掌从身右侧经胸前翻出阳掌，向左前上方刺出。右掌在前，指不过头，左掌在后，掌背靠在右掌腕上，指不过口，肘靠左肋前，目注右掌（见图4-100）。

图4-100

(六)退步鹰提

右脚落下后退一步,左脚在前,成虚步,重心落于右腿。同时,两掌内旋成鹰捉,筋梢用力,向身前抓下,左鹰捉在前,肘靠左肋前。右鹰捉在后,护在脐前,肘靠右肋。身微向右,目注左掌(见图4-101)。

(七)推窗望月

1.左脚向左前方上步,右脚跟进,成左半马步,微下蹲。同时,两鹰捉内旋翻掌,左横掌掌心向外,屈肘向左前方推出,同肩平;右立掌掌心向外,与左掌同向推出,同胸平,屈肘横在心口前,缩身,塌胯,身微向右,目注左掌(见图4-102)。

2.接上式,右脚后退半步,左脚退成虚步,重心落于右腿。同时,两掌外旋成阳掌,撅至心口前,左鹰捉在前,拳眼向前。右鹰捉在后,拳眼向右,身微向右,目注前方(见图4-103)。

3.与本拳"(七)推窗望月1"练法同(见图4-104)。

图4-101　　　图4-102　　　图4-103　　　图4-104

(八)提步砸捶

身向右顺,左脚提成虚步,重心落于右腿。同时,左掌外旋握阳拳砸下,同脐平,肘靠左肋侧。右掌握鹰捉,拉在心口前,肘靠右肋,身微向右,目注左拳(见图4-105)。

（九）懒龙卧道（即指裆捶）

右脚提起，脚掌外展成横脚进步，左膝跐右腿弯，身微下蹲，左脚跟提起，重心落于两腿。同时，左拳内旋成鹰捉，扣在腹前，右拳外旋成阳拳，从左腕上向前顶出，同裆平，目注右拳（见图4-106）。

（十）乌龙翻江（即左步横捶）

身起，左脚进步，右脚跟进，成左半马步。同时，左膀前顺，三拳从右拳下外旋成阳拳，向左横出，同胸平。右膀后调，右拳内旋成鹰捉，扣在心口前，肘靠右肋，身微向右，目注左拳（见图4-107）。

（十一）右掏心捶（即左步右崩拳）

左脚在前，两脚寸步。同时，左膀后调，左拳内旋成鹰捉，抽至心口前握拳，肘靠左肋。右膀前顺，右鹰捉外旋成立拳，从左拳拳眼上向前崩出，同心口平，身微向左，目注右拳（见图4-108）。

图4-105　　　　图4-106　　　　图4-107　　　　图4-108

（十二）龙虎相交

右脚提起，脚跟用力，挺膝向前蹬出，同心口平。同时，右膀后调，右拳变鹰捉回抽至心口前握拳，肘靠右肋。左膀前顺，左立拳从右拳拳眼上向前崩出，同心口平，与右脚尖相交，目注左拳

（见图4-109）。

（十三）黑虎出洞（即右掏心捶）

接上式，右脚落地，左脚跟进，成右半马步。同时，左膀后调，左拳变鹰捉，抽至心口前握拳，肘靠左肋。右膀前顺，右立拳，从左拳拳眼上向前崩出，同心口平，身微向左，目注右拳（见图4-110）。

（十四）白鹤亮翅

与本拳第一趟"（八）白鹤亮翅"练法同（见图4-111、112）。

（十五）进步炮拳

与本拳第一趟"（九）进步炮拳"练法同（见图4-113）。

（十六）丹凤朝阳

与本拳第一趟"（十）丹凤朝阳"练法同（见图4-114）。

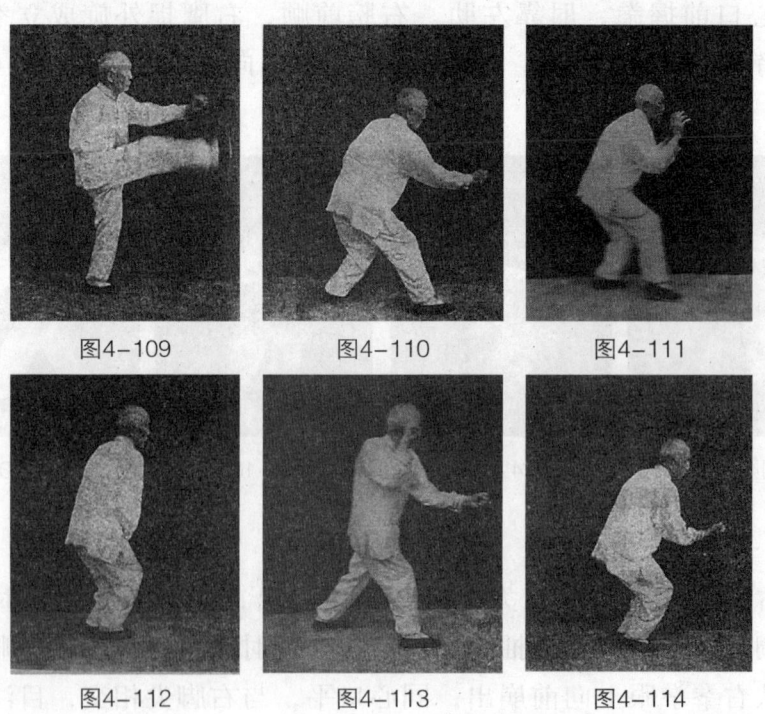

图4-109　　　　图4-110　　　　图4-111

图4-112　　　　图4-113　　　　图4-114

第四趟

（一）鹞子入林

与本拳第二趟"（一）鹞子入林"练法同（见图4-115）。

（二）退步劈拳

与本拳第一趟"（三）退步劈拳"练法同（见图4-116、117）。

（三）乌龙倒取水

与本拳第一趟"（四）乌龙倒取水"练法同（见图4-118）。

图4-115

图4-116

图4-117

图4-118

（四）顺手牵羊

与本拳第一趟"（五）顺手牵羊"练法同（见图4-119）。

（五）蛰龙出现

与本拳第一趟"（六）蛰龙出现"练法同（见图4-120）。

（六）黑虎出洞

与本拳第一趟"（七）黑虎出洞"练法同（见图4-121）。

（七）风摆荷叶

两脚碾地，向右转身180°，左脚扣地，右脚提在左脚里侧落步，左脚提在右脚里踝骨侧，成右独立步，重心落于右腿。同时，右拳抽回身前，两拳展掌从心口起，经胸前侧身向后拍击，右掌在前，左掌在后，掌心向后，左肘屈横心口前，身略向右，目注右掌（见图4-122）。

形意拳术大全

图4-119　　　　图4-120　　　　图4-121　　　　图4-122

（八）蛰龙出现

转身出左脚上步，右脚跟进，成左半马步。同时，两掌抽在心口前握立拳，左膀前顺，左拳向前崩出，同心口平。右膀后调，右拳拉在心口前，肘靠右肋，身微向右，目注左拳（见图4-123）。

（九）黑虎出洞

与本拳第一趟"（七）黑虎出洞"练法同，唯方向相反（见图4-124）。

（十）鹞子翻身

两脚跟碾地，向右转身180°，左脚在前，成虚步，重心落于右腿。同时，右阳拳屈肘顶出，同鼻尖平，左阴拳扣在心口前，目注前方（见图4-125）。

（十一）鹞子入林

与本拳第二趟"（一）鹞子入林"练法同（见图4-126）。

图4-123　　　　图4-124　　　　图4-125　　　　图4-126

（十二）收势

左脚提回再进步，右脚跟进，成左半马步。同时，两拳外旋成阳掌，抽回心口前，出左三体式收势（参阅图4-67）。

三、要领

练此拳时，要内外相合，动作连贯，伸缩往来，快慢相间，节奏分明，刚柔相济。每拳防中有攻，攻中有防，攻防结合。其中，"手起撩阴""起前手如鹞子钻林"都是古谱中讲的重要手法之一，务要认真掌握。"鸽子入林"与炮拳练法有别，要仔细体会分辨。崩拳有多种练法，劲法各有异同。龙虎相交即形意弹腿中第二路之练法，上打下踢，拳脚左右交错，务要劲力合一。退步劈拳、白鹤亮翅、丹凤朝阳等都是顾中有打、打中有顾之法。退步劈拳，俗称"猫儿洗脸"，练时要求手高不过头。乌龙倒取水，有上架下扣，以防正面攻击之意，一定要掌握"快以发劲，慢以取势"之要义。黑熊探掌、大鹏冲霄为右顾左打之法，必须身、手、步协调一致，随顾即打。勾腿可补探手之不及，但不可前栽，要一打即回，以退步鹰捉刁拿来手，再用推窗望月反击。此法以退为进，势法要低，以利攻防。顺手牵羊则是借力之法，顿敌攻势，牵而撅之。懒龙卧道，以左手刁扣，使对方前倾，乘势出右拳击之。风摆荷叶为防后打前之法，动作要求迅速，上下齐一。既要打击追来之敌，又要提腿以防为敌利用。

此拳内容丰富，各招都有独特的技击意义。心领神会，反复练习，方可得心应手，运用自如。

四、歌诀

杂势捶拳立法严，内外三合记心间。
手起撩阴顺势出，鹞子入林先钻天。
退步劈拳龙取水，顺手牵羊出崩拳。
白鹤亮翅炮拳进，丹凤朝阳捶法坚。

燕子取水出崩拳，熊鹏顾打冲霄汉。
凶鹰捉食推窗望，懒龙卧道横砸拳。
龙虎相交虎出洞，风摆荷叶顺势变。
拳分四趟招式连，落势三体功法全。

第六节　形意连拳

此拳原名"五行、十二形"合练，为车毅斋综合五行、十二形拳的练法创编而成的一个套路。其门人传播至今，已有百余年之历史。全拳分四趟，练法如下：

一、名称

第一趟

1.起势，2.践步撩阴，3.左步横拳，4.进步鼍形，5.退步鼍形，6.右步鹰熊合演，7.左步鹰熊合演，8.右步劈拳，9.左步劈拳，10.右步钻拳，11.插步钻拳。

第二趟

1.回身右步蛇形，2.左步蛇形，3.右步鲐形，4.左步鲐形，5.右步炮拳，6.左步炮拳，7.右步虎形，8.插步虎形。

第三趟

1.回身右横拳，2.燕鹞同禽右式，3.燕鹞同禽左式，4.立马右崩拳，5.半马左崩拳，6.立马右崩拳，7.半马左崩拳，8.狸描上树回身。

第四趟

1.左步龙形，2.右步龙形，3.左步鸡形，4.右步鸡形，5.猴形左式，6.猴形右式，7.右步马形，8.插步马形，9.回身左横拳同，10.顺步右横拳，11.收势。

二、练法

第一道

（一）起势

左三体式起势（见图4-127）。

（二）践步撩阴

右脚践步，左脚提起，重心移向右腿。同时，左膀后调，左掌内旋回抽，右膀前顺，右掌外旋成阳掌向前撩出，同裆平；左阴掌抽回，护于右腕里侧，肘靠左肋侧，身微向左，目注右掌（见图4-128）。

（三）左步横拳

左脚进步，右脚跟进，成左半马步。同时，右掌内旋成鹰捉，扣在心口前，肘靠右肋侧；左膀前顺，左掌外旋成阳拳，从右肱下横出，同胸平，身微向右，目注左拳（见图4-129）。

（四）进步鼍形

1.右脚向右前方上步，左脚跟进，提在右脚里侧稍后，前掌着地，两膝微屈，重心落于右腿。同时，左拳变阳掌，抽在脐前，肘靠左肋；右掌从心口前顺身上钻到口前，屈肘向前至头右侧划弧，内旋出鼍掌，目注右掌（见图4-130）。

图4-127

图4-128

图4-129

图4-130

图4-131

2. 接上式，左脚向左前方进步，右脚跟进，提在左脚里侧稍后，前掌着地，两膝微屈，重心落于左腿。同时，右掌外旋，划弧翻下阳掌护脐前，肘靠右肋；左掌从心口前顺身向上钻到口前，屈肘向前至头左侧划弧，内旋出鼍掌，目注左掌（见图4-131）。

3. 与本拳2.练法同，唯左右有别（见图4-132）。

（五）退步鼍形

1. 左脚提起，沿进步路线向后退步，右脚退在左脚里侧稍后，前掌点地，两膝微屈，重心落于左腿。同时，右掌外旋划弧，翻阳掌至脐前，肘靠右肋；左掌从心口前顺身向上，由口前钻出，屈肘向前至头左侧划弧，内旋出鼍掌，目注左掌（见图4-133）。

2. 与本拳"（五）退步鼍形1"练法同，唯左右有别（见图4-134）。

3. 与本拳"（五）退步鼍形"练法同（见图4-135）。

图4-132　　　图4-133　　　图4-134　　　图4-135

（六）右步鹰熊合演

1. 右脚退步，左脚提回，再向前进步，成左前虚步。同时，左膀后调，抽回左掌，两掌从胸前外旋，翻成阳拳，顺身向上由口

图4-136

图4-137

图4-138

图4-139

前钻出。右拳在上，同鼻尖平；左拳在下，钻在右腕里侧，肘靠左肋，身微向左，目注右拳（见图4-136）。

2. 接上式，右脚向右前方进步，左脚跟进，成右半马步。同时，两拳内旋翻鹰爪掌，左膀前顺，右膀后调，左掌从右掌背向前扑出，两掌筋梢用力抓下，成鹰捉。左鹰捉在前，同心口平；右鹰捉在后，抓在脐前，肘靠右肋，身微向右，目注左掌（见图4-137）。

（七）左步鹰熊合演

与第三章"第二节左步鹰熊合演"练法同（见图4-138、139）。

（八）右步劈拳

右脚提成虚步，再向前进步，左脚跟进，成右半马步。同时，右掌抽回，外旋成阳拳，左顺掌屈肘抱在右拳里侧，从胸前顺身向上由口前钻出，右膀前顺，右拳前出，同鼻尖平时，内旋成立拳劈下，同肩平；左膀后调，左掌随即握鹰捉撅在心口前，肘靠左肋侧，身微向左，目注右拳（见图4-140）。

图4-140

（九）左步劈拳

与"（八）右步劈拳"练法同，唯左右有别（见图4-141）。

(十)右步钻拳

左脚挪步外展,右脚进步,左脚跟进,成右半马步。同时,左膀后调,左拳外旋成阳掌,从右肱上内旋成鹰捉扣在右肘下;右膀前顺,右拳变阴掌,从左肱下向前右侧划弧,外旋握阳拳,再从左拳里由口前钻出,同鼻尖平,身微向左,目注右拳(见图4-142)。

(十一)插步钻拳

右脚挪步,左脚向右前方进步,右脚跟进,成倒插步转身90°。同时,右膀后调,右拳外旋成阳掌,从左肱上内旋成鹰捉,扣在左肘下;左膀前顺,左拳变掌,从右肱下向前左侧划弧,外旋握阳拳,再从右拳里由口前钻出,同鼻尖平,目注左拳(见图4-143)。

图4-141　　　图4-142　　　图4-143　　　图4-144

第二趟

(一)回身右步蛇形

1. 左脚跟为轴,向右转身90°,右脚提在左脚里侧后,两大腿紧靠,屈膝下蹲,右膝顶左腿弯,右脚跟提起,重心落于左腿。同时,左膀后调,左拳变鹰捉刁在下腹前,右膀前顺,右掌成瓦楞掌,掌心向左,指尖向下,从左鹰捉前向左胯侧插下,身微向左,目注前方(见图4-144)。

2. 接上式,身起,右脚向右前方进步,左脚跟进,成右半马步。同时,右膀前顺,右掌出蛇掌,掌心向左,自下而上向右前方挑出，同裆平；左鹰捉抽在腹左侧，肘靠左肋，目注右掌（见图4-145）。

（二）左步蛇形

1. 右脚垫步，脚掌外展，左脚提在右脚里侧稍后，两大腿紧靠，屈膝蹲下，左膝顶右腿弯，左脚跟提起，身微向右，重心落于右腿。同时，右膀后调，右掌握鹰捉刁在下腹前，左膀前顺，左掌成瓦楞掌，掌心向右，指尖向下，从右掌前向右胯侧插下，身微向右，目注前方（见图4-146）。

2. 与"（一）右步蛇形2"练法同，唯左右有别，（见图4-147）。

图4-145　　　　　图4-146　　　　　图4-147

（三）右步鲐形

1. 左脚掌向右拧顺，右脚提在左脚后。同时，左掌抽回，两掌从胸前顺身向上，掌心向外翻起，由口前分左右划圆落下，握阳拳抱在脐两侧，目注前方（见图4-148）。

2. 接上式，右脚向右前方进步，脚掌外展成横脚，左脚跟在右脚后调步，脚斜向左方，臀尾调向右侧，成右立叉步。同时，两阳拳向前顶出，同脐平，肘顶下腹前，目注两拳（见图4-149）。

（四）左步鲐形

1. 右脚前掌里拧成顺脚，左脚在后，重心前移。同时，两拳展

211

掌，从胸前顺身向上，掌心向外翻起，由口前分向左右划圆落下握阳拳，抱在脐两侧，目注前方（见图4-150）。

2. 与"（三）右步鲐形2"练法同，唯左右有别（见图4-151）。

图4-148　　　　图4-149　　　　图4-150　　　　图4-151

（五）右步炮拳

左脚前掌里拧，成顺脚，右脚向右前方进步，左脚跟进，成右半马步。同时，右拳变鹰捉，屈肘向前内旋，刁扣在头右侧，掌心向外；左膀前顺，左拳内旋成立拳向前顶出，同心口平，身微向右，目注左拳（见图4-152）。

（六）左步炮拳

右脚挪步，左脚提起向前方进步，右脚跟进，成左半马步。同时，两拳抽在腹左侧，左拳成鹰捉，屈肘向前内旋刁扣在头左侧，掌心向外；右膀前顺，右拳内旋成立拳向前顶出，同心口平，身微向左，目注右拳（见图4-153）。

（七）右步虎形

左脚挪步，右脚提起，向右前方进步，

图4-152

图4-153

左脚跟进，成右半马步。同时，两拳抽在心口前握虎爪拳，顺身向上提至颏下，出虎爪掌向前扑出，同胸平，目注两掌（见图4-154）。

（八）插步虎形

右脚挪步，左脚向右前方进步，右脚跟进，成倒插步转身90°。同时，两掌提至心口前，握虎爪拳，顺身向上提至颏下，出虎爪掌，向前扑出，同胸平，目注两掌（见图4-155）。

图4-154　　　　　　　图4-155　　　　　　　图4-156

第三趟

（一）回身右横拳

以左脚跟为轴，向右转身90°，左脚进步，右脚跟进，成左半马步。同时，左膀后调，左掌从右肱上内旋成鹰捉拉在腹前；右膀前顺，右掌从左肘下外旋成阳拳向左横出，同胸平，侧身向左，目注右拳（见图4-156）。

（二）燕鹞同禽右式

1. 右脚进步，重心前移，身微前俯。同时，右拳内旋，向前翻出横掌，掌心向前托出，同胸平；左拳展立掌，掌心向前托在胸右侧，左肱横在腹前，目注右掌（见图4-157）。

2. 接上式，两脚向左拧转，右腿仆下，左腿屈膝下蹲，重心移向左腿。同时，右掌外旋成阳掌，向前伸在右膝前；左掌经身前向后划弧，护在头左侧，目注右掌（见图4-158）。

3.接上式，身起，右脚垫步，重心移向右腿，左脚向前践步。同时，左掌从地面翻起阳掌，向前抄出，同裆平；右掌内旋成阴掌，护在右腹侧，目注左掌（见图4-159）。

4.接上式，右脚进步，左脚跟进，成右半马步。同时，两掌握拳，左拳向上屈肘拱在额左侧，拳心向外；右膀前顺，右掌握立拳向前顶出，同心口平，身微向左，目注右拳（见图4-160）。

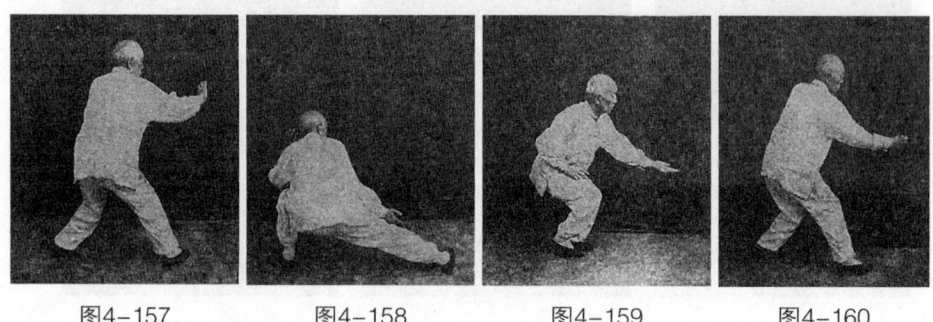

图4-157　　　图4-158　　　图4-159　　　图4-160

（三）燕鹞同禽左式

与"（二）燕鹞同禽右式1、2、3、4"练法同，唯左右有别（见图4-161、162、163、164）

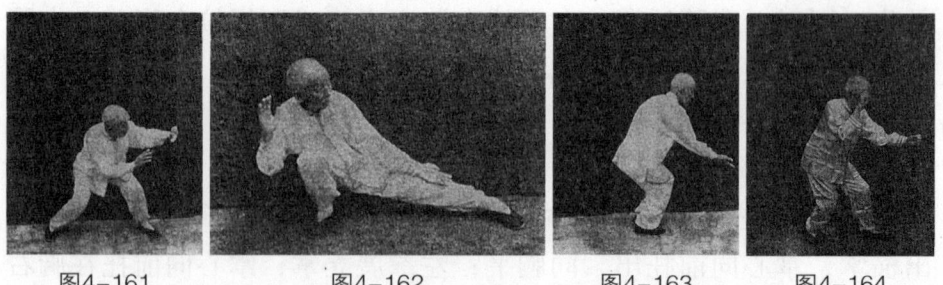

图4-161　　　图4-162　　　图4-163　　　图4-164

(四)立马右崩拳

左脚寸步，右脚跟进，成左立马步。同时，左膀后调，左拳内旋成鹰捉，拉在心口前握拳，肘靠左肋；右膀前顺，右立拳从左拳拳眼上向前崩出，同心口平，身微向左，目注右拳（见图4-165）。

(五)半马左崩拳

左脚进步，右脚跟进，成左半马步。同时，右膀后调，右拳内旋成鹰捉，拉在心口前握拳；左膀前顺，左立拳从右拳拳眼上向前崩出，同心口平，身微向右，目注左拳（见图4-166）。

(六)立马右崩拳

与"(四)立马右崩拳"练法同（见图4-167）。

(七)半马左崩拳

与"(五)半马左崩拳"练法同（见图4-168）。

图4-165　　　　图4-166　　　　图4-167　　　　图4-168

(八)狸猫上树回身

1. 左拳回抽，右拳从左拳拳眼上崩出，同心口平时，即从左拳里顺身向上钻在口前，左拳内旋成鹰捉，从右拳外屈肘横肱扣在心口前。同时，以左脚跟为轴，从右向后转身180°，右腿屈膝提起，膝与大腿平；右脚外展成横脚，同左膝相齐，成左独立步，重心落于左腿，目注前方（见图4-169）。

图4-169　　　　图4-170　　　　图4-171　　　　图4-172

2.接上式，右脚从左膝前极力向前趾下，左脚在后，成顺脚，屈膝下蹲，右腿压左腿，左膝顶右腿弯，左脚跟提起，成剪子股势。同时，右拳抽下内旋，两拳成鹰爪掌，左膀前顺，左掌顺右掌背抓下，成鹰捉，同心口平；右掌成鹰捉抓下，护在脐前，肘靠右肋，身微向右，目注左掌（见图4-170）。

（一）左步龙形

1.两脚涌泉生力，腰向上挺，全身向上跃起。离地时，换成左脚在前，右脚在后落地。左脚提起，膝同大腿平，脚掌外展成横脚，成右独立步，重心落于右腿。同时，左掌回抽，右掌前伸，两掌在胸前外旋成阳掌，左掌从右掌上伸出，同口平，肘顶胸前；右掌护于左肱里侧，肘靠右肋，身微向右，目注前方（见图4-171）。

2.接上式，左脚前跃趾踩落地，右脚跟进，右腿屈膝下蹲，身略向左，微前俯，右脚跟提起，接近臀部，成全蹲坐盘踩势。同时，左膀后调，右膀前顺，两掌内旋成鹰爪掌；左掌回抽，右掌顺左掌背前伸。两掌交叉时，右掌猛力向前扑出抓下，同心口平；左鹰捉抓在脐前，肘靠左肋，自注右掌（见图4-172）。

图4-173

（二）右步龙形

与"（一）左步龙形1、2"练法同，唯左右有别（见图4-173、174）。

（三）左步鸡形

1.脚、腿用力，腰向上挺，身起脚顺，左腿提起，膝同大腿平，顺脚向前进步，重心前移。同时，左掌从胸前顺掌切下至下腹前，肘靠左肋侧；右掌成顺掌，抽在脐前，肘靠右肋，身略向右，目注左掌（见图4-175）。

2.接上式，左脚扣地，重心移向左腿，右脚提起，脚尖上挺，脚跟擦地，向前踢出，同臁骨平。同时，左膀后调，左顺掌抽在胸前，肘靠左肋；右膀前顺，右掌从腹前顺身向上提至口前，伸出啄目指力贯中，食指向前分击，同两眼平，身略向左，目注右手中、食指（见图4-176）。

3.接上式，右脚落地，践起左脚，向前蹬踢，同下腹平，重心落于右腿。同时，右膀后调，右掌抽在胸前，肘靠右肋；左膀前顺，左掌从腹前顺身向上提至口前，伸出啄目指力贯中、食指向前分击，同两眼平，身略向右，目注左手中、食指（见图4-177）。

图4-174　　　　图4-175　　　　图4-176　　　　图4-177

（四）右步鸡形

1.左脚落地，右腿提起，膝同大腿平，顺脚向前进步，重心前移。同时，左掌抽在胸前，肘靠左肋，右掌从胸前顺掌切下至下腹前，肘靠右肋侧，身略向左，目注右掌（见图4-178）。

2.接下来动作与本拳"（三）左步鸡形2、3"练法同，唯左右有别（见图4-179、180）。

图4-178　　　　　图4-179　　　　　图4-180

（五）猴形左式

1. 两脚向左侧跳换步，成右脚在后落步，左脚在前，成脚尖步，重心落于右腿。同时，右膀后调，右掌从左肱上翻下至心口前抓成猴爪掌，肘靠右肋；左肩前顺，左掌从右肘前向左上方划弧，刁抓成猴拳，同口平，肘在左肋前，身微向右，略下蹲，目注左拳（见图4-181）。

2. 接上式，左脚略向左侧垫步落下，右脚从左脚里侧向前上虚步，重心偏于左腿。同时，左膀后调，左拳抽在心口前，肘靠左肋侧；右膀前顺，右拳从左拳里钻起，抓出，同口平，肘在右肋前，身微向左，略下蹲，目注右拳（见图4-182）。

3. 与上式练法同，唯左右有别（见图4-183）。

图4-181　　　　图4-182　　　　图4-183　　　　图4-184

4.接上式，左脚向前进步，右脚提起，脚尖向左，横脚勾在左腿弯，成左独立步，重心落于左腿。同时，左膀后调，左拳抽在心口前，肘靠左肋侧，右拳从左拳里钻起钩掌，向前抓击，同眼平，速缩回口前，成猴爪拳，肘在右肋前，身微向左，目注右拳（见图4-184）。

5.接上式，右脚落下，顺进步路线向后退一步，左脚在前，提成虚步，重心偏于右腿。同时，右膀后调，右拳外旋成阳掌，从左掌下抽至胸前，肘靠右肋侧；左膀前顺，左拳从胸前外旋成阳掌，从右掌上向前穿出刺喉掌，同咽喉平，身微向右，目注左掌（见图4-185）。

6.接上式。左脚沿进步路线后退一步，右脚在前，成虚步，重心偏于左腿。同时，左膀后调，左阳掌从右掌下抽至胸前，肘靠左肋侧，右膀前顺，右阳掌从左阳掌上向前穿出刺喉掌，同咽喉平，身微向左，目注右掌（见图4-186）。

7.接上式，两脚垫步，调右脚在后，左脚在前，成虚步。同时，右膀后调，右掌内旋成猴拳抽至心口前，肘靠右肋；左膀前顺，左掌从右肘下内旋向左翻起猴拳，同口平，身微向右，目注左拳（见图4-187）。

图4-185

图4-186

图4-187

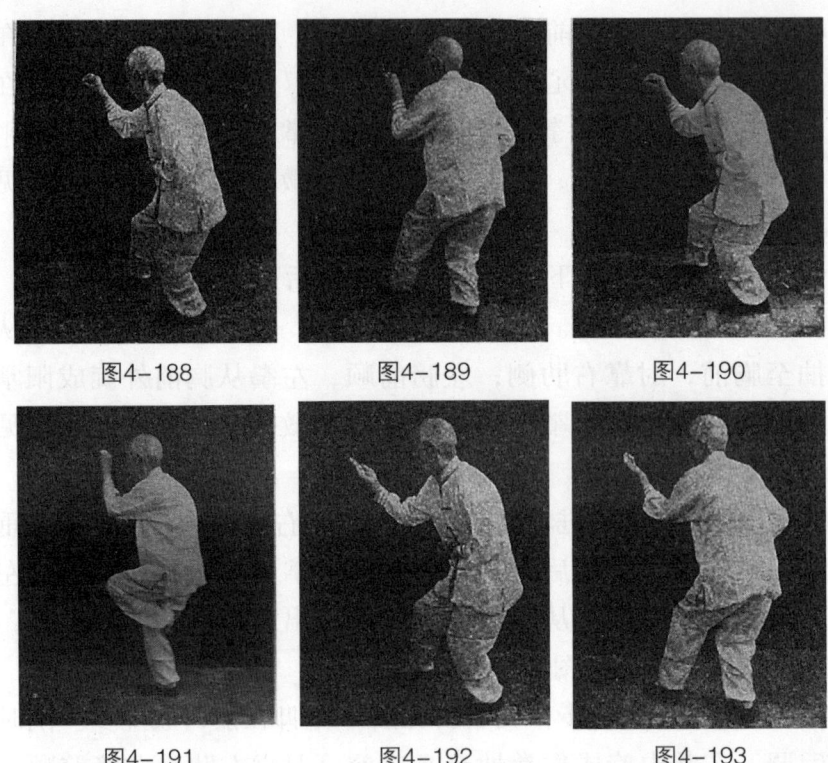

图4-188　　　　　图4-189　　　　　图4-190

图4-191　　　　　图4-192　　　　　图4-193

（六）猴形右式

与本拳"（五）猴形左式1、2、3、4、5、6、7"练法同，唯左右有别（见图4-188、189、190、191、192、193、194）。

（七）右步马形

右脚提回，再向前进步，左脚跟进，成右半马步。同时，右拳抽回，两拳从心口前内旋握阴拳，拳眼相对，拳面向前，顺身向上提至口前身向前拥．背尾发劲，肩窝吐力，贯于两拳顶出，拳同胸平时猛力刨下，同腹平，两肘靠在两肋前，身微向右，目注两拳（见图4-195）。

图4-194

图4-195　　　　　图4-196　　　　　图4-197

（八）插步马形

右脚挪步，左脚向右前方进步，右脚跟进，成倒插步。同时，两阴拳拳眼相对，拳面向前，顺身向上提至口前，身向前拥，背尾发劲，肩窝吐力，贯于两拳顶出，拳同胸平时猛力刨下，同腹平，两肘在两肋前，身微向右，目注两拳（见图4-196）。

（九）回身右步左横拳

接上式，以左脚跟为轴，从右向后转身180°，右脚向前进步，左脚跟进，成右半马步。同时，右膀后调，右拳从左肱上内旋成鹰捉，拉在心口前；左膀前顺，左拳从右肱下外旋成阳拳，向右横出，同胸平，侧身向右，目注左拳（见图4-197）。

（十）顺步右横拳

右脚寸步，左脚跟进，成右半马步。同时，左膀后调，左拳从右肱上内旋翻下，成鹰捉，拉在心口前，肘靠左肋侧；右膀前顺，右鹰捉从左肱下外旋成阳掌，向右横出，同胸平，身微向左，目注右拳（见图4-198）。

图4-198

（十一）收势

左脚进步，右脚跟进，成左半马步。同时，右拳抽回，出左三体式收势（见图4-199）。

三、要领

此拳要领同五行、十二形各拳。招式清晰，节奏分明，动作连贯。套路完整。

四、歌诀

图4-199

1. 三体出势手撩阴，顺步左拳向前横。
   进步鼍形左右上，退步鼍形出熊形。
   鹰熊合演势不停，左右劈拳顺步行。
   右步钻拳打鼻尖，插步钻拳急回身。
2. 伏身而起出蛇形，进步拨草是其能。
   左右鲐形连环演，护尾调臀靠腿功。
   进步炮拳左右攻，劲力勇猛似弹冲。
   虎形连击先进右，插步虎形势法凶。
3. 叉步横拳右拳进，燕子取水鹞入林。
   燕鹞同禽践步上，连珠崩拳向前攻。
   立马崩拳劲力猛，半马崩拳势更凶。
   箭箭连击打心口，狸猫上树转回身。
4. 飞龙跃起似腾空，金鸡厮斗上下攻。
   猴子抓击进又退，冲锋陷阵赖马功。
   转身叉步出横拳，顺步横拳练法终。
   形意连拳共四趟，练就五行十二形。

第五章 对练套路

　　形意拳对练套路俗称"对拳""对打""打对子",是形意拳单练套路的进一步深化。对练套路由两人按照规定的进退程序进行攻击与防守训练,旨在巩固学过的各种拳法,提高技击水平,进一步培养学拳者的机智、勇敢精神和攻防意识,为散手(俗称"撕扒")训练奠定坚实的基础。

　　早在清咸同间,形意大师李飞羽在山西太谷护院期间,即同开门弟子车毅斋根据五行拳的拳理、拳法创编了第一个对练套路——"五行生克拳",并在形意门人中进行传播。此拳几经改编,最后方改称"五行炮"。李飞羽晚年回归故里后,车毅斋继承先师之志,悉心研究形意拳拳理、拳法,经20余年之不懈努力,先后又创编了"五花炮""九套环""十六把"等9个对练套路拳。车毅斋与其弟子李复祯、王凤翙、吕学隆等经过多次反复实践,到光绪间,这些对练套路已成为学习形意拳者的一项重要训练内容。

　　形意拳每个对练套路,从出势搭把,到打法顾法,都有其独特的风格和技击特点。诸如"快打猛攻、乱而取之,引进落空、智而取之,吞吐趋避、避实击虚"等等,都是形意拳对练套路所特有的风格和技法。各拳的进攻方法有"足踏中门抢地位",强行从中门而入的技艺,也有以拧转步,迂回步从侧门进攻或背后击打之术;

出势方法有左三体式出势者，也有右三体式出势者，还有以鼍形出势者。搭把后，有"后发制人"彼挑我进者，也有"先发制人"我挑即进者。进退步法灵活，更是形意拳对练套路的一大特色。进步时，无一脚不进；退步时，无一脚不退。一脚或进或退，另一脚务要先动，俗称"活步"。此步法在对练中有着特殊的作用。以下介绍的是车毅斋所传五花炮、九拳、五彩六捶、五行炮、挨身炮、连环手、九套环、十二连捶、劈捶、十六把等10个对练套路的具体练法。

第一节　五花炮

五花炮由钻拳、裹拳、践拳、劈拳、反背拳等5种拳组成。它是在戴氏传统拳钻拳拳、裹拳、践拳，俗称"三拳"的基础上，加入劈拳、反背拳，由两人进行攻防训练的一个形式比较简单、实用价值却颇大的套路形式。甲乙二人同时出左三体式，面对面搭把起势。

一、名称

1.起势：左三体式（甲乙同）

　　　　　甲上方　　　　　　乙下方

2.右步裹拳卡面捶（即钻拳）　退步托手

3.挑手践拳　　　　　　　　　虚步拨手

4.劈拳反背拳　　　　　　　　侧身拨手

5.左步裹拳卡面捶　　　　　　退步托手

6.挑手践拳　　　　　　　　　虚步拨手

7.劈拳反背拳　　　　　　　　侧身拨手

8.收势

二、练法

（一）起势

（甲白衣黑鞋，乙白衣白鞋）甲在前，乙在后，从西向东步入场地，甲、乙均向右转身面南，二人间距约0.5米站立（图5-1）。

甲右转出左步面西，乙左转退右步面东，二人面对面同时出左三体式搭把（图5-2）。

图5-1

图5-2

图5-3

（二）甲右步裹拳卡面捶　乙退步托手

甲：提左脚向乙左脚外侧插步，挤乙左脚，右脚上步；同时，左手翻下鹰捉刁乙左手腕，右手裹拳压在乙左肱上，身略向左。

乙：左脚向后退步，身略向左（图5-3）。

甲：接上式，左手从胸前翻起卡面捶打乙鼻尖。

乙：左立拳抽在心口前，右手从口前卡住甲左拳（图5-4）。

（三）甲挑手践拳　乙虚步拨手

甲：右手向前挑开乙右手，左手出立拳打乙右肋。

乙：右脚提成虚步，右手内旋向外拨出甲左拳（图5-5）。

图5-4

图5-5

（四）甲劈拳反背捶　乙侧身拨手

甲：左手翻鹰捉刁右腕，右手从口前出立拳劈乙右肩。

乙：向后侧身闪开甲右劈拳（图5-6）。

甲：右拳翻起反背拳打乙右鬓。

乙：右手翻起立掌，在头右侧顾甲右拳（图5-7）。

图5-6

图5-7

（五）甲左步裹拳卡面捶　乙退步托手

甲、乙练法同前"（二）"，唯左右有别（图5-8、9）。

图5-8

图5-9

（六）甲挑手践拳　乙虚步拨手

甲、乙练法同前"（三）"，唯左右有别（图5-10）。

（七）甲劈拳反背捶　乙侧身拨手

甲、乙练法同前"（四）"，唯左右有别（图5-11、12）。

图5-10

图5-11

图5-12

图5-13

（八）收势

以上练法可根据场地适当反复。返回时，甲乙交换上下，练到起势处出左三体式收势（图5-13）。

三、要领

此拳以侧门进击、快打猛攻为特点，有"乱而取之"之意。动作时要眼为先行，内外相合。上步时，要连身挤进，步步紧逼；出手时，要捉拿稳准，拳击凶猛；退步时，要身缩步快，灵活迅速。拳法虽然不多，但打击效果明显。

四、歌诀

搭把插步出裹拳，侧进钻拳取鼻尖。

架手践拳急打肋，顺步一拳劈在肩。

向上握成反背拳，拳背向外打鬓间。
一攻一防拳法快，左右进击连环演。

第二节　九拳

此拳以拳中有九手拳法而名之。它是以形意拳中的劈拳、钻拳、践拳、撩阴等拳法为基础，吸收了王长乐拳法中的贯耳、甩捶等打法创编的一个对练套路。甲乙二人同时出左三体式，对面相视搭把起势。

一、名称

1.起势：左三体式（甲乙同）

甲上方	乙下方
2.右步贯耳	退步拨手右步劈拳
3.虚步端肘右步打肋	虚步拨手左步贯耳
4.虚步拨手左步撩阴	退步拨手右手贯耳
5.虚步拨手右步钻拳	端肘踢裆
6.虚步拍脚翻身甩捶	左步刁手

7.收势

二、练法

（一）起势

同本章第一节"五花炮"三体式起势（图5-14）。

（二）甲右步贯耳　乙右步劈拳

甲：右脚向乙左脚外侧上步，同时，左手鹰捉刁下乙左腕，右手出阳掌向上翻起打

图5-14

乙左耳。

乙：左脚退步，左手翻起立掌拨甲右手（图5-15）。

乙：右脚向前上步，右拳劈甲右肩（图5-16）。

图5-15

图5-16

（三）甲虚步端肘右步打肋　乙虚步拨手左步贯耳

甲：右脚提回成虚步，向右侧身避乙劈拳。同时，左手端乙右肘，右脚寸步，右手出立拳打乙右肋（图5-17）。

乙：右脚提回成虚步，右手抽回向外拨甲右拳。左脚向甲右脚里上步，同时，左手阳掌向上翻起打甲右耳（图5-18）。

图5-17

图5-18

（四）甲虚步拨手左步撩阴　乙退步拨手右手贯耳

甲：右脚提回成虚步，右手翻起立掌拨乙左手，左脚向乙左脚里侧上步，左手出阳掌撩阴（图5-19）。

乙：左脚向后退步，左手抽下向外拨甲左掌。同时，右手上翻打甲左耳（图5-20）。

图5-19

图5-20

（五）甲虚步拨手右步钻拳　乙端肘踢裆

甲：左脚提成虚步，左手上翻立掌拨乙右手，右脚向乙右脚里侧上步，右手出钻拳打乙鼻尖（图5-21）。

乙：两手前出，右手在上托甲右腕，左手在下端甲右肘。同时，右脚向前弹踢甲裆（图5-22）。

图5-21

图5-22

（六）甲虚步拍脚翻身甩捶　乙虚步刁手

甲：右脚提成虚步，右手出阴掌拍乙右踢脚（图5-23）。

甲：从左向后转身180°（转身时，右脚退步成左半马步），同时，左手抡出甩捶打乙左鬓（图5-24）。

乙：右脚落下，左脚向前上步，左手翻起鹰捉刁甲左腕（图5-25）。

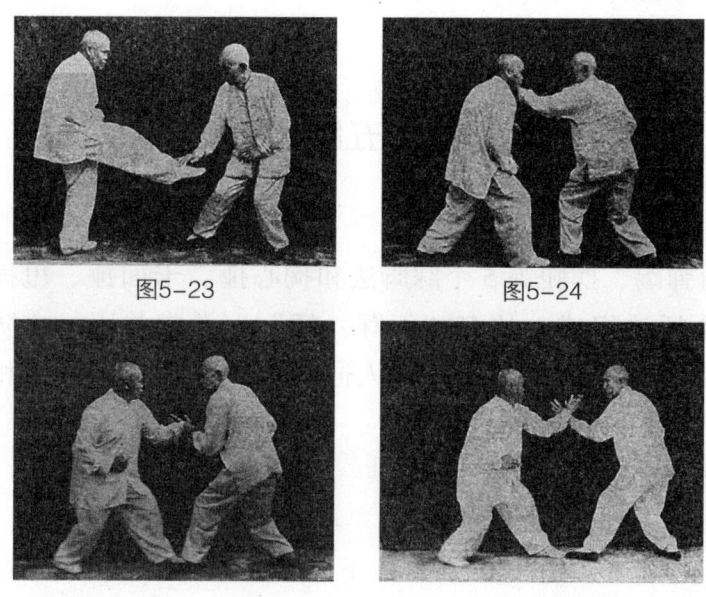

图5-23　　　　　　　　图5-24

图5-25　　　　　　　　图5-26

（七）收势

以上动作完成后，甲乙交换上下，练到起势处出左三体式收势（图5-26）。

三、要领

此拳拳法简单，步法灵活。从侧门进攻、中门进攻，务须眼到、意到、手到、步到、身到，上下内外协调一致，以体现近身快打的特点；顾法则要侧身调步，以泄对方来劲，并立即进行反击，使打顾结合。

四、歌诀

　　甲上贯耳乙用劈，甲端乙肘速打肋。
　　乙拨甲拳上贯耳，甲用顾手撩阴出。
　　乙立退步贯耳取，甲出钻拳猛击鼻。
　　乙端甲肘脚踢裆，甲急翻身甩捶击。
　　互为攻防打法快，甲乙换势连环出。

第三节　五踩六捶

此拳由弹踢、摆腿等5个踩脚法和掏心捶、卡面捶、甩捶、反背捶等六个捶法组成，故名"五踩六捶"。拳脚并用，攻防兼顾是本套路拳的最大特点。甲乙二人同时出左三体式，对面相视搭把起势。

一、名称
1.起势：左三体式（甲乙同）

上方	下方
2.甲左步刁手贯耳	乙虚步架手掏心捶
3.甲拨手贯耳	乙拨手卡面捶
4.甲端肘踢裆	乙虚步拍脚
5.乙翻身甩捶	甲虚步架手
6.甲右步卡面捶	乙退步托手
7.乙端肘踢裆	甲虚步拍脚
8.甲翻身甩捶	乙侧身拨手
9.甲右步贯耳	乙退步压手
10.甲左步贯耳	乙退步拨手
11.甲右步贯耳	乙退步反背捶
12.乙伏身搂腿	甲向上摆腿
13.甲翻腿踢裆	乙起身拍脚
14.甲左脚踢裆	乙拍脚踢裆
15.甲向前搭把	乙落步搭把

16.收势

二、练法

（一）起势：同本章第一节"五花炮"（图5-27）。

（二）甲左步刁手贯耳　乙虚步架手掏心捶

甲：上左步左手刁乙左手，右手上翻打乙左耳（图5-28）。

图5-27

图5-28

乙：左脚提成虚步，左手上翻架甲右手；右手出掏心捶打甲心口（图5-29）。

（三）甲拨手贯耳　乙拨手卡面捶

甲：右手抽下，从心口前向右拨乙右拳，左手阴掌上翻打乙右耳（图5-30）。

图5-29

图5-30

乙：右手翻立掌拨甲左手，左手出卡面捶打甲鼻尖（图5-31）。

（四）甲端肘踢裆　乙虚步拍脚

甲：两手前出，左手端乙右肘，右手托乙左腕向前推出。同时，左脚向前弹踢乙裆。

图5-31

图5-32

乙：左脚虚步，左手下扣拍甲左踢脚（图5-32）。

（五）乙翻身甩捶　甲虚步架手

乙：从右向后转身180°（转身时左脚退步成右脚在前），同时，右手抡出甩捶打甲右鬓，左拳抽在心口前。

甲：左脚落下成虚步，左手上翻架乙右拳（图5-33）。

（六）甲右步卡面捶　乙退步托手

甲：右脚上步，右手出卡面捶打乙鼻尖。

图5-33

图5-34

乙：右脚退步，左手托甲右腕（图5-34）。

（七）乙端肘踢裆　甲虚步拍脚

乙：右手端甲右肘前推，右脚向前弹踢甲裆。

甲：右脚虚步，右手下扣拍乙右踢脚（图5-35）。

（八）甲翻身甩捶　乙侧身拨手

甲：从左向后转身180°（转身时右脚退步成左步在前），左手抡出甩捶打乙左鬓，右拳抱在心口前。

乙：右脚落步，身略向左，右手翻起外拨甲拳（图5-36）。

图5-35

图5-36

（九）甲右步贯耳　乙退步压手

甲：右脚上步，右手上翻打乙左耳。

乙：左脚退步，右手向左翻压甲右手（图5-37）。

图5-37

（十）甲左步贯耳　乙退步拨手

甲：左脚上步，左手上翻打乙右耳，右手立拳抱在心口前。

乙：右脚退步，右手翻回拨甲掌（图5-38）。

（十一）甲右步贯耳　乙退步反背捶

甲：右脚上步，右手上翻打乙左耳，左手立拳抱在心口前。

乙：左脚退步，左手鹰捉刁甲右手（图5-39）。

乙：右拳翻起反背捶打甲右鬓。

甲：左拳翻起，侧身向外推乙右拳，右手立拳抱在心口前（图5-40）。

（十二）乙伏身搂腿　甲向上摆腿

乙：两手向左前下方齐出，右手在上，左手在下，身体同时伏下，向右搂甲右腿。

甲：右腿提起，经乙身背上自左向右摆起，两手从右向左拍击右脚（图5-41）。

图5-38

图5-39

图5-40

图5-41

（十三）甲翻腿踢裆　乙起身拍脚

甲：右摆腿从右翻下向前弹踢乙裆，两手立拳抱在心口前。

乙：身起，右脚在前，右手扣下拍甲右脚（图5-42）。

（十四）甲左脚踢裆　乙拍脚踢裆

甲：右脚落步，左脚提起弹踢乙裆。

乙：左手扣下拍甲左脚，右手立拳抱在心口前（图5-43）。

甲：左脚落步。

乙：右脚提起弹踢甲裆，两手立拳抱在心口前。

甲：右手扣下拍乙右脚（图5-44）。

（十五）甲向前搭把　乙落步搭把

甲：出左步左掌与乙搭把。

乙：右脚抽回落下，出左步左掌与甲搭把（图5-45）。

图5-42

图5-43

图5-44

图5-45

（十六）收势

以上动作完成后，甲乙交换上下，练到起势处出左三体式收势。

三、要领

练此拳时，务要脚趾扣地，下体稳固，进退迅速，变化敏捷，打顾兼备，快而不乱。搭把即打，务要虚实分明，上下结合。端肘踢裆，退步翻身甩鬏，连用贯耳进击，左右分拨而顾，顺势刁腕打鬏，一方伏身搂腿，一方摆腿起而避之，又反踢其裆，都是顾中有打、打中有顾的技艺。

四、歌诀

甲出贯耳乙打腹，甲又贯耳乙击鼻。
甲足踢裆乙甩捶，甲拳打鼻乙弹踢。
甲用甩捶乙拨顾，甲上贯耳连三掴。
乙出两手左右分，反背捶向甲鬓击。
甲用推手乙搂腿，双方互踢又拍足。
从头演练须换势，五踩六捶拳结束。

第四节　五行炮

此拳是在"五行生克"拳的基础上改编而成的一个套路。内容以五行拳为主，故名"五行炮"。改编后的五行炮，不仅增加了鹰形，而且还有鹰形破崩拳、反劈拳破劈拳等几种手法，较"五行生克拳"技击性更强，手法更为灵活。甲乙二人同时出左三体式，对面相视，搭把起势。

一、名称

1.起势：左三体式（甲乙同）

上方	下方
2.甲立马崩拳	乙虚步拨手
3.甲左步卡面捶	乙虚步鹰捉
4.乙右步劈拳	甲鹰捉反劈拳
5.乙横拳卡面捶	甲退步架拳
6.乙左步崩拳	甲勾手鹰形
7.乙鹰捉劈拳	甲伏身炮拳
8.乙鹰捉崩拳	甲退步鹰捉

9.乙左步崩拳　　　　甲退步鹰捉
10.乙立马崩拳　　　　甲虚步鹰捉
11.乙左步卡面捶　　　甲左步架拳
12.甲挑手踢裆　　　　乙虚步拍脚
13.收势

二、练法

（一）起势：同本章第一节"五花炮"（图5-46）。

（二）甲立马崩拳　乙虚步拨手

甲：右脚震脚上步，脚尖同左脚心相齐；同时，身略向左，两手握立拳，左拳抽在心口前，右拳向前崩出打乙心口。

图5-46

乙：右脚退步，带左脚提回成虚步；同时，侧身向左，左手向外拨甲右拳（图5-47）。

（三）甲左步卡面捶　乙虚步鹰捉

甲：左脚上步，同时，左手出卡面捶打乙鼻尖，右手立拳抽在心口前，身略向右。

乙：右脚退步带左脚提成虚步，左手翻出鹰捉刁甲左拳（图5-48）。

图5-47

图5-48

(四)乙右步劈拳　甲鹰捉反劈拳

乙：右脚上步，身略向左，右手出劈拳劈甲左肩。

甲：右脚退步，带左脚提成虚步；同时，身略向左，右手鹰捉刁乙右手（图5-49）。

甲：左脚上步，侧身向右，出左劈拳反劈右肩（图5-50）。

图5-49

图5-50

(五)乙横拳卡面捶　甲退步架拳

乙：右脚脚尖外撇提虚步，侧身向右，左手横拳从右侧压甲左拳，右手出卡面捶打甲鼻尖。

甲：左脚后退，身略向左，右拳向前架乙右拳（图5-51）。

(六)乙左步崩拳　甲勾手鹰形

乙：左脚向前上步，身略向右，右手拨甲右拳；同时，左手出崩拳打甲心口（图5-52）。

图5-51

图5-52

甲：右脚后提成虚步，右手勾掌向外勾乙左拳，左脚上步，左手鹰爪掌托乙胸口（图5-53）。

（七）乙鹰捉劈拳　甲伏身炮拳

乙：右脚退步，带左脚提成虚步；同时，左手翻起鹰捉刁甲左手，右脚上步，身略向左，出右劈拳劈甲左肩（图5-54）。

图5-53

图5-54

甲：右脚退步，带左脚提成虚步，身略伏下；同时，左鹰捉屈肘上架刁乙右手，右脚上步，出右拳打乙心口，身略向左（图5-55）。

（八）乙鹰捉崩拳　甲退步鹰捉

乙：左脚退步，带右脚提成虚步，脚尖略向右斜，侧身向右伏下，左手鹰捉刁甲右拳，右脚上步，身略向左，出右崩拳打甲心口，左手立拳抽在心口前。

甲：右脚退步，左手鹰捉叉乙右拳（图5-56）。

图5-55

图5-56

（九）乙左步崩拳　甲退步鹰捉

乙：左脚上步，身略向右，左手崩拳打甲心口，右手立拳抽在心口前。

甲：左脚退步，侧身向左；同时，右手出鹰捉叉乙左拳（图5-57）。

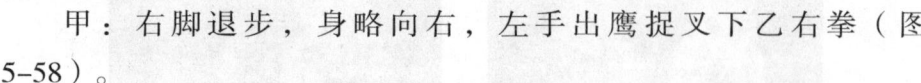

图5-57

（十）乙立马崩拳　甲虚步鹰捉

乙：右脚震脚上步，脚尖同左脚心相齐；同时，出右崩拳打甲心口，左手立拳抽在心口前。

甲：右脚退步，身略向右，左手出鹰捉叉下乙右拳（图5-58）。

（十一）乙左步卡面捶　甲左步架拳

乙：左脚上步，身略向右；同时，左手出卡面捶打甲鼻尖，右拳抽在心口前。

甲：左手翻起架乙左拳（图5-59）。

图5-58

图5-59

（十二）甲挑手踢裆　乙虚步拍脚

甲：右手向前挑乙左拳，同时，右脚向前弹踢乙裆。

乙：左脚退步带右脚提成虚步，右手扣下拍甲右脚（图5-60）。

图5-60

（十三）收势

以上动作从"（十）乙立马崩拳"起甲乙交换上下，练到原起势处：

甲：右脚落下，右手前伸与乙右手相磕，身向左转360°，左脚在前，与乙对面相视，出左三体式搭把。

乙：右手前伸，与甲右手相磕，身向左转360°，左脚在前，与甲对面相视，出左三体式搭把（图5-61）。

图5-61

三、要领

此拳采用"带步"之法，进中有退，退中有进。"吞吐趋避"，务要以虚步吞之，实步吐之；侧身虚步避之，顺势出步趋之。动作要敏捷、快速，防中有攻，攻防结合。劈拳用拳，本此拳主要拳法。平时练习，为防意外，可改用掌。故车氏门人中有"平时用掌、实战用拳"之传。

四、歌诀

　　甲上并步出崩拳，乙用拨手后带前。
　　甲出钻拳乙用劈，甲再反劈乙横钻。
　　甲架来手乙崩拳，甲托乙胸乙劈肩。
　　甲用炮拳乙用崩，连三崩拳击心前。
　　甲出鹰捉破崩拳，乙上钻拳打鼻尖。
　　甲乙换势从头起，五行炮拳连环演。

第五节　挨身炮

此拳以挨身近打为特点。拳中用"炮"较多，故名"挨身炮"。除捋手炮、扳手炮、滚手炮、翻手炮等手法外，还有车毅斋创编的拘马拚手法。进退步时强调"活步"，是攻防兼顾的对练套路之一。甲乙二人同时出鼍形进步，成左三体式对面相视搭把起势。

一、名称

1. 起势：左三体式（甲乙同）

上方	下方
2.甲左虚步	乙右挑手
3.甲左步崩拳	乙虚步推手
4.乙左步崩拳	甲虚步搂手
5.甲左步贯耳	乙左步崩拳
6.甲搂手贯耳	乙虚步拨手
7.乙右步贯耳	乙左步滚捶
8.乙左步贯耳	甲右步滚捶
9.甲寸步滚手炮	乙虚步捋手
10.乙寸步捋手炮	甲虚步扳手
11.甲寸步扳手炮	乙虚步架手
12.甲右步崩拳	乙退步鹰捉
13.甲右步劈拳	乙虚步拨手
14.甲右步穿掌	乙退虚步
15.乙右步劈拳	甲虚步刁手
16.甲左步反劈拳	乙虚步拨手

17.乙左步翻手炮　　　甲虚步架拳
18.甲右步撩阴　　　　乙顺手牵羊
19.甲左步劈拳　　　　乙虚步拨手
20.甲退步劈拳　　　　乙巧姐纫针
21.甲右步扳手炮　　　乙虚步架手
22.甲左步拘马拚　　　乙左步滚搥
23.甲寸步劈拳　　　　乙右步滚搥
24.乙寸步滚手炮　　　甲推手堵门腿
25.乙寸步崩拳　　　　甲垫步扳手
26.甲寸步扳手炮　　　乙虚步架手
27.甲寸步拘马拚　　　乙虚步推手
28.乙推窗望月　　　　甲提步刁手
29.甲寸步拘马拚　　　乙左步滚搥
30.甲寸步劈拳　　　　乙右步滚搥
31.乙寸步滚手炮　　　甲虚步推手
32.甲寸步崩拳　　　　乙虚步拨手
33.乙寸步贯耳　　　　甲虚步抽拳
34.甲寸步炮拳　　　　乙虚步拨手
35.收势

二、练法

（一）起势

甲前乙后，从西向东步入场地均面向南，二人间距约2米，甲出左步面向西，乙退右步面向东，二人对面出进步鼍形，以左三体式搭把（图5-62）。

（二）甲左虚步　乙右挑手

甲：左脚提成虚步。

乙：右手向前，将甲左手挑向右侧（图5-63）。

图5-62　　　　　　　　　图5-63

（三）甲左步崩拳　乙虚步推手

甲：左脚向前寸步，左手握立拳抽在心口前，右手出崩拳打乙心口。

乙：右脚退步带左脚提成虚步，左手从心口前向外推甲右拳（图5-64）。

（四）乙左步崩拳　甲虚步搂手

乙：左脚寸步，右手出崩拳打甲心口。

甲：右脚退步带左脚提成虚步，右手从心口前向侧后搂乙右拳（图5-65）。

图5-64　　　　　　　　　图5-65

（五）甲左步贯耳　乙左步崩拳

甲：左脚寸步，左掌上翻打乙右耳（图5-66）。

乙：右脚退步带左脚成虚步，右手翻起向外拨甲左掌，左脚向前寸步，左手出崩拳打甲心口（图5-67）。

图5-66

图5-67

（六）甲搂手贯耳　乙虚步拨手

甲：左手翻下，向外搂乙左拳，右脚上步，身略向左，右掌上翻打乙左耳。

乙：左脚提成虚步，左手翻起，向外拨甲右掌（图5-68）。

（七）乙右步贯耳　甲左步滚捶

乙：右脚上步，身略向左，右掌上翻打甲左耳。

甲：右脚退步，左脚提成虚步，两手握拳向上，从头左侧向外滚乙右掌（图5-69）。

图5-68

图5-69

（八）乙左步贯耳　甲右步滚捶

乙：左脚上步，身略向右，左掌上翻打甲右耳。

甲：左脚退步，右脚提成虚步，两手握拳向上，从头右侧向外滚乙左掌（图5-70）。

图5-70

（九）甲寸步滚手炮　乙虚步捋手

甲：右脚寸步，右拳翻下出滚手炮打乙心口。

乙：左脚退步带右脚提虚步，两手前出捋甲右拳（图5-71）。

（十）乙寸步捋手炮　甲虚步扳手

乙：右脚寸步，右捋手炮打甲心口。

甲：左脚退步带右脚提成虚步，右手扳乙右拳，左手压乙右腕上（图5-72）。

图5-71

图5-72

（十一）甲寸步扳手炮　乙虚步架手

甲：右脚寸步，右手握拳，出扳手炮打乙面部。

乙：左脚退步，带右腿提成虚步，右手上翻架甲右拳（图5-73）。

（十二）甲右步崩拳　乙退步鹰捉

甲：左手向前挑乙右手，右脚寸步，出右崩拳打乙心口。

图5-73

乙：右脚退步，身略向右，左手出鹰捉刁甲右拳（图5-74）。

（十三）甲右步劈拳　乙虚步拨手

甲：左手向外拨乙左手，左脚垫步，右脚上步，身略向左，出右拳劈乙左肩。

乙：右脚退步，带左脚提成虚步，左手翻起向外拨甲右拳，右拳抽在心口前（图5-75）。

图5-74

图5-75

（十四）甲右步穿掌　乙退虚步

甲：左手向前挑乙左手，右脚寸步，右掌从乙左掌下穿出劈乙左肩。

乙：右脚退步，带左脚提成虚步，（图5-76）。

图5-76

（十五）乙右步劈拳　甲虚步刁手

乙：右脚上步，身略向左，左手从上刁甲右掌，右手出里劈拳劈甲右肩。

甲：左脚退步，带右脚提成虚步，右手刁乙右劈拳（图5-77）。

（十六）甲左步反劈拳　乙虚步拨手

甲：左脚上步，身略向右，左拳反劈乙右肩。

乙：左脚退步，带右脚提成虚步，右手向外拨甲左拳（图5-78）。

图5-77

图5-78

（十七）乙左步翻手炮　甲虚步架拳

乙：左脚上步，左手压甲左腕，右手出翻手炮打甲面部。

甲：右脚退步，带左脚提成虚步，右拳翻起，架乙右拳（图5-79）。

（十八）甲右步撩阴　乙顺手牵羊

甲：左手向前挑乙右拳，向外压下，右脚上步，右手翻阳掌撩阴。

乙：右脚退步，身略向右，左手阳掌端甲右肘，右手阴掌扣甲右腕下撅（图5-80）。

图5-79　　　　　　　　图5-80

图5-81　　　　　　　　图5-82

（十九）甲左步劈拳　乙虚步拨手

甲：左脚上步，身略向右，左拳劈乙右肩。

乙：左脚退步，带右脚提成虚步，右手翻起向外拨甲左拳（图5-81）。

（二十）甲退步劈拳　乙巧姐纫针

甲：左脚退步，身略向左，右拳劈乙左肩。

乙：右掌向外拨甲右拳，左脚上步，左手立拳从右掌下打甲心口（图5-82）。

（二十一）甲右步扳手炮　乙虚步架手

甲：左脚退步，带右脚提成虚步，左手在前，右手在后，两手阴掌扳乙左拳（图5-83）。同时，右脚寸步，抽出右掌握拳打乙面部。

图5-83

乙：右脚退步，带左脚提成虚步，右手翻起，架甲右拳（图5-84）。

（二十二）甲左步拘马拚　乙左步滚捶

甲：左脚上步，左手挑乙右手外翻刁下，出右拘马拚劈挤乙左颈。

乙：左脚提成虚步，两手握拳向上，从头左侧向外滚甲右肱（图5-85）。

图5-84

图5-85

（二十三）甲寸步劈拳　乙右步滚捶

甲：左脚寸步，右手抽下，出左拳劈乙右肩。

乙：左脚退步，带右脚提成虚步，两手握拳向上，从头右侧向外滚甲左肱（图5-86）。

（二十四）乙寸步滚手炮　甲推手堵门腿

乙：右脚寸步，两拳翻下，左拳抽在心口前，右手出滚手炮打甲心口。

甲：右脚退步，带左脚提成虚步，左手向右推乙右肱，左脚站稳，右腿提横脚踢乙右腿廉骨（图5-87）。

图5-86

图5-87

（二十五）乙寸步崩拳　甲垫步扳手

乙：右拳抽回，右脚提起上寸步，出右崩拳打甲心口。

甲：右脚落下，垫步成左脚在前，身略向右，右手扳乙右拳，左手压乙右腕（图5-88）。

（二十六）甲寸步扳手炮　乙虚步架手

甲：左脚寸步，抽出右掌出扳手炮打乙面部。

乙：右脚提成虚步，右手上架甲拳（图5-89）。

图5-88

图5-89

（二十七）甲寸步拘马拚　乙虚步推手

甲：左脚寸步，左手挑乙右拳，右手拘马拚劈挤乙左颈。

乙：右脚退步，带左脚提成虚步，身微下缩，左臂架甲右肱，右手外推（图5-90）。

（二十八）乙推窗望月　甲提步刁手

乙：左脚寸步，左手横掌推甲右肋。

甲：右脚退步，带左脚提成虚步，右手鹰捉刁乙左腕，左手向外推乙左臂（图5-91）。

图5-90

（二十九）甲寸步拘马拚　乙左步滚捶

甲：左脚寸步，右手出拘马拚劈挤乙左颈。

乙：右脚退步，带左脚提成虚步，两手握拳向上，从头左侧向外滚甲右肱（图5-92）。

图5-91

图5-92

（三十）甲寸步劈拳　乙右步滚捶

甲：左脚寸步，左手出劈拳劈乙右肩。

乙：左脚退步，右脚提成虚步，身略向右，两手握拳向上，从头右侧向外滚甲左肱（图5-93）。

（三十一）乙寸步滚手炮　甲虚步推手

乙：右脚寸步，两拳从上翻下握成立拳，左拳抱在心口前，右

图5-93

手出滚手炮打甲心口。

甲：右脚退步，带左脚提成虚步，左掌向外推乙右拳（图5-94）。

（三十二）甲寸步崩拳　乙虚步拨手

甲：左脚寸步，右手崩拳打乙心口。

乙：右脚退步，左脚提成虚步，右手向外拨甲右拳（图5-95）。

图5-94

图5-95

（三十三）乙寸步贯耳　甲虚步抽拳

乙：左脚寸步，左手上翻打甲右耳。

甲：右脚退步，带左脚提虚步，回抽右拳（图5-96）。

（三十四）甲寸步炮拳　乙虚步拨手

甲：左脚寸步，右手向上拨乙左手，左手出拳打乙心口（图5-97）。

图5-96

图5-97

乙：右脚退步，带左脚提成虚步，左手翻下，向外拨甲左拳，右拳抽在心口前（图5-98）。

（三十五）收势

返回时，甲乙互换上下，练到原起势处。

甲：右手抽在心口前，左手翻起向前同乙左手搭把，眼视乙方。

乙：左脚前向寸步，左手翻起向前同甲左手搭把，眼视甲方（图5-99）。

图5-98

图5-99

三、要领

此拳以甲方攻中有防、乙方防中有攻为特点。身法讲究侧身调膀，吞吐趋避；步法则讲究寸步、虚步、带步。后步带前步，前步成虚步可泄对方来劲，寸步则有利反击。拘马拚、巧姐纫针、推窗望月以及堵门腿和各种炮法都各有妙用。只有反复练习，方能逐步掌握要领。

四、歌诀

出势罴形左右分，搭把乙挑甲拳崩。
双方崩拳又贯耳，滚捶炮法扑面攻。
连劈反劈拳掌进，顺手牵羊破撩阴。
巧姐纫针破劈拳，拘马拚法鬼神惊。
堵门一腿扳手炮，推窗望月防中攻。
挨身近打连环演，此拳技法妙无穷。

第六节　连环手

此拳以多种连环手法组合而成，故名"连环手"。甲乙二人同时出右三体式，对面相视搭把起势。

一、名称
1. 起势：右三体式（甲乙同）

上方	下方
2. 甲左步卡面捶	乙退步托手
3. 甲寸步推手	乙寸步推手
4. 甲右步虎形	乙退步刁手
5. 甲调步偏虎形	乙退步撅手
6. 甲左步肘打	乙左步托肘
7. 甲反背打鬓	乙翻拳上架
8. 甲翻拳打股	乙翻拳下截
9. 甲反背打鬓	乙端肱捋臂
10. 甲翻身甩捶	乙退步架手
11. 甲进步打肋	乙右步挎肘
12. 乙寸步打胸	甲虚步拨手
13. 甲右步打鬓	乙退步劈捶
14. 乙右步打鬓	甲退步劈捶
15. 乙翻拳打鬓	甲虚步拨手
16. 甲寸步打胸	乙退步劈捶
17. 乙寸步打鬓	甲退步劈捶
18. 乙寸步打鬓	甲虚步拨手

19. 甲寸步打胸　　　乙退步劈捶
20. 收势

二、练法

（一）起势

甲前乙后从西向向东步入场地，甲乙同时右转面南，二人相距约0.5米站立（图5-100）。甲退左步面西，乙出右步面东，二人对面均出右三体式搭把，如（图5-101）。

图5-100

图5-101

（二）甲左步卡面捶　乙退步托手

甲：左手向前扳下乙右手，抱在心口前，左脚上步，右手出卡面捶打乙鼻尖。

乙：右脚退步，身略向右，右手抽在心口前，左手向前托甲右腕（图5-102）。

图5-102

（三）甲寸步推手　乙寸步推手

甲：左脚向前寸步，左手向前挑乙左手，顺势用横掌向前推乙左肱，身微前俯，右掌抽在心口前。

乙：左脚提成虚步，左手随甲手吞在心口前（图5-103）。

乙：左脚向前寸步，左手横掌向前推甲左肱，身微前俯。

甲：左脚提成虚步，左手随乙手吞在心口前（图5-104）。

图5-103

图5-104

（四）甲右步虎形　乙退步刁手

甲：右手向前挑开乙手，右脚从中门上步，两手出虎形向前推击乙胸。

乙：左脚退步，身略向左，两手随对方来劲顺势向左侧刁甲两腕（图5-105）。

（五）甲调步偏虎形　乙退步撅手

甲：左脚向左侧插步，右脚跟进，成左半马步，两手翻起压乙右手，顺势从右侧出偏虎形推乙右肋。

乙：右脚退步，身略向右，两手齐出，左手在前，右手在后，刁甲右腕，顺势后撅（图5-106）。

图5-105

图5-106

图5-107

（六）甲左步肘打　乙左步托肘

甲：左脚寸步，左手翻起，托乙右手，左肱屈回肘击乙胸，右手顶住左拳。

乙：左脚提成虚步，两手翻起，从胸前托甲左肘（图5-107）。

（七）甲反背打鬓　乙翻拳上架

甲：右拳抱在心口前，左手上翻，出反背捶打乙左鬓。

乙：左手握拳，屈肘上翻架甲左拳，右拳抱在心口前（图5-108）。

（八）甲翻拳打股　乙翻拳下截

甲：左拳翻下，拳心向外，打乙左大腿外侧。

乙：左拳随甲拳翻下，架甲左拳（图5-109）。

图5-108

图5-109

（九）甲反背打鬓　乙端肱捋臂

甲：左拳上翻，出反背捶打乙左鬓。

乙：左脚退步，左拳随甲拳上翻，架甲左拳，翻掌刁甲左腕，右手捋甲左上臂（图5-110）。

（十）甲翻身甩捶　乙退步架手

甲：右脚后插，向右转身180°，翻出右拳打乙右鬓，左拳抱在心口前，身略向左。

乙：右脚提成虚步，两手松开，翻起右拳架甲右拳，身略向左，左拳抱在心口前（图5-111）。

图5-110

图5-111

（十一）甲进步打肋　右步挎肘

甲：左脚向乙右脚外侧上步，身略向右，左手立拳打乙右肋，右拳抱在心口前。

乙：右脚提成虚步，右拳抽回，用肘挎甲左拳（图5-112）。

图5-112

（十二）乙寸步打胸　甲虚步拨手

乙：右脚寸步，右手立拳直打甲胸。

甲：左脚提虚步，左手向外拨乙右拳（图5-113）。

（十三）甲右步打鬓　乙退步劈捶

甲：右脚上步，身略向左，右拳上翻，出反背捶打乙右鬓（图5-114）。

图5-113

图5-114

乙：右脚退步，左手翻起刁甲右腕，右拳翻起劈甲右臂（图5-115）。

（十四）乙右步打鬓　甲退步劈捶

乙：右脚上步，身略向左，左立拳抽在心口前，右拳翻起，出反背捶打甲右鬓（图5-116）。

图5-115

图5-116

甲：右脚退步，右拳外拨，抽在心口前，左拳翻起，劈乙右拳（图5-117）。

（十五）乙翻拳打鬓　甲虚步拨手

乙：右拳翻起，打甲左鬓。

甲：左脚提虚步，左拳翻起，向外拨乙右拳（图5-118）。

图5-117

图5-118

（十六）甲寸步打胸　乙退步劈捶

甲：左脚寸步，左手立拳直打乙胸。

乙：右脚退步，身略向右，左拳翻起，劈甲左拳，右拳抽在心口前（图5-119）。

（十七）乙寸步打鬓　甲退步劈捶

乙：左脚寸步，左拳翻起，打甲右鬓。

甲：左脚退步，身略向左，右拳从外翻起，劈乙左拳（图5-120）。

图5-119

图5-120

（十八）乙寸步打鬓　甲虚步拨手

乙：左脚寸步，左拳从外翻起，打甲右鬓。

甲：右脚提成虚步，右拳上翻，向外拨乙左拳（图5-121）。

（十九）甲寸步打胸　乙退步劈捶

甲：右脚寸步，右拳里翻，直打乙胸。

乙：左脚退步，身略向左，右拳翻起，劈甲右拳，左拳抽在心口前（图5-122）。

图5-121

图5-122

（二十）收势

甲：右步在前，右拳外旋，翻掌与乙右手搭把，眼视乙方。

乙：右步在前，右拳外旋，翻掌与甲右手搭把，眼视甲方（图5-123）。返回时，甲乙互换上下，练法同前。练到原起势处。

图5-123

甲：左手挑乙右手，左脚前踢乙裆。

乙：右脚退步，左手扣下拍甲左脚（图5-124）。

甲：左手前出与乙左手相磕，以右脚为轴，左脚提起，从右向后转身360°，出右三体式收势。

乙：左手前出与甲左手相磕，以右脚为轴，左脚提起，转身360°，与甲相对出右三体式收势（图5-125）。

图5-124

图5-125

三、要领

1.此对练套路中的虎形用法有二：一为正面虎形，从中门而入；二为侧面虎形，从对方身侧而进。虎形破法虽有不同，但顺其势以化来劲，其理则一。

2.打鬓打股，双方手法相同。打鬓时上架，打股时下截，为本拳两种不同的顾法。

3.端肱捋臂，乃一擒拿手法。务要防其翻身甩打，步法要活。
4.劈捶打鬓诸法，都要与步法紧密结合，方能行之有效。
5.此拳以右三体式出势，旨在适应势法之变化。

四、歌诀

　　右式出势甲击鼻，乙出托手甲推乙。
　　乙反推甲甲虎形，乙急退步双手托。
　　甲再调步偏虎形，乙用撅手不费力。
　　甲用肘打乙托肘，打鬓打股上下击。
　　翻身甩捶用架手，劈捶打鬓打胸肋。
　　甲乙换势再演练，连环手法拳奇特。

第七节　九套环

　　此拳以连环捶、五花炮、滚翻捶、扯钻捶等九个套路连环组合而成，故名"九套环"。每个套路中，甲乙互有上下，有如九套连环，一环紧扣一环。拳式紧凑，内容复杂，是难度较大的对练套路之一。甲乙二人同时出右三体式，对面相视搭把起势。

一、名称

第一套　连环捶

1.起势：右三体式（甲乙同）

上方	下方
2.甲寸步挑手掏心捶	乙虚步扳手
3.乙寸步扳手炮	甲虚步架手
4.乙寸步挑手掏心捶	甲退步刁手
5.乙寸步卡面捶	甲退步架手

6.乙寸步挑手卡面捶　　　　　甲虚步架手
7.甲左步钓鱼捶　　　　　　　乙虚步挎肘
8.乙寸步掏心捶　　　　　　　甲虚步刁手
9.甲寸步卡面捶　　　　　　　乙退步托手

第二套　五花炮

1.甲右步裹拳卡面捶　　　　　乙退步托手
2.甲挑手践拳　　　　　　　　乙虚步拨手
3.甲劈拳反背捶　　　　　　　乙侧身拨手
4.甲左步裹拳卡面捶　　　　　乙退步托手
5.甲挑手践拳　　　　　　　　乙虚步拨手
6.甲劈拳反背捶　　　　　　　乙侧身拨手
7.乙右步裹拳卡面捶　　　　　甲退步托手
8.乙挑手践拳　　　　　　　　甲虚步拨手
9.乙劈拳反背捶　　　　　　　甲侧身拨手
10.乙左步裹拳卡面捶　　　　　甲退步托手
11.乙挑手践拳　　　　　　　　甲虚步拨手
12.乙劈拳反背捶　　　　　　　甲侧身拨手

第三套　滚翻捶

1.甲左步贯耳　　　　　　　　乙虚步滚捶
2.乙寸步栽捶　　　　　　　　甲虚步刁手
3.甲右步贯耳　　　　　　　　乙虚步刁手
4.乙寸步打股　　　　　　　　甲裹拳下截
5.乙反背打鬓　　　　　　　　甲翻手上架
6.乙进步打股　　　　　　　　甲退步下截
7.乙反背打鬓　　　　　　　　甲翻手上架

第四套　扯钻捶

1.乙寸步掏心捶　　　　　　　甲虚步横拳

2.乙寸步卡面捶　　　　　甲虚步架手
3.甲寸步掏心捶　　　　　乙虚步横拳
4.甲寸步卡面捶　　　　　乙虚步架手
5.乙寸步掏心捶　　　　　甲虚步横拳
6.乙寸步卡面捶　　　　　甲虚步架手
7.甲寸步掏心捶　　　　　乙虚步横拳
8.甲寸步卡面捶　　　　　乙虚步架手
9.甲挑手踢裆　　　　　　乙退步拍脚
10.乙左步贯耳　　　　　甲退步扳手
11.甲右步悠捶　　　　　乙虚步架手
12.乙右步掏心捶　　　　甲虚步扳手
13.甲寸步扳手炮　　　　乙虚步架手
14.甲右步掏心捶　　　　乙退步刁手
15.甲左步卡面捶　　　　乙虚步架手

第五套　五花炮

1.乙右步裹拳卡面捶　　　甲退步托手
2.乙挑手践拳　　　　　　甲虚步拨手
3.乙劈拳反背捶　　　　　甲侧身拨手
4.乙左步裹拳卡面捶　　　甲退步托手
5.乙挑手践拳　　　　　　甲虚步拨手
6.乙劈拳反背捶　　　　　甲侧身拨手
7.甲右步裹拳卡面捶　　　乙退步托手
8.甲挑手践拳　　　　　　乙虚步拨手
9.甲劈拳反背捶　　　　　乙侧身拨手
10.甲左步裹拳卡面捶　　乙退步托手
11.甲挑手践拳　　　　　乙虚步拨手
12.甲劈拳反背捶　　　　乙侧身拨手

第六套　滚翻捶

1. 乙左步贯耳　　　　　　甲虚步滚捶
2. 甲寸步栽捶　　　　　　乙虚步刁手
3. 乙右步贯耳　　　　　　甲虚步刁手
4. 甲寸步打股　　　　　　乙裹拳下截
5. 甲反背打鬓　　　　　　乙翻手上架
6. 甲进步打股　　　　　　乙退步下截
7. 甲反背打鬓　　　　　　乙翻手上架

第七套　扯钻捶

1. 甲寸步掏心捶　　　　　乙虚步横拳
2. 甲寸步卡面捶　　　　　乙虚步架手
3. 乙寸步掏心捶　　　　　甲虚步横拳
4. 乙寸步卡面捶　　　　　甲虚步架手
5. 甲寸步掏心捶　　　　　乙虚步横拳
6. 甲寸步卡面捶　　　　　乙虚步架手
7. 乙寸步掏心捶　　　　　甲虚步横拳
8. 乙寸步卡面捶　　　　　甲虚步架手
9. 乙挑手踢裆　　　　　　甲退步拍脚
10. 甲左步贯耳　　　　　　乙退步扳手
11. 乙右步悠捶　　　　　　甲虚步架手
12. 甲右步掏心捶　　　　　乙虚步扳手
13. 乙寸步扳手炮　　　　　甲虚步架手
14. 乙右步掏心捶　　　　　甲退步刁手
15. 乙左步卡面捶　　　　　甲虚步架手

第八套　五花炮

1. 甲右步裹拳卡面捶　　　乙退步托手
2. 甲挑手践拳　　　　　　乙虚步拨手

3. 甲劈拳反背捶　　　　　　乙侧身拨手
4. 甲左步裹拳卡面捶　　　　乙退步托手
5. 甲挑手践拳　　　　　　　乙虚步拨手
6. 甲劈拳反背捶　　　　　　乙侧身拨手
7. 乙右步裹拳卡面捶　　　　甲退步托手
8. 乙挑手践拳　　　　　　　甲虚步拨手
9. 乙劈拳反背捶　　　　　　甲侧身拨手
10. 乙左步裹拳卡面捶　　　　甲退步托手
11. 乙挑手践拳　　　　　　　甲虚步拨手
12. 乙劈拳反背捶　　　　　　甲侧身拨手

第九套　滚翻捶

1. 甲左步贯耳　　　　　　　乙虚步滚捶
2. 乙寸步栽捶　　　　　　　甲虚步刁手
3. 甲右步贯耳　　　　　　　乙虚步刁手
4. 乙寸步打股　　　　　　　甲脱手下截
5. 乙反背打鬓　　　　　　　甲翻手上架
6. 收势

二、练法

第一套　连环捶

（一）起势

同本章第六节"连环手"起势（图5-126）。

（二）甲寸步挑手掏心捶　乙虚步扳手

甲：左手挑开乙右手，右脚向前寸步，左手立拳护在心口前，右手出掏心捶打乙心口。

乙：左脚退步，带右脚提成虚步，两手齐向前出阴掌扳下甲拳（图5-127）。

图5-126

图5-127

（三）乙寸步扳手炮　甲虚步架手

乙：右脚向前寸步，左手扳甲右拳，右拳打甲面部。

甲：左脚退步，带右脚提成虚步，右手架乙右拳（图5-128）。

（四）乙寸步挑手掏心捶　甲退步刁手

乙：左手挑甲右手，右脚向前寸步，右手抽下，出掏心捶打甲心口。

甲：右脚退步，身略向右，右手立拳护在心口前，左手鹰捉刁乙右手腕（图5-129）。

图5-128

图5-129

（五）乙寸步卡面捶　甲退步架手

乙：右脚向前寸步，左手托甲左手，右拳上翻，出卡面捶打甲鼻尖。

甲：左脚退步，身略向左，左手立拳护在心口前，右拳向上，屈肘架乙右拳（图5-130）。

（六）乙寸步挑手卡面捶　甲虚步架手

乙：右脚向前寸步，左手向上挑甲右拳，右拳连环出卡面捶打甲鼻尖。

甲：右脚提成虚步，右拳连环向上架乙右拳（图5-131）。

图5-130　　　　　图5-131

（七）甲左步钓鱼锤　乙虚步挎肘

甲：左脚进步，身略向右，左手出钓鱼捶打乙右肋，右拳护在心口前。

乙：右脚提成虚步，右肱屈肘抽回向外挎甲左拳，左手立拳护在心口前（图5-132）。

图5-132

（八）乙寸步掏心捶　甲虚步刁手

乙：右脚向前寸步，右肱前伸，出掏心捶打甲心口。

甲：左脚提成虚步，左手翻下，鹰捉刁乙右腕（图5-133）。

（九）甲寸步卡面捶　乙退步托手

甲：左脚向前寸步，出右卡面捶打乙鼻尖。

乙：右脚退步，身略向右，左手向上托甲右拳，右手立拳护在心口前（图5-134）。

图5-133

图5-134

第二套　五花炮

（一）甲右步裹拳卡面捶　乙退步托手

甲：左脚向乙左脚外侧插步，挤乙左腿，右脚上步；同时，左手翻下，刁乙左腕，右手裹拳压乙左腕，身略向左。

乙：左脚向后退步，身略向左（图5-135）。

甲：左手从胸前翻起卡面捶打乙鼻尖。

图5-135

乙：左手立拳抽在心口前，右手从口前伸出卡甲左拳（图5-136）。

（二）甲挑手践拳　乙虚步拨手

甲：右手挑乙右手，左手立拳打乙右肋。

乙：右脚提成虚步，右手内旋，向外拨甲左拳（图5-137）。

图5-136

图5-137

（三）甲劈拳反背捶　乙侧身拨手

甲：左手鹰捉刁乙右腕，右手从口前出立拳劈乙右肩。

乙：向右侧身闪开甲右劈拳（图5-138）。

甲：右手翻起反背捶打乙右鬓。

乙：右手上翻立掌，从头右侧向外拨甲右拳（图5-139）。

图5-138

图5-139

（四）甲左步裹拳卡面捶　乙退步托手

与本节本套（一）练法同，唯左右有别（图5-140、141）。

图5-140

图5-141

（五）甲挑手践拳　乙虚步拨手

与本节、本套（二）练法同，唯左右有别（图5-142）。

（六）甲劈拳反背捶　乙侧身拨手

与本节、本套（三）练法同，唯左右有别（图5-143、144）。

图5-142

图5-143

图5-144

（七）乙右步裹拳卡面捶　甲退步托手

与本节、本套（一）练法同，但甲乙须交换上下（图5-145、146）。

图5-145

图5-146

（八）乙挑手践拳　甲虚步拨手

与本节、本套（二）练法同，甲乙交换上下（图5-147）。

（九）乙劈拳反背捶　甲侧身拨手

与本节、本套（三）练法同，甲乙交换上下（图5-148、149）。

图5-147

（十）乙左步裹拳卡面捶　甲退步托手

与本节、本套（四）练法同，甲乙交换上下（图5-150、151）。

图5-148

图5-149

图5-150

图5-151

（十一）乙挑手践拳　甲虚步拨手

与本节、本套（五）练法同，甲乙交换上下（图5-152）。

（十二）乙劈拳反背捶　甲侧身拨手

与本节、本套（六）练法同，甲乙交换上下（图5-153、154）。

图5-152

图5-153

图5-154

第三套　滚翻捶

（一）甲左步贯耳　乙虚步滚捶

甲：右手刁乙左腕，左脚上步，身略向右，左掌翻起打乙右耳。

乙：左脚退步，右脚提成虚步，两手握拳向上，从头右侧向外滚甲左掌（图5-155）。

（二）乙寸步栽捶　甲虚步刁手

乙：两拳翻下，左拳压甲臂弯，右拳从左拳上翻出阴拳，打甲左胸，右脚向前寸步。

甲：左脚提成虚步，左手翻出鹰捉刁乙右腕（图5-156）。

图5-155

图5-156

（三）甲右步贯耳　乙虚步刁手

甲：右脚上步，身略向左，右拳向上翻起，打乙左耳。

乙：右脚提成虚步，左手向上翻出，鹰捉刁甲右腕（图5-157）。

（四）乙寸步打股　甲裹拳下截

乙：右拳脱下，打甲右股里侧，右脚向前寸步，左手立拳护在心口前。

甲：右拳滚脱，裹回截乙右拳，左手翻立拳护在心口前（图5-158）。

（五）乙反背打鬓　甲翻手上架

乙：右拳翻起反背捶，打甲右鬓。

甲：右拳翻起，架乙右拳（图5-159）。

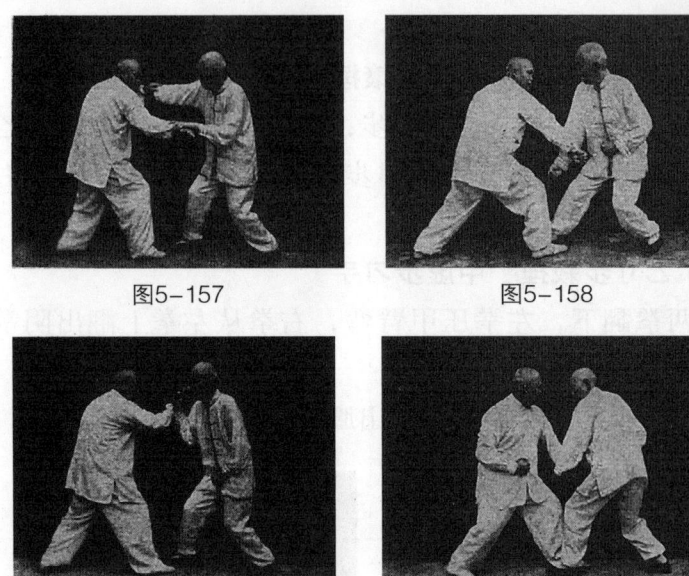

图5-157　　　　　　　图5-158

图5-159　　　　　　　图5-160

（六）乙进步打股　甲退步下截

乙：左手挑甲右拳，左脚向前进步，身略向右，左拳翻下，打甲左股里侧，右手立拳护在心口前。

甲：右脚退步，身略向右，左拳翻下，截乙左拳（图5-160）。

图5-161

（七）乙反背打鬓　甲翻手上架

乙：左拳翻起反背捶，打甲左鬓，右手立拳护在心口前。

甲：左拳翻起，架乙左拳（图5-161）。

第四套　扯钻捶

（一）乙寸步掏心捶　甲虚步横拳

乙：与甲搭把，左脚寸步，身略向左，右手出掏心捶打甲心口，左手立拳护在心口前。

甲：与乙搭把后，左脚提成虚步，左手横压乙右拳（图5-162）。

（二）乙寸步卡面捶　甲虚步架手

乙：左脚寸步，左手出卡面捶，打甲鼻尖，右手立拳护在心口前。

甲：右脚退步，带左脚提成虚步，左拳翻起，架乙左拳，右拳护在心口前（图5-163）。

图5-162

（三）甲寸步掏心捶　乙虚步横拳

甲：左脚寸步，右手出掏心捶打乙心口，左手立拳护在心口前。

乙：左脚提虚步，左手横拳压甲右拳（图5-164）。

图5-163

图5-164

（四）甲寸步卡面捶　乙虚步架手

甲：左脚寸步，左手出卡面捶，打乙鼻尖，右手立拳护在心口前。

乙：右脚退步，带左脚提成虚步，左拳翻起，上架甲捶，右手立拳护在心口前（图5-165）。

（五）乙寸步掏心捶　甲虚步横拳

与本节、本套扯钻捶（一）练法同（图5-166）。

图5-165　　　　　　　　　图5-166

（六）乙寸步卡面捶　甲虚步架手

与本节、本套扯钻捶（二）练法同（图5-167）。

（七）甲寸步掏心捶　乙虚步横拳

与本节、本套扯钻捶（三）练法同（图5-168）。

图5-167　　　　　　　　　图5-168

（八）甲寸步卡面捶　乙虚步架手

与本节、本套扯钻捶（四）练法同（图5-169）。

（九）甲挑手踢裆　乙退步拍脚

甲：右手挑乙左拳向外压下，右脚向前弹踢乙裆。

乙：左脚退步，右手扣下，拍甲右脚（图5-170）。

甲：右脚向前落步，出右手搭把。

乙：右手翻起，刁甲右腕，二人成右步右手搭把（图5-171）。

图5-169

图5-170

图5-171

图5-172

（十）乙左步贯耳　甲退步扳手

乙：左脚上步，身略向右，左拳翻起，打甲右耳，右手立拳护在心口前。

甲：右脚退步，身略向右，左掌翻起，扳乙左拳（图5-172）。

（十一）甲右步悠捶　乙虚步架手

甲：右脚上步，右拳从身后翻起，抡向前方，打乙头顶，左手立拳护在心口前。

乙：左脚提回成虚步，左拳架甲右拳（图5-173）。

（十二）乙右步掏心捶　甲虚步扳手

乙：右脚上步，身略向左，右手出掏心捶打甲心口。

甲：右脚提成虚步，两手齐出，右手在前，左手在后，扳乙右拳（图5-174）。

图5-173

图5-174

图5-175

图5-176

（十三）甲寸步扳手炮　乙虚步架手

甲：右脚寸步，右手握拳出扳手炮打乙面部。

乙：右脚提成虚步，右拳翻起，架甲右拳（图5-175）。

（十四）甲右步掏心捶　乙退步刁手

甲：左手向前挑乙右手，右脚寸步，身略向左，右手出掏心捶打乙心口，左拳护在心口前。

乙：右脚退步，身略向右，左手鹰捉刁甲右腕，右拳护在心口前（图5-176）。

（十五）甲左步卡面捶　乙虚步架手

甲：左手托乙左手，脱出右拳，出卡面捶打乙鼻尖，同时，左脚上步。

乙：左脚提成虚步，右手翻起，架甲右拳（图5-177）。

图5-177

第五套　五花炮

以下甲乙交换上下，练法同本节第二套。

（一）乙右步裹拳卡面捶　甲退步托手

与本节第二套（一）练法同（图5-178、179）。

图5-178

图5-179

（二）乙挑手践拳　甲虚步拨手

与本节第二套（二）练法同（图5-180）。

（三）乙劈拳反背捶　甲侧身拨手

与本节第二套（三）练法同（图5-181、182）。

图5-180

图5-181

图5-182

（四）乙左步裹拳卡面捶　甲退步托手

与本节第二套（四）练法同（图5-183、184）。

图5-183

图5-184

（五）乙挑手践拳　甲虚步拨手

与本节第二套（五）练法同（图5-185）。

（六）乙劈拳反背捶　甲侧身拨手

与本节第二套（六）练法同（图5-186、187）。

图5-185

图5-186

图5-187

图5-188

图5-189

以下同本节第二套练法。

（七）甲右步裹拳卡面捶　乙退步托手

与本节第二套（一）练法同（图5-188、189）。

（八）甲挑手践拳　乙虚步拨手

与本节第二套（二）练法同（图5-190）。

图5-190

（九）甲劈拳反背捶　乙侧身拨手

与本节第二套（三）练法同（图5-191、192）。

图5-191

图5-192

图5-193

图5-194

（十）甲左步裹拳卡面捶　乙退步托手

与本节第二套（四）练法同（图5-193、194）。

（十一）甲挑手践拳　乙虚步拨手

与本节第二套（五）练法同（图5-195）。

（十二）甲劈拳反背捶　乙侧身拨手

与本节第二套（六）练法同（图5-196、197）。

图5-195

图5-196

图5-197

第六套　滚翻捶

同本节第三套练法。由乙上甲下始，最后以乙翻手上架二人搭把结束。

（一）乙左步贯耳　甲虚步滚捶

与本节第三套（一）练法同（图5-198）。

（二）甲寸步栽捶　乙虚步刁手

与本节第三套（二）练法同（图5-199）。

图5-198

图5-199

（三）乙右步贯耳　甲虚步刁手

与本节第三套（三）练法同（图5-200）。

（四）甲寸步打股　乙裹拳下截

与本节第三套（四）练法同（图5-201）。

图5-200

图5-201

（五）甲反背打鬓　乙翻手上架

与本节第三套（五）练法同（图5-202）。

（六）甲进步打股　乙退步下截

与本节第三套（六）练法同（图5-203）。

图5-202

图5-203

（七）甲反背打鬓　乙翻手上架

与本节第三套（七）练法同（图5-204）。

图5-204

第七套　扯钻捶

同本节第四套练法。由甲上乙下开始。

（一）甲寸步掏心捶　乙虚步横拳

与本节第四套（三）练法同（图5-205）。

（二）甲寸步卡面捶　乙虚步架手

与本节第四套（四）练法同（图5-206）。

（三）乙寸步掏心捶　甲虚步横拳

与本节第四套（一）练法同（图5-207）。

（四）乙寸步卡面捶　甲虚步架手

与本节第四套（二）练法同（图5-208）。

图5-205

图5-206

图5-207

图5-208

图5-209

（五）甲寸步掏心捶　乙虚步横拳

与本节第四套（三）练法同（图5-209）。

（六）甲寸步卡面捶　乙虚步架手

与本节第四套（四）练法同（图5-210）。

（七）乙寸步掏心捶　甲虚步横拳

与本节第四套（一）练法同（图5-211）。

图5-210

图5-211

（八）乙寸步卡面捶　甲虚步架手

与本节第四套（二）练法同，（图5-212）。

以下同本节第四套（九）-（十五）练法，甲乙交换上下。

（九）乙挑手踢裆　甲退步拍脚

与本节第四套（九）练法同（图5-213、214）。

图5-212

图5-213

图5-214

（十）甲左步贯耳　乙退步扳手

与本节第四套（十）练法同（图5-215）。

（十一）乙右步悠捶　甲虚步架手

与本节第四套（十一）练法同（图5-216）。

图5-215

图5-216

（十二）甲右步掏心捶　乙虚步扳手

与本节第四套（十二）练法同（图5-217）。

（十三）乙寸步扳手炮　甲虚步架手

与本节第四套（十三）练法同（图5-218）。

图5-217

图5-218

（十四）乙右步掏心捶　甲退步刁手

与本节第四套（十四）练法同（图5-219）。

（十五）乙左步卡面捶　甲虚步架手

与本节第四套（十五）练法同（图5-220）。

图5-219　　　　　　　图5-220

第八套　五花炮

（一）甲右步裹拳卡面捶　乙退步托手

与本节第二套（一）练法同（图5-221、222）。

图5-221　　　　　　　图5-222

（二）甲挑手践拳　乙虚步拨手

与本节第二套（二）练法同（图5-223）。

（三）甲劈拳反背捶　乙侧身拨手

与本节第二套（三）练法同（图5-224、225）。

图5-223

（四）甲左步裹拳卡面捶　乙退步托手

与本节第二套（四）练法同（图5-226、227）。

289

图5-224

图5-225

图5-226

图5-227

（五）甲挑手践拳　乙虚步拨手

与本节第二套（五）练法同（图5-228）。

（六）甲劈拳反背捶　乙侧身拨手

与本节第二套（六）练法同（图5-229、230）。

图5-228

图5-229

图5-230

以下同本节第二套（一）至（六）练法，甲乙交换上下。

（七）乙右步裹拳卡面捶　甲退步托手

与本节第二套（一）练法同（图5-231、232）。

图5-231

图5-232

（八）乙挑手践拳　甲虚步拨手

与本节第二套（二）练法同（图5-233）。

（九）乙劈拳反背捶　甲侧身拨手

与本节第二套（三）练法同（图5-234、235）。

图5-233

图5-234

图5-235

（十）乙左步裹拳卡面捶　甲退步托手

与本节第二套（四）练法同（图5-236、237）。

图5-236

图5-237

（十一）乙挑手践拳　甲虚步拨手

与本节第二套（五）练法同（图5-238）。

（十二）乙劈拳反背捶　甲侧身拨手

与本节第二套（六）练法同（图5-239、240）。

图5-238

图5-239

图5-240

第九套 滚翻捶

（一）甲左步贯耳　乙虚步滚捶

与本节第三套（一）练法同（图5-241）。

（二）乙寸步栽捶　甲虚步刁手

与本节第三套（二）练法同（图5-242）。

图5-241

图5-242

（三）甲右步贯耳　乙虚步刁手

与本节第三套（三）练法同（图5-243）。

（四）乙寸步打股　甲脱手下截

与本节第三套（四）练法同（图5-244）。

图5-243

图5-244

（五）乙反背打鬓　甲翻手上架

与本节第三套（五）练法同（图5-245）。

（六）收势

与第六节连环手收势同（图5-246、247）。

图5-245

图5-246

图5-247

三、要领

此拳之打法、顾法，每套中各有重点。如连环捶以掏心捶、卡面捶为主要打法，以架手、刁手为主要顾法；五花炮则以钻拳、裹拳、践拳、劈拳、反背拳为主要打法，架手、拨手、侧身为主要顾法。滚翻捶以打鬓、打股、上下滚翻为打顾之法，扯钻捶则以掏心捶、卡面捶、上架下压，互为攻防，寓"扯钻"之意。悠捶盖顶为技击名家李复祯的特技，是形意拳中难度较大的拳法之一。步法中的寸步、带步各有独特的妙用，进退迅速，一动即至。充分掌握以上要领，形意技艺益精无疑。

四、歌诀

右式出势抢中门，掏心卡面双方用。
钓鱼捶法直打肋，五花炮拳势法凶。
贯耳滚捶带栽捶，打鬓打股上下攻。
双方扯钻拳法毒，悠捶盖顶似雷轰。
滚翻捶拳顾中打，扳手一炮鬼神惊。
九个套路连成环，打顾兼备技法灵。

第八节 十二连捶

此拳以进攻之一方用十二种捶（拳）法连连进击为特色，故称"十二连捶"。甲乙二人同时出左三体式，对面相视搭把起势。

一、名称
1. 起势：左三体式（甲乙同）

上方	下方
2. 甲寸步混元捶	乙虚步扳手
3. 乙右步扳手炮	甲虚步架手
4. 甲寸步践捶	乙虚步搂手
5. 乙左步贯耳	甲虚步滚捶
6. 甲寸步栽捶	乙拨手崩拳
7. 甲右步指裆捶	乙顺手牵羊
8. 甲横捶卡面捶	乙托手贯耳
9. 甲左步炮捶	乙虚步搂手
10. 甲右步反背捶	乙退步架拳
11. 甲左步掏心捶	乙搂手托胸
12. 甲跳换步悠捶	乙右步炮拳
13. 甲左步扳拦捶	乙左步横拳

14. 收势

二、练法
（一）起势

同本章第一节"五花炮"（图5-248）。

（二）甲寸步混元捶　乙虚步扳手

甲：左脚寸步，右掌挑开乙手握立拳，左掌扣在右腕上，右拳出混元捶向前顶乙心口。

乙：左脚提成虚步吞进，两掌扳下甲拳（图5-249）。

（三）乙右步扳手炮　甲虚步架手

乙：右脚进步，右手握拳出扳手炮打甲面部。

图5-248

图5-249

甲：左脚虚步，右拳架乙右拳（图5-250）。

（四）甲寸步践捶　乙虚步搂手

甲：左脚寸步，出左践捶打乙右肋。

乙：右脚虚步，右手向外搂甲左拳（图5-251）。

图5-250

图5-251

（五）乙左步贯耳　甲虚步滚捶

乙：左脚上步，出左掌打甲右耳。

甲：左脚退步，右脚提成虚步，两手握拳向上，从头右侧向外滚乙左掌（图5-252）。

（六）甲寸步栽捶　乙拨手崩拳

甲：右脚寸步，出右栽捶打乙胸部，左拳抽在心口前。

乙：左脚提成虚步，左拳向外拨甲右拳（图5-253）。

图5-252

图5-253

顺势进右步，出右崩拳打甲心口（图5-254）。

（七）甲右步指裆捶　乙顺手牵羊

甲：左脚带右脚退步，脚掌右拧，微下蹲，左掌叉乙右拳，顺势出右指裆捶经左掌背击乙下腹（图5-255）。

图5-254

图5-255

乙：右拳翻掌刁甲右腕，左掌扣甲右肘弯，右脚向后退步，两掌用力顺势撅下（图5-256）。

（八）甲横捶卡面捶　乙托手贯耳

甲：左脚上步，左手横捶向外压乙左掌，右手翻阴掌刁扣乙左腕。右脚上步，右手出卡面捶打乙鼻尖。

乙：左脚退步，右手托甲右腕，左掌打甲右耳（图5-257）。

图5-256

图5-257

（九）甲左步炮捶　乙虚步搂手

甲：右拳翻掌向右侧刁乙左腕，左脚上步，出左拳打乙心口。

乙：右脚退步，右手外搂甲拳（图5-258）。

（十）甲右步反背捶　乙退步架拳

甲：右脚上步，左拳扣在心口前，右手用反背捶打乙左鬓。

乙：左脚退步，左拳架甲右拳（图5-259）。

图5-258

图5-259

（十一）甲左步掏心捶　乙搂手托胸

甲：左脚上步，出左掏心捶打乙心口。

乙：右脚退步，右掌搂甲左拳（图5-260）。

左脚寸步，顺势出左掌托击甲胸（图2-261）。

图5-260　　　　　　　　图5-261

（十二）甲跳换步悠捶　乙右步炮拳

甲：两脚齐跳，换成右脚在前，左拳从上压下乙掌，右拳从后向上悠起砸乙头顶。

乙：左脚退步，左掌握拳向上架甲悠捶，出右寸步用右拳打甲心口（图5-262）。

（十三）甲左步扳拦捶　乙左步横拳

甲：右脚退步，右掌后扳乙拳，左脚寸步，左肱压乙右肱，顺势用左拳打乙心口（图5-263）。

图5-262　　　　　　　　图5-263

乙：右脚退步吞进，左脚上步，左横拳压下甲拳（图5-264）。

（十四）收势

甲乙同时提回左脚，抽回左拳，再出左步，左掌搭把。

图5-264

以上动作完成后，甲乙交换上下，练到原起势处出左三体式收势。（图5-265）。

三、要领

本套路拳由进攻一方用十二种捶（拳）法连连进击，旨在提高"连击"的技艺。防守一方，以守为攻，顾中有打，顾打兼备。此拳拳势紧凑，无任何花招。对练时务要掌握一招一式的正确用法，出势要正，打击要准，连击要快，顺破要狠，整个套路要一气呵成。

图5-265

四、歌诀

寸步挑手混元捶，再上寸步出践捶。
顾中兼打捶连捶，上步滚捶加栽捶。
拧步刁手指裆捶，又出横捶卡面捶。
一刁一打用炮捶，翻手即出反背捶。
前进勇猛掏心捶，搂头盖顶用悠捶。
防中有攻扳拦捶，连环套路十二捶。

第九节　劈捶

此拳打法以捶（拳）为主，又多采用劈的手法，故名"劈捶"。对打时，二人互用"劈"的动作，故又有"对劈捶"之称。甲乙二人同时出左三体式，对面相视搭把起势。

一、名称

1.起势：左三体式（甲乙同）

上方	下方
2.甲右步贯耳捶	乙退步劈捶
3.乙寸步打鬓捶	甲退步劈捶
4.乙翻拳打鬓捶	甲虚步挎手
5.甲寸步打胸捶	乙退步劈捶
6.乙寸步鬓捶	甲退步劈捶
7.乙翻拳打鬓捶	甲虚步挎手
8.甲寸步打胸捶	乙退步劈捶
9.乙翻拳打鬓捶	甲虚步拨手
10.甲推手前扫腿	乙抽拳提腿
11.甲左步肘打	乙左步托肘
12.甲转身搭把	乙转身寸步搭把
13.乙挑手踢裆	甲退步拍脚
14.乙落步搭把	甲左步搭把
15.乙右步悠捶	甲右步炮捶
16.乙寸步扳手炮	甲虚步架手
17.乙压手搭把	甲挑手搭把
18.乙右脚踢裆	甲虚步拍脚
19.乙落步搭把	甲右步搭把
20.甲跳步悠捶	乙右步架拳
21.乙寸踢践捶	甲提步推手
22.甲转身搭把	乙转身搭把
23.甲左步践捶	乙虚步挎肘
24.乙寸步打肋	甲虚步刁手
25.甲劈臂打鬓捶	乙虚步刁手

26. 乙左步践捶　　　甲虚步拨手
27. 甲寸步打胸捶　　乙虚步拨手
28. 甲寸步贯耳捶　　乙虚步拨手
29. 乙寸步劈拳　　　甲垫步刁手
30. 甲左步肘打　　　乙虚步托肘
31. 甲推手调步　　　乙抽拳退步
32. 甲托地后扫　　　乙跃步前跳
33. 乙转身踢裆　　　甲转身拍脚
34. 甲左脚踢裆　　　乙落步拍脚
35. 甲落步搭把　　　乙左步搭把
36. 收势

二、练法

（一）起势

同本章第一节"五花炮"（图5-266）。

（二）甲右步贯耳捶　乙退步劈捶

甲：左手外扣刁乙左手，右脚上步，身略向左，同时，右拳翻起，拳心向里打乙左耳。

乙：左脚退步，身略向左，右拳翻阴拳劈甲右拳（图5-267）。

图5-266

图5-267

（三）乙寸步打鬓捶　甲退步劈捶

乙：右脚寸步，同时，右拳翻反背捶打甲右鬓（图5-268）。

甲：右脚退步，身略向右，右拳抽在心口前，左拳翻阴拳劈乙右拳（图5-269）。

图5-268

图5-269

（四）乙翻拳打鬓捶　甲虚步挎手

乙：右拳翻起，打甲左鬓。

甲：左拳向上，向外挎乙右拳（图5-270）。

（五）甲寸步打胸捶　乙退步劈捶

甲：左脚寸步，左拳翻阴拳打乙胸部。

乙：右脚退步，身略向右，右拳抽在心口前，左拳翻阴拳劈甲左拳（图5-271）。

图5-270

图5-271

（六）乙寸步打鬓捶　甲退步劈捶

乙：左脚寸步，左拳翻起，打甲左鬓。

甲：左脚退步，身略向左，左拳抽在心口前，右拳翻阴拳劈乙左拳（图5-272）。

（七）乙翻拳打鬓捶　甲虚步挎手

乙：左脚寸步，左拳翻起，打甲右鬓。

甲：右拳向上，向外挎乙左拳（图5-273）。

图5-272

图5-273

图5-274

（八）甲寸步打胸捶　乙退步劈捶

甲：右脚寸步，右拳翻阴拳打乙胸部。

乙：左脚退步，身略向左，左拳抽在心口前，右拳翻阴拳劈甲右拳（图5-274）。

（九）乙翻拳打鬓捶　甲虚步拨手

乙：右脚寸步，右拳翻起，打甲右鬓。

甲：右脚提成虚步，右拳向外，拨乙右拳（图5-275）。

（十）甲推手前扫腿　乙抽拳提腿

甲：左拳变掌，两掌刁拿推乙右拳，同时，左脚向里扫乙右腿。

乙：右拳回抽，右脚提起（图5-276）。

（十一）甲左步肘打　乙左步托肘

甲：左脚上步，身略向右，两手抽在心口前，左手握阴拳，右手阴掌扣在左拳上，左肱屈回，用肘打乙心口。

乙：左手托甲左腕，右手推甲左肘，两肘顶在心口，用力前推，右脚在后落步（图5-277）。

图5-275

图5-276

图5-277

图5-278

（十二）甲转身搭把　乙转身寸步搭把

甲：左脚退步，以左脚为轴，从左向后转身180°，成右脚在前，出右手与乙搭把。

乙：向左转身180°右脚寸步，出右手与甲搭把（图5-278）。

（十三）乙挑手踢裆　甲退步拍脚

乙：左手挑甲右手，左脚弹踢甲裆。

甲：右脚退步，左手下扣，拍乙左脚（图5-279）。

图5-279

图5-280

（十四）乙落步搭把　甲左步搭把

乙：左脚落步，左手与甲搭把。

甲：左脚寸步，左手翻起。与乙搭把（图5-280）。

（十五）乙右步悠捶　甲右步炮捶

乙：右脚上步，身略向左，左手鹰捉刁甲左腕，右拳向上悠起，打甲头顶。

甲：左脚提成虚步，左拳上翻，屈肘架乙右拳，右脚上步，右手立拳打乙心口（图5-281）。

图5-281

（十六）乙寸步扳手炮　甲虚步架手

乙：右脚提成虚步，右手扳甲右拳，左手压甲右腕，右手握拳出扳手炮打甲面部；同时，右脚寸步。

甲：右脚退步，左脚提成虚步，右手向上架乙右拳（图5-282）。

（十七）乙压手搭把　甲挑手搭把

乙：左脚上步，右手向外压甲右拳，左手与甲搭把。

甲：左手挑乙右手，与乙搭把（图5-283）。

图5-282

图5-283

（十八）乙右脚踢裆　甲虚步拍脚

乙：右脚弹踢甲裆，两拳抽在心口前。

甲：左脚退步，右脚提成虚步，左手抽在心口前，右手下扣，拍乙左脚（图5-284）。

（十九）乙落步搭把　甲右步搭把

乙：右脚向前落步，右手与甲搭把。

甲：右脚寸步，右手与乙搭把（图5-285）。

图5-284

图5-285

（二十）甲跳步悠捶　乙右步架拳

甲：左脚前跳，右拳悠起打乙头顶。

乙：右脚提成虚步，右拳向上架甲右拳（图5-286）。

（二十一）乙寸踢践捶　甲提步推手

乙：右脚扣地，左脚寸踢甲左腿臁骨；同时，左手践捶打甲右肋。

甲：左脚提起，避开乙脚，两手齐出，从身前向左推乙左肘（图5-287）

图5-286

图5-287

（二十二）甲转身搭把　乙转身搭把

甲：左脚上步，向左转身180°，成右步在前，出右手与乙搭把。

乙：左脚向前落步，向左转身180°，成右步在前，出右手与甲搭把（图5-288）。

图5-288

（二十三）甲左步践捶　乙虚步挎肘

甲：右手刁乙右手，左脚上步，身略向右，左手出践捶打乙右肋。

乙：左脚退步，带右脚提成虚步，右肘屈回，向外挎甲左拳（图5-289）。

图5-289

图5-290

（二十四）乙寸步打肋　甲虚步刁手

乙：右脚寸步，右手出立拳打甲左肋。

甲：右脚退步，带左脚提成虚步，左手出鹰捉刁乙右拳（图5-290）。

（二十五）甲劈臂打鬓捶　乙虚步刁手

甲：右脚上步，右手出顺掌劈乙右臂，握拳上翻，打乙右鬓。

乙：左脚退步，带右脚提成虚步，右手翻鹰捉刁甲右拳（图5-291）。

图5-291

(二十六)乙左步跶捶　甲虚步拨手

乙：左脚上步，左手跶捶打甲右肋。

甲：左脚退步，带右脚提成虚步，右手翻下，向外拨乙左拳（图5-292）。

(二十七)甲寸步打胸捶　乙虚步拨手

甲：右脚寸步，右手立拳打乙左胸。

乙：右脚退步，带左脚提成虚步，左拳抽回，向外拨甲右拳（图5-293）。

图5-292

图5-293

(二十八)甲寸步贯耳捶　乙虚步拨手

甲：右脚寸步，右拳翻起，打乙左耳。

乙：右脚退步，带左脚提成虚步，左拳翻起，向外拨甲右拳（图5-294）。

图5-294

(二十九)乙寸步劈拳　甲垫步刁手

乙：左脚寸步，左手出拳劈甲右肩。

甲：右脚垫步，后提半步，左手上翻，屈肘刁乙左拳（图5-295）。

(三十)甲左步肘打　乙虚步托肘

甲：左脚上步，身略向右，左手握阴拳，右手阴掌扣在左拳上，左肱屈回，用

图5-295

肘打乙心口。

乙：右脚退步，带左脚提成虚步，左手托甲左腕，右手向外推甲左肘（图5-296）。

（三十一）甲推手调步　乙抽拳退步

甲：右手推乙左腕，脱开左肘，同时，向左侧身，左脚提回，右脚上步。

乙：右手握立拳抽在心口前，左脚退步。（图5-297）。

图5-296

图5-297

（三十二）甲托地后扫　乙跃步前跳

甲：左脚上步，两手托地，身向前伏，右脚从右向后扫乙腿。

乙：左脚跃起，右脚紧跟向前跳越甲右扫腿（图5-298）。

（三十三）乙转身踢裆　甲转身拍脚

乙：向左转身180°，用左脚弹踢甲裆。

甲：从右向后扫腿转身180°，左脚在前，提成虚步，左手下扣，拍乙左脚（图5-299）。

图5-298

（三十四）甲左脚踢裆　乙落步拍脚

甲：两手抱回，左脚弹踢乙裆。

乙：左脚落步，左手下扣，拍甲左脚（图5-300）。

图5-299　　　　　　　　图5-300

（三十五）甲落步搭把　乙左步搭把

甲：左脚向前落步，左手与乙搭把。

乙：左手向前，与甲搭把（图5-301）。

以上动作用完成后，甲乙互换上下，练到原起势处收势。

（三十六）收势

甲乙踢裆拍脚后，双方同时出右步右掌相磕，左脚向左拧步，右脚提起向左转身360°，成左脚在前，出左三体式收势。

图5-301

三、要领

劈捶是对练套路中难度较大的一个套路，基本上使用捶（拳）法。如一方以贯耳、打鬓、打胸等手法进击，另一方则以劈捶破之。拳中兼有肘打、寸踢、弹踢、扫腿等技法。动作要求严格，既要动作迅速，又要上下兼顾，左右趋避，吞吐自如，勇猛有力。这样才能表现出本套路拳的技击风格。

四、歌诀

搭把出势贯耳进，顾破劈捶兼打鬓。

挎手打胸扑脚扫，转身踢裆势更凶。

悠捶盖顶炮捶出，转身搭把再交锋。

践捶打肋刁手破，下用寸踢上打胸。

寸步贯耳拨手迎，肘打要靠托肘功。
扫腿转身身前伏，踢裆磕掌势法终。

第十节　十六把

此拳以甲乙双方共用十六个手（把）法为进攻方法而名之。拳中手法虽少，但难度却比较大，必须有相当的形意功底和熟练的技艺才能练至恰到好处。甲乙二人同时出左三体式，相视搭把出势。

一、名称
1.起势左三体式（甲乙同）

　　　　　上方　　　　　下方
2.甲右步贯耳　　　乙虚步拨手
3.乙寸步鹰形　　　甲虚步端肘
4.甲右步托腔　　　乙顺手牵羊
5.甲左步捏嗉　　　乙虚步拨手
6.乙左步拘马抅　　甲反拘马抅
7.乙调步鲐形　　　甲迂回步阴阳把
8.乙刁手捏头　　　甲退步架手
9.甲推窗望月　　　乙虚步搂手
10.乙左步撩阴　　 甲退步撅手
11.甲寸步虎形　　 乙退步刁手
12.乙膝打盖耳　　 甲虚步拨手
13.甲进步刺喉　　 乙虚步拨手
14.乙寸步刺喉　　 甲退步拨手
15.收势

二、练法

（一）起势：左三体式（甲乙同）

同本章第一节"五花炮"（图5-302）。

（二）甲右步贯耳　乙虚步拨手

甲：右脚上步，身略向左，右掌上翻，打乙左耳，左手立拳护在心口前。

乙：左脚退步，右脚提成虚步，左手翻起，拨甲右掌（图5-303）。

图5-302　　　　　图5-303

（三）乙寸步鹰形　甲虚步端肘

乙：右脚寸步，右掌托击甲胸。

甲：右脚退步，带左脚提成虚步，左手阳掌端乙右肘（图5-304）。

（四）甲右步托腔　乙顺手牵羊

甲：右脚上步，右手翻横掌托乙左腔。

乙：右脚退步，身略向右，左手刁拿甲肘，右手刁甲右腕，顺势后撅（图5-305）。

图5-304

（五）甲左步捏嗉　乙虚步拨手

甲：左脚上步，身略向右，左掌向前

图5-305

313

卡乙脖子。

乙：右脚退步，带左脚提成虚步，左手抽在胸前，向外拨甲左手刁下（图5-306）。

（六）乙左步拘马拚　甲反拘马拚

乙：左脚向右侧进步，右脚跟进，身略向左；同时，右手向前刁甲左肘，左手上拘马拚挤甲左肋（图5-307）。

图5-306

甲：右脚退步，带左脚向右拧转，提成虚步；左手翻起，向外拨乙左手压下，左脚向右侧上步，右脚跟进，右手上拘马拚挤乙两肋（图5-308）。

图5-307

图5-308

（七）乙调步鮐形　甲迂回步阴阳把

乙：两脚向左拧步，侧身调成左脚在前，避开甲右拘马拚；同时，两手压下甲右手，顺势上鮐形打甲左肋（图5-309）。

甲：左脚向右拧步，身随步转，右脚向右调步；同时，两手齐出，左手推乙左肩，右手端乙左胯，脚跟用力，身向前拥（图5-310）。

（八）乙刁手捏头　甲退步架手

乙：右脚向右侧退步，带左脚提成虚步，身向右，略前俯；同时，左手鹰捉刁甲左腕，右手上翻，掌心向外，虎口朝下，拇指撑开，用食指、中指捏甲头部两太阳穴（从乙方拘马拚开始至此，甲

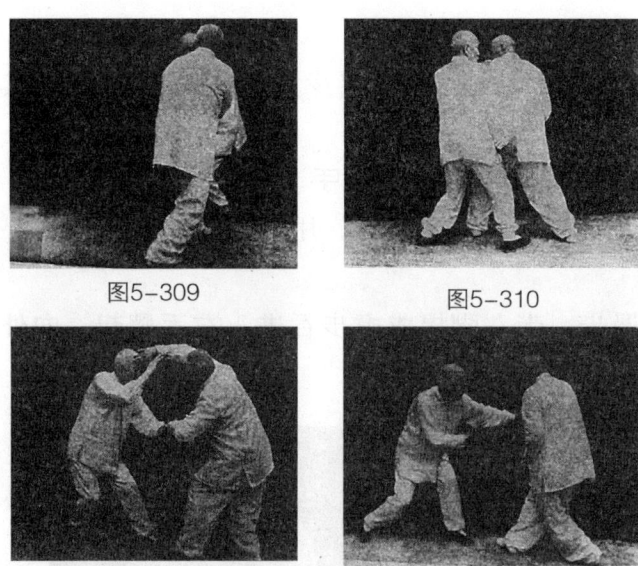

图5-309　　　　　　　图5-310

图5-311　　　　　　　图5-312

乙各转身180°。）

甲：右脚退步，身略前伏，右手上翻屈肘架乙右手（图5-311）。

（九）甲推窗望月　乙虚步搂手

甲：左脚寸步，左手掌心向外，横掌托乙心口。

乙：左脚退步，带右脚提成虚步，右手抽下，向外搂甲左掌（图5-312）。

（十）乙左步撩阴　甲退步撅手

乙：左脚上步，左阳掌打甲前阴。

甲：右脚退步，带左脚提成虚步，向右侧身，两手刁乙左肱后撅（图5-313）。

（十一）甲寸步虎形　乙退步刁手

甲：左脚寸步，两手翻起，横掌推击

图5-313

乙胸。

乙：右脚退步，带左脚提成虚步，右手翻起，刁甲左腕（图5-314）。

（十二）乙膝打盖耳　甲虚步拨手

乙：左脚向右移步，提起右腿，用膝顶甲左肋；同时，右手出掌，打甲左耳。

甲：右脚退步，带左脚提成虚步吞进，右手翻起，向外拨乙右掌（图5-315）。

图5-314

图5-315

（十三）甲进步刺喉　乙虚步拨手

甲：侧身进右步，右手阳掌刺乙喉部。

图5-316

乙：右脚提回落步，左脚提成虚步，右掌翻起，拨甲右腕（图5-316）。

（十四）乙寸步刺喉　甲退步拨手

乙：左脚寸步，左手阳掌刺甲喉部。

甲：右脚退步，身略向右，右掌抽回心口前，左手从下翻起，拨乙左掌（图5-317）。

（十五）收势

以上动作完成后，甲乙互换上下，练到原起势处，同时出左三体式收势（图5-318）。

图5-317　　　　　　　图5-318

三、要领

此拳打法全靠身法吞吐趋避，步法、手法变化灵活，风格独特。其中"阴阳巴""鲐形""捏头""膝打""迂回步"等都是本拳特有之技法。要掌握其要领，只有在单练纯熟的基础上方能巧妙运用。

四、歌诀

甲上贯耳乙鹰形，端肘托腔冲中门。
顺手牵羊撇来手，金鸡捏嗉进步攻。
拘马拚法双方用，调步鲐形护尾能。
阴阳把法迂回步，刁手捏头须侧身。
推窗望月手撩阴，顺势撇手出虎形。
盖耳膝打对刺喉，拳法攻防妙无穷。

第六章　形意拳技法

任何武术，都有其独特的技击艺术。技击运用于实践，通常称之为技法。即古人所称"技击之道"是也。《荀子议兵》中有"齐人隆技击"的话，可见中国人擅长技击历史之久远。《汉书·艺文志》云："技巧者，习手足，便器械、积机关，以立攻守之胜者也。"说的就是技击的内涵及其重要意义。近代有人认为"技击乃武术之精髓"，"技击是武术的灵魂"，进一步强调了技击之重要。历代形意拳家都有"形意秘法"之传。秘法者，"打有目标，顾有方法"之道也。古谱中称打击目标为"要道"，打顾方法为"技法"。其后，形意拳家又称此技为"撕扒"，即与今人所称之"散手"一理也。以下是形意先师秘传之实用技法，特公之于世，以弘扬中华武术。

第一节　攻防要道

要道，即人体中极易致命或致残之穴道，一向为武术各门派所重视。形意门人称其为"要道"，昔有"秘不传人"旧规，要道之重要由此可知。

一、要道

（一）太阳穴（头部两鬓间）。

（二）百会穴（头顶正中处）。

（三）灵通穴（两眼球）。

（四）素髎穴（鼻准）。

（五）耳门穴（耳眼前）。

（六）耳根穴（即翳风穴）。

（七）气门穴（咽喉气管处）。

（八）华盖穴（胸部膻中穴上）。

（九）膻中穴（华盖穴下，鸠尾穴上）。

（十）乳中穴（乳头中央）。

（十一）当门穴（正心口鸠尾穴）。

（十二）脐门穴（腹脐处）。

（十三）气海穴（脐下一寸五分处）。

（十四）肋骨梢（腹侧十一、十二肋软骨尖端及京门、章门穴处）。

（十五）脑海穴（即脑户）。

（十六）肺俞穴（颈后胸椎第三节旁开1.5寸）。

（十七）心俞穴（颈后胸椎第五节旁开1.5寸）。

（十八）命门穴（颈后脊骨十四椎下，第二、第三腰椎之间）。

（十九）合缝穴（肩部与上臂缝隙间）。

（二十）天府穴（上臂中部靠外侧处）。

（二十一）少海穴（肘弯里侧）。

（二十二）臂隐神经（在桡骨外缘手三里穴处）。

（二十三）内关穴（在腕部横纹上三横指两筋中）。

（二十四）前阴（即下阴处）。

（二十五）大腿隐神经（血海穴侧）。

（二十六）膝髌骨（膝盖骨上）。

（二十七）臁骨（下腿前）。

二、打法

（一）太阳穴，主要用头打，或用打鬓拳甩捶、反背捶击之，或以锁阳手扣之。

（二）百会穴，主要用悠手炮（俗称悠捶）击之。

（三）灵通穴，主要用头打，或以猴爪拳、啄目指、鼍掌击之。

（四）素髎穴，主要用头打，或以钻拳、鹞子钻天、熊形、卡面捶、截手炮、扳手炮、翻手炮击之。

（五）耳门穴，主要用头打，或以贯耳、盖耳、反背捶、甩捶击之。

（六）耳根穴，主要用拘马拚击之。

（七）气门穴，主要用捏嗉掌击之，或以卡脖掌、刺喉掌、鼍形掌、大鹏冲霄击之。

（八）华盖穴，主要用头打，或以肩、肘、虎形、马形、托掌击之。

（九）膻中穴，主要用头打，或以肩、肘、虎形、马形、托掌击之。

（十）乳中穴，主要用头打，或以肩、肘、虎形、马形、托掌击之。

（十一）当门穴，用崩拳、炮拳、掏心捶、鹞子入林、虎形、马形、托掌、滚手炮、推手炮、挎手炮、撅手炮、刁手炮、捋手炮、搂手炮、扳拦捶击之，或用肘打、膝打。

（十二）脐门穴，以崩拳、混元捶、鲐形拳击之，或用肘打、膝打、脚打。

（十三）气海穴，主要用鲐形击之，或以膝、脚、混元捶、指裆捶击之。

（十四）肋骨梢，主要用横拳、践拳、肘底捶、托掌击之，或用肘打、膝打、脚打。

（十五）脑海穴，主要用捋臂寸捶或迂回步悠捶从身后击之。

（十六）肺俞穴，主要用捋臂寸捶或迂回步寸捶从身后击之。

（十七）心俞穴，主要用捋臂寸捶、迂回步崩拳以及肘打之法从身后击之。

（十八）命门穴，主要用捋臂寸捶、迂回步崩拳或肘打、膝打之法从身后击之。

（十九）合缝穴，主要用劈拳击之。

（二十）天府穴，主要用牵马拼、劈捶或砍掌击之。

（二十一）少海穴，主要用鹰捉、撅手、端肘、顺手牵羊等法刁拿之。

（二十二）臂隐神经，主要用劈捶、牵马拼击之。

（二十三）内关穴，主要用鹰捉刁拿之。

（二十四）前阴，主要用燕子抄水、撩阴掌、指裆捶击之，或以弹踢、膝打之。

（二十五）大腿隐神经，主要用滚翻捶击之。

（二十六）膝髌骨，主要用单凤朝阳、砸拳击之。

（二十七）臁骨，主要用寸腿、堵门腿、龙形腿、狸猫上树腿击之。

三、顾法

形意拳家称防护为"顾法"。历代名师都有"先顾后打，顾中有打，打中有顾，打顾兼用"之传。"顾法"之重要，顾打的辩证关系由此可知。形意先师所授主要顾法如下：

（一）与人交手时，要充分发挥眼的"监察之能"。谱有"眼视眼，余光捡，眼是先行官，专注敌颏肩，敌肩如先动，我则走在先"之说，此为技法中最重要者。

（二）对方高来，为防头部即以挑、架、托、拨、刁等法先顾而后击之。手法连贯，内外上下合一，方可奏效。

（三）对方平来，为防胸腹，即以拦、截、刁、板、劈、推、撅、捋等法或写吞化手法反击之。务要防其从中门而入。

（四）对方低来，为防下部即用砍、砸、切、压、刁、撅等法相顾，身法要低，以伺机进击。要防其刁拿撅手。

（五）对方左手来，即从右侧避而趋之；右手来，则从左侧避而趋之。

（六）对方双手来，即以两手封闭，或侧身转步，推拨刁拿，用头、肩、肘、膝伺机反击。

（七）对方矮小或势低者，可调步侧闪，摆脱来势，伺机反击。

（八）对方高大或势高者，可侧身趋避，调步转身，引进落空，以泄其劲；智而取之。

（九）对方或远或近者，可取远沾近钻之法。即"远来手与足，近来肘与膝，贴身头肩胯，兼用臀尾腹"。谱有"沾身纵力，钻近合膝"之说，即是此技。

（十）对方以假象露空，或以假跌而欺人者，不可先上，宜随机应变，乘机而取之。

（十一）若遇人多，可三摇两旋，闪转两边，以防左右，手起莫落空，猛击不留情。

（十二）如被人后抱，1.立即下蹲直起，以头击其鼻；2.起后脚猛踢其下阴；3.用肘猛击其胸肋；4.马步下蹲，猛抱其头前摔；5.一腿后插，侧身抱头，猛向侧摔；6.马步下蹲，猛力下坐，使其后倾；7.身向前栽，将其背起，用手搂腿，猛向后坐。

以上顾法务要灵活应用。先师传《防护歌诀》如下：

上防咽喉下防阴，中防胸腹与当门。

脐门气海严防范，腹侧两肋不露空。

头顶太阳与灵通，素髎耳门和耳根。
后面紧防脑海穴，肺俞心俞及命门。
致命之处防护紧，倘不注意会丧生。
臂腿穴位也应防，致伤致残害终身。

第二节　实用技法

形意拳以"挨身近打"为技击特色。此拳"出手无花架，一招一式有用法"。历代名师都有其独特的技艺。如神拳李飞羽之"五拳并用"，车毅斋之"游鼍化险"、"鲐形护尾"，贺运亨之"神奇腿法"，李广亨之"乌鸦伏卧"，宋世荣之"燕子取水"，刘奇兰之"龙形特技"，张树德之"马形妙用"，郭云深、李存义、尚云祥、郭凤山等人的"崩拳"，都可谓一绝。李复祯之"五花炮绞梢子，连环手法虎扑只"，招法奇特。吕学隆之"劈捶反背"，樊永庆之"贴身靠打"，李发春之"六法活用"，王福元之"铁臂神功"，布学宽之"狮吞手"，宋铁麟之"阴阳把"，刘俭之"截手连珠炮"，乔锦堂之"鲐形技艺"，张永义之"虎形活用"，孙德宜之"顺手牵羊"，车采藻之"勾腿扑脚"，吴治泰之"刁手蹬踢"，吴连富之"拘马拚"等等都各有特色。历代形意大师、名家、高手的技击特征，分别表现于以下打法之中：

一、十五打法

古谱中有"十四打法"之论，又称此法为"十四拳"。即头为一拳，左右肩为两拳，左右肘为两拳，左右手为两拳，左右胯为两拳，左右膝为两拳，左右脚为两拳，臀尾为一拳，共十四拳。清光绪间，车毅斋又增腹打一法。故又有十五打法，即十五拳之说。具体打法如下：

(一) 头打

头之打法，主要有顶、摆、撞等法。顶有前顶和上顶，摆有左摆和右摆，撞有前撞和后撞。打击部位，主要为头部之眼、鼻、口、耳、两鬓与胸部之华盖、乳中、膻中等穴位以及后背等。要领为："眼手身步遥相应，踩定中门去打人。顶摆撞击因人易，前后左右见机行"。头打

图6-1

一法：对方贴近我身，我以两手将其两肱左右交叉封闭，前脚踏入中门，身向前拥，以头顶击其面部（图6-1）。

歌诀：

　　头打起落随脚走，起而未起占中央。
　　脚踏中门抢地位，就是神手也难防。

图6-2

图6-3

(二) 肩打

肩有左右两肩，肩背有三门之称。肩部打法，主要有盖、撞、靠、点、摆及上下左右等打法。打击部位，主要是胸部之气门、华盖、乳中、膻中、臂肩前之云门、肩髃，后之风门、臑俞等处。要领为："阴阳互易，正反进击；或左或右，盖势而取；或上或下，

以肩撞击；或左或右，以肩靠击；或里或外，以肩点击；或前或后，以肩摆击"。束时两手洞中藏，展时左右盖势取。

肩打一法：对方贴近我身，我出两手封闭其两手，一脚踏入中门，用一肩撞击其胸部（图6-2）。或右脚从外侧插步，用右肩击其左肩后侧（图6-3）。

歌诀：

　　肩打一阴反一阳，两手只在洞中藏。
　　左右全凭盖势取，束展二字逞刚强。

（三）肘打

肘有左右两肘，俗有"二门"之称。谱有"横竖用肘"之说。肘之打法，主要有顶、点、砸、撞、掩、裹、开、夹、压、剉、拗、拐、摆、挎等法。打击部位，主要是前身之华盖、乳中、膻中、当门、中脘、脐门、肋骨梢等，身后之命门、心俞、肝俞、胆俞、胃俞及肩臂之肩髎、臑俞等。要领为："肘顶与点，腰背运转；下砸上撞，肘肱屈弯；掩肘封闭，裹肘要严；开肘外打，夹肘如剪；压有横直，剉要动转、拗肘别劲，拐肘自然；摆打挎顾，随机应变。"

肘打一法：对方以左劈拳击来，我侧身向左，从外侧插入右步，左掌刁其来拳，右肘顶击其左肋（图6-4）。

图6-4

歌诀：

　　肘打去意占胸膛，出势好似虎扑羊。
　　或在里腔一旁走，后手只在心前藏。

（四）手打

手有左右之分，有单手、双手之别，有掌拳互变之妙用。手之用法广泛，变化无穷，任何技击，都离不开手。历代形意拳家从实践中创造了许多手法，进一步丰富了技击的内容，突出了手的技击妙用。其法见"七十二技"。

325

歌诀：

　　出势打法手当先，上下左右如雷闪。
　　格打遮拦凭变化，武艺相争步为先。

（五）胯打

胯分左右两胯，打法有靠、挤、挎、撞、坐诸法。打击部位，限于人体中节之间。要领为："外胯用靠里胯挤，侧挎别身离地起，猛力撞击阴阳合，坐胯狠毒功法奇。"

图6-5

胯打一法：对方以左劈拳来击，我用左掌将来拳刁向左侧；同时，上右步插在对方左脚后侧，以右胯击其左胯，顺势用右手搂其腰部，腿胯猛用别劲，使对方失去重心（图6-5）。

歌诀：

　　胯打中节并相连，阴阳交合必自然。
　　外胯好似鱼打挺，里胯插步变势难。

（六）膝打

膝有左右两膝，打击力量颇大。膝之打法，主要有顶、撞、转、跪、摆、拨等法。打击部位，主要是前身之胸部、当门、脐门、气海、下阴、肋骨梢与后身之命门、腰俞以及大腿之内外和股骨等。要领为："顶撞身前后，兼击左与右。转膝走里外，大腿内外求。里外跪膝法，可断膝关节。摆膝向外横，拨膝是顾法。"

图6-6

膝打一法：对方以虎形来击，我用虚步吞进，两掌刁扣其两腕，使其前倾。同时，一腿提起，用膝顶其前胸（图6-6）。

歌诀：
　　　　膝打几处人不明，好似猛虎出木笼。
　　　　全身辗转不停势，左右分拨任意行。

（七）脚打

脚有左右两脚，技击中常与手法结合。打法主要有寸踢、崩踢、蹬踢、趟踢、踹踢、弹踢等法。谱有踩、蹼、撩、削、勾、挂、截、摆、跺、踏、磕、扫等法。打击部位，凡人体各部，均可以脚击之。要领为："寸踢在臁骨，崩踢最凶猛。蹬踢须直出，趟踢脚要横。踹踢从侧取，弹踢击下阴。脚去如踩毒物，下用里外蹼脚。撩有前后撩法，削铲小腿胫骨。勾有横斜上勾，挂用脚踵向后。截分里截外截，摆可里外击头。跺要全掌用力，踏要入地三分。磕击里外踝骨，扫前扫后均行。"

脚打一法：对方以左劈拳来击，我用左掌刁腕下撅，右掌端肘上挺。同时，提起右腿，用横脚趟踢其左肋（图6-7）。

图6-7

歌诀：
　　　　脚打踩意不落空，消息全凭后脚蹬。
　　　　与人交勇必须备，去意好似卷地风。
　　　　脚打膝分手打三，三节四梢俱要全。
　　　　气伏心意随时用，打破硬进无遮拦。

（八）臀尾打

臀尾为一拳，由于它活动范围小，技击中并不常用。打法主要有调、撅、坐等法。要领为："插外调臀尾，用手向前摔。后掀向上撅，下坐搂敌腿。撅坐可合用，使敌倒尘埃。"臀尾打一法：撅坐合用。当我被人后抱，我猛向前撅，将其背起，右手从下搂其腿。同时，猛力后坐下蹲，使其倒地而松手（图6-8）。

歌诀：

　　臀尾起落不见形，猛虎坐窝藏洞中。
　　背尾全凭精灵气，起落二字自分明。

（九）腹打

腹为一拳，限于打击对方腹部，非内气充盈，内功精深者而莫能用。车毅斋弟子刘俭颇精此技。

图6-8

腹打一法：对方以虎形来击，我虚步吞进，用两手刁拿，并左右分压来手，使对方贴近我身，随即以丹田之气用腹前吐，将对方击出（图6-9）。

图6-9

歌诀：

　　肚腹打法意要隆，好似还弓以力争。
　　丹田久炼灵根本，内外合一见奇功。

以上打法，务要从实际出发，知用力之方，明攻防之术，至临场遇敌，方可操制胜之权。

二、七十二技法

形意七十二技法，是根据形意五行、十二形拳的技击要领和单练、对练套路中诸多技法以及历代名师秘不外传之所谓"绝招"综合编排而成。它技法全面，浑然一体。一招一式，打顾兼备，特点突出。拳中崩拳虽多，但技法各有千秋。如抢步崩拳，退步崩拳，寸步崩拳，蹬踢崩拳等各有独特的妙用。一些易于混淆的拳式、手法都有序地列入拳中，以利区别。肩、肘、手、膝、脚等合用的技法，在拳中也作了合理安排。为使初学者掌握好形意拳的技击方法，特将"形意七十二技法"的名称练法和技法介绍如下：

（一）名称

第一趟

甲、乙起势，1.搂手炮，2.抢步崩拳，3.退步崩拳，4.寸步崩拳，5.白鹤亮翅，6.右步炮拳，7.丹凤朝阳，8.金鸡捏嗉，9.燕子抄水，10.鹞子入林，11.狸猫上树倒回身。

第二趟

1.叉步横拳，2.退步劈拳，3.乌龙倒取水，4.黑熊探掌，5.大鹏冲霄，6.退步鹰捉，7.推窗望月，8.提步砸拳，9.懒龙卧道，10.乌龙翻江，11.龙虎相交，12.顺步崩拳，13.风摆荷叶。

第三趟

1.熊出洞，2.鹰捉物，3.蛇拨草，4.捋手蹼脚，5.右钻拳，6.右拘马拴，7.右堵门腿，8.右扳手炮，9.鹞子钻天，10.金鸡独立，11.金鸡食米，12.金鸡抖翎。

第四趟

1.金鸡束翅，2.金鸡报晓，3.左步劈拳，4.迂回步阴阳把，5.拧转步压手炮，6.左践捶，7.盖耳膝打，8.右肘打，9.右悠手炮，10.乌鸦伏卧，11.右步龙形，12.啄踢鸡形。

第五趟

1.截手炮，2.右劈捶，3.滚翻捶，4.扯钻捶，5.双滚捶，6.右栽捶，7.翻手炮，8.狮吞手，9.右捏头，10.顺手牵羊，11.侧虎形，12.马奔蹄回身。

第六趟

1.鲐形，2.猴形，3.刺喉掌，4.鼍形，5.扳拦捶，6.端肘寸腿，7.左牵马拴，8.右撩阴，9.捋手炮，10.插步左横拳，11.回身裹拳，12.撅手，收势。

图6-10

（二）技法

起势：（甲乙均穿白衣，甲黑鞋，乙白鞋）甲乙入场地均面向南（图6-10）。

第一趟

1. 搂手炮

与"进退连环"中搂手炮动作同。

实用技法：对方以右崩拳击来，我用右阳掌回搂向右侧牵引（图6-11），对方欲向后抽拳时，我顺势左脚寸步，出左拳击其心口（图6-12）。

图6-11

图6-12

2. 抢步崩拳

与"进退连环"中立马崩拳动作同。

实用技法：对方左拳击来，我用左手刁拿，同时，上抢步右崩拳击其心口（图6-13）。

3. 退步崩拳

与"进退连环"中退步崩拳动作同。

实用技法：对方以右拳来击，我将右拳内旋成掌刁其拳，并向身右侧牵引。同时，退步侧身出左拳击其心口（图6-14）。

图6-13

4.寸步崩拳

与"进退连环"中寸步崩拳动作同。

实用技法：对方以右拳来击，我左掌刁扣，速以寸步右拳击其心口（图6-15）。

图6-14

图6-15

5.白鹤亮翅

与"进退连环"中白鹤亮翅动作同。

实用技法：对方以双贯耳进击，我以两掌刁扣其两腕（图6-16），顺势撅下（图6-17）。

图6-16

图6-17

6.右步炮拳

与"进退连环"中右步炮拳动作同。

实用技法：对方以左拳击我右耳，我用右手刁拿向后牵引，同时，进右步出左拳击其心口（图6-18）。

图6-18

图6-19

7.丹凤朝阳

与"杂势捶"中丹凤朝阳动作同。

实用技法：对方以左拳击我心口，我退步吞进，左鹰捉刁扣来拳，右拳砸其肘弯（图6-19）。

8.金鸡捏嗉

左脚进步，同时，右拳内旋成鹰捉，刁在脐右侧，左鹰爪掌向前叉脖，身微向右，目注左掌。

实用技法：对方以右拳击我心口，我以右掌刁扣回拉。同时，进左步，出左掌叉对方脖子（图6-20）。

9.燕子抄水

与十二形中"燕形"动作同。

实用技法：对方以左拳来击，我右手刁拿，上左步左掌击其下阴（图6-21）。

图6-20

图6-21

图6-22

图6-23

10.鹞子入林

与十二形"鹞形2."动作同。

实用技法：对方用右贯耳来击，我迅速以左鹰捉刁拿，进右步出右拳击其心腹（图6-22）。

11.狸猫上树倒回身

与五行拳中"崩拳3."回身动作同。

实用技法：身后有人来击，我速提腿转身（以防后腿被人利用）出拳击其鼻。对方以右拳击来，我速以左鹰捉刁拿，用右脚蹬踩其腿（图6-23）。

第二趟

1.叉步横拳

与五行拳中左叉步横拳动作同。

实用技法：对方以右拳向我击来，我出左鹰捉刁拿封闭，进左步出右横拳打其左肋（图6-24）。

图6-24

2.退步劈拳

与"杂势捶"中退步劈拳动作同。

实用技法：对方以左崩拳打来，我退左步用右劈拳破之（图6-25）。

图6-25

图6-26

图6-27

3. 乌龙倒取水

与"杂势捶"中乌龙倒取水动作同。

实用技法：对方以悠捶、踢裆上下夹攻，我向右侧身，用右拳上架，左拳砸脚破之（图6-26）。

4. 黑熊探掌

与"杂势捶"中黑熊探掌动作同。

实用技法：对方用拳从右侧击我头部，我即退步缩身出掌先顾后打（图6-27）。

5. 大鹏冲霄

与"杂势捶"中大鹏冲霄动作同。

实用技法：左侧有人来袭，我侧身向前，出掌刺其喉部（图6-28）。

图6-28

6. 退步鹰捉

与"杂势捶"中退步鹰捉动作同。

实用技法：我出刺喉掌时，对方以右掌刁我右腕，我即反手一刁退步，两鹰捉将其撅下（图6-29）。

7. 推窗望月

与"杂势捶"中推窗望月动作同。

实用技法：对方以右拳向我头左侧

图6-29

击来，我以右掌防护，缩身塌胯进步出左掌推击其胸肋，使其后倾（图6-30）。

8.提步砸拳

与"杂势捶"中提步砸拳动作同。实用技法：对方以右拳击我心口，我速用右鹰捉刁拿牵引，左拳砸击其肘弯（图6-31）。

图6-30

图6-31

9.懒龙卧道

与"杂势捶"中懒龙卧道动作同。

实用技法：对方以右拳击我下腹，我用左鹰捉刁扣，进步下蹲出右拳击其下阴（图6-32）。

10.乌龙翻江

与"杂势捶"中乌龙翻江动作同。

图6-32

实用技法：对方以右拳击我心口，我右鹰捉刁扣，出左横拳打其胸肋（图6-33）。

11.龙虎相交

与"杂势捶"中龙虎相交动作同。

实用技法：对方以左拳击我心口，我退步吞进，右鹰捉刁撅，出左拳，右脚击其心腹（图6-34）。

12.顺步崩拳

与"杂势捶"中顺步右崩拳动作同。

图6-33　　　　　图6-34

图6-35　　　　　图6-36

实用技法：对方以右拳来击，我左鹰捉刁拿，进右步出右拳击其心口（图6-35）。

13.风摆荷叶

与"杂势捶"中风摆荷叶动作同。

实用技法：身后有人来袭，我即提腿防袭。同时，出掌击其胸腹（同6-36）。

第三趟

1.熊出洞

左脚向前落步，成左虚步，两掌抽回，从心口前向上钻出附拳，右拳在前，同鼻尖平，屈肘在胸前，左拳靠右腕，肘靠左肋，身微向左，目注右拳。

实用技法：对方近身时，我出右步右拳击其鼻准（图6-37）。

2. 鹰捉物

与十二形中"鹰形""鹰熊合演（2）"动作同。

实用技法：对方以右拳击我胸腹，我左鹰捉扣其肘弯，右鹰捉刁拿腕部，抽出左掌击其胸腹，用右脚趾踩其前腿（图6-38）。

图6-37

图6-38

3. 蛇拨草

与十二形中"蛇形1."动作同。

实用技法：对方以左拳来击，我顺势退步吞进，用左掌刁拿，右掌插击，使其前倾，速进右步，出右掌拨其腰，用右肩挤其胸（图6-39）。

4. 捋手蹼脚

右掌在下，从心口前向右侧推送，左掌在上，从身前内旋向身右侧刁撅；同时，左脚擦地向前横踢踝骨，目注前方。

实用技法：对方以右拳击我心口，我侧身用右掌刁撅，左掌向右侧推送，左脚向前横踢其踝骨（图6-40）。

图6-39

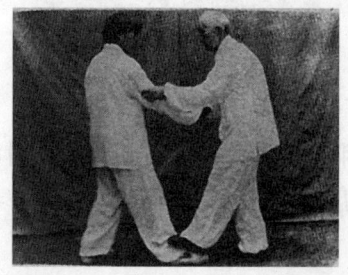
图6-40

5.右钻拳

与五行拳中"钻拳"动作同。

实用技法：对方以左钻拳击来，我用右掌刁其右腕，左掌扣拿右肱，顺势进右步出右拳击其鼻准（图6-41）。

6.右拘马拧

左脚进步，成左半马步；同时，左掌内旋成鹰捉，刁在胸前，右拳展掌向前挤击，身微向左，目注右掌。

图6-41

实用技法：对方以左劈拳击来，我用左掌刁拿其左腕，出右掌击其左耳根穴；同时，进左吃步前拥，上击下挤（图6-42）。

7.右堵门腿

右脚提起，脚掌外展，向前横踢臁骨；同时，右掌抽在心口前，左掌外旋成阳掌，从身前向右推击，身微向右，目注前方。

实用技法：对方以右崩拳击来，我侧身用左掌向右侧推送，出右堵门腿踢其右腿臁骨（图6-43）。

图6-42

图6-43

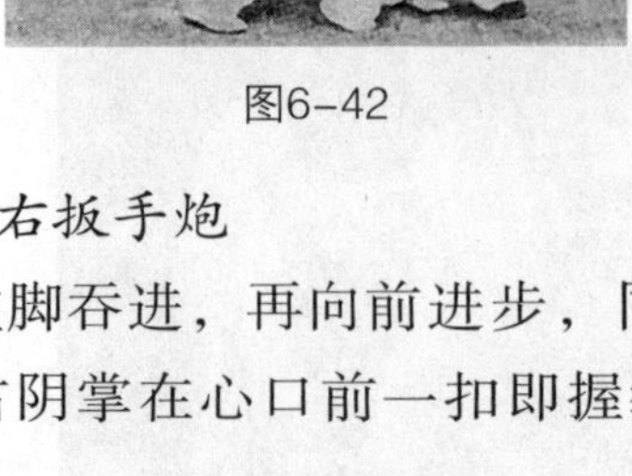

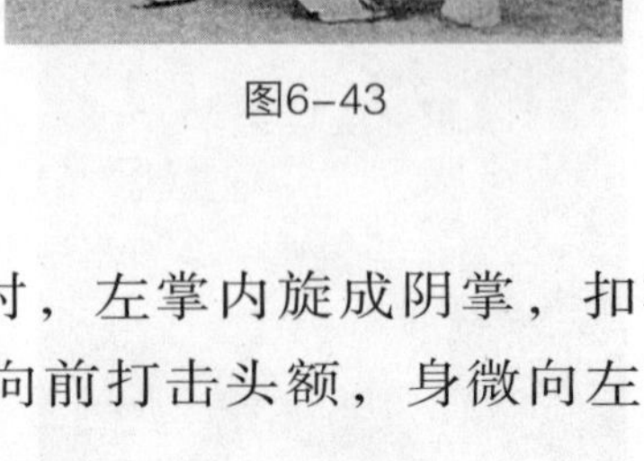

8.右扳手炮

左脚吞进，再向前进步，同时，左掌内旋成阴掌，扣在心口前，右阴掌在心口前一扣即握拳向前打击头额，身微向左，目注右拳。

实用技法：对方以右崩拳击我心口，我用右掌扳下，左掌扣住，进步出右拳击其头额（图6-44）。

9.鹞子钻天

右拳扣在心口前，左掌外旋成阳拳，钻出打鼻尖；同时，左脚向前，身微向右，目注左拳。

图6-44

实用技法：对方以右拳击我心口，我用右掌扣下，出左步，上左拳击其鼻准（图6-45）。

10.金鸡独立

与"鸡形四把"中金鸡独立动作同。

实用技法：对方以右脚寸踢我左腿，我提腿避之，又用右拳砸膝，我出右掌刁拿，左掌下扣护膝，并顶击其腹肋（图6-46）。

图6-45

图6-46

11.金鸡食米

与"鸡形四把"中金鸡食米动作同。

实用技法：我用右手挑开对方左掌，乘机出混元捶击其下腹（图6-47）。

12.金鸡抖翎

与"鸡形四把"中金鸡抖翎动作同。

实用技法：身右侧有人以左贯耳来击，并用右脚踢来，我速转身以右掌上顾头右侧，左掌下截来脚（图6-48）。

图6-47

图6-48

第四趟

1. 金鸡束翅

与"鸡形四把"中金鸡束翅动作同。

实用技法：对方以左拳击我心口，我顺势用右掌叉下，使其前倾，用左掌上顾，以防其头击（图6-49）。

2. 金鸡报晓

与"鸡形四把"中金鸡报晓动作同。

图6-49

实用技法：对方以右拳击我心口，我用左鹰捉刁下，顺势进右步出右掌挑击其鼻，右肱挤击其胸（图6-50）。

图6-50

图6-51

3. 左步劈拳

与五行拳中左步劈拳动作同。

实用技法：对方以右劈拳击来，我侧身用右鹰捉刁下，进左步出左拳劈其肩（图6-51）。

4. 迂回步阴阳把

左脚掌碾地，右脚进步，向左转身180°，成左半马步。同时，左阴掌从胸前向前推肩，右阳掌从腹前向前端胯，目注两掌。

实用技法：对方以左崩拳击我心口，我即拧步转身迂回其后，用左掌拨左臂顺势推肩，右掌端胯，上推下端，身向前拥（图6-52）。

5. 拧转步压手炮

左脚跟右旋，右脚退步，向右转身180°，成左半马步。同时，左掌翻下，刁在心口前，肘靠左肋；右掌握阳拳，经左掌背向前直打心口，身微向左，目注右拳。

实用技法：对方以拳向我腰部击来，我速退步转身吞进，出左步用左鹰捉刁下，右拳直打其心口（图6-53）。

图6-52

图6-53

6. 左践捶

左脚带右脚进步。同时，右拳变掌，掌心向外，屈肘刁在右耳前；左掌变立拳，向前直出打腹肋，身微向右，目注左拳。

实用技法：对方以右反背拳来击，我侧身用右鹰捉刁扣，顺势出左拳击其腹肋（图6-54）。

7.盖耳膝打

左拳变掌，屈肘刁扣胸前，右掌直出打耳；同时，左脚拧步侧身向左，右腿提起，屈膝上顶肋间，目注掌膝。

实用技法：对方以左崩拳击我心口，我迅以左鹰捉刁扣推送，使其侧身将左侧暴露；同时，出右掌盖耳，右膝向上顶其肋间（图6-55）。

图6-54

图6-55

8.右肘打

右脚向前落步，脚尖微向左展，身略向左，成右半马步；同时，右掌握阴拳，左掌扣在右拳上，两肘弯曲，力贯右肘，向右顶击，目注右肘。

图6-56

实用技法：对方以左崩拳击我心口，我用左掌刁扣，顺势向我左侧牵引；同时，将右脚插到对方左脚后，将右掌握拳，翻肘顶击其左肋（图6-56）。

9.右悠手炮

两脚跳起，换成左脚在前，成左半马步；同时，左掌刁在心口前，右拳抽下，经身右侧绕过头顶握立拳砸对方头顶，目注右拳。

实用技法：我以肘击时，对方用托肘进步出左拳击我右肋，我速出左手刁拿左拳，以跳换步吞进，用悠捶击其头部（图6-57）。

10.乌鸦伏卧

（1）两脚退步，屈膝下蹲，左腿在前，身微前俯；同时，右拳顺势落下，两手鹰捉撅在左膝前，目注两掌。

图6-57

（2）身起，右脚上步，成右半马步；同时，两掌随着身起向前直出击胸，身微向左，目注两掌。

实用技法：①对方以左拳击我心口，我退步刁下，两手下撅，使之前倾（图6-58），②对方身起后退时，我进步出两掌击胸（图6-59）。

图6-58

图6-59

11. 右步龙形

与十二形中右步龙形动作同。

实用技法：对方以右掌叉脖，我速以右脚跐下，两鹰捉刁拿下撅（图6-60）。

12. 啄踢鸡形

与十二形中"鸡形"中"左式鸡形（2）（3）（4）（5）"动作同。

实用技法：①对方以左拳击来，我左掌刁拿，右掌啄目，右脚寸踢其臁骨（图6-61），②对方以右拳击来，我右掌刁拿，左脚蹬踢，左指啄目（图6-62）。

图6-60

图6-61

图6-62

第五趟

1. 截手炮

与"六合拳"中左步截手炮动作同。

实用技法：对方以右拳击我心口，我用右刁左扣之法截其来拳，并侧身进左步挤进，先右拳后左拳，连续击其鼻准（图6-63）。

图6-63

2. 右劈捶

两脚后退，成右半马步；同时，左拳变鹰捉，刁在心口前，右掌变阴拳，向胸左侧劈下，身微向左，目注右拳。

实用技法：对方以右拳击我前胸，我

图6-64

退步侧身吞进，用左鹰捉刁拿来拳，右拳劈其臂部（图6-64）。

3.滚翻捶

（1）右拳翻反背拳打鬓，目注右拳。

（2）左脚进步，右拳变鹰捉扣在心口前，左鹰捉变拳，从左向右打股，身微向右，目注左拳。

（3）左拳翻起反背拳打鬓，目注左拳。

实用技法：对方右腿向我中门插入，我速退右步进左步插入其右脚后；同时，用左拳劈击其股（图6-65）。对方欲退步时，我迅速翻左反背拳打其左鬓（图6-66）。

图6-65

图6-66

4.扯钻捶

（1）左脚在前，重心前移，左拳变鹰捉抽在心口前，右掌握立拳向前直打心口，身微向左，目注右拳。

（2）左脚提成虚步，重心落于右腿。同时，右拳变鹰捉，抽回心口前；左手出阳拳砸其来拳，身微向右，目注左拳。

（3）与本技法（1）动作同。

实用技法：我出拳直打对方心口，对方吞而截之，又以右拳击我心口，我侧身吞进，以右鹰捉刁拿，用左拳砸击（图6-67），对方再以左步左拳进击，我左手刁拿，右拳击其心口（图6-68）。

图6-67

图6-68

5.双滚捶

左脚退步,右脚提成虚步,重心落于左腿;同时,两拳上提,拳面向上,拳背向外,向头右侧滚拨,身微向右,目注两拳。

实用技法:对方以左拳击我右鬓,我虚步侧身,用双拳向外滚拨(图6-69)。

6.右栽捶

右脚进步,重心前移,同时,两拳变阴拳,左肱屈肘横胸前,右拳上提至肩高,下栽打胸,身微向左,目注右拳。

实用技法:我双拳滚拨后,以左鹰捉刁其左腕,右拳下栽,击其胸部(图6-70)。

图6-69

图6-70

7.翻手炮

左脚进步,重心前移,同时,左拳翻起,拳心向前打头,右拳变鹰捉扣在心口下,屈肘横胸前,身微后右,目注左拳。

实习技法：对方以左拳击我胸部，我用右鹰捉刁其来拳，进左步出左拳击其头部（图6-71）。

8.狮吞手

左脚跟左转，右脚向右前方上步，脚微左扭，向左转身90°，成坐马步；同时，两掌右上左下由胸腹前由右转成左上右下，左阴右阳相对，如抱球状，两肘靠两肋，身微向左，目注两掌。

实用技法：对方以右崩拳击来，我侧身转步，用两掌将其肘肱吞进，向左侧牵引，使其贴近我身，以膀击之（图6-72）。

图6-71　　　　　　　　图6-72

9.右捏头

左脚右转，右脚拧步，转身90°，同时，左掌经胸前外旋成阳掌右推，屈肘在胸前，右掌变阴掌，虎口撑圆，四指并扣，横出捏头，侧身向右，目注右掌。

实用技法：对方用右肘和头击来，我退步侧身吞进，以左掌托肘向外推送，用右掌捏头（图6-73）。

10.顺手牵羊

与"杂势捶"中顺手牵羊动作同。

实用技法：对方用右拳击我心腹，我顺势用两手撅下（图6-74）。

图6-73

图6-74

11. 侧虎形

右脚进步，成右半马步，同时，两手抽回，从心口前出虎爪掌扑出打肋，身微向右，目注两掌。

实用技法：对方以右肘击来，我两掌刁其肘肱，虚步吞进，顺势进步从侧面打肋（图6-75）。

12. 马奔蹄回身

与十二形中"马形"回身动作同。

实用技法：身后有人来袭，我插步回身，以双拳击其胸腹（图6-76）。

图6-75

图6-76

第六趟

1. 鲐形

与十二形中"鲐形"动作同。

实用技法：对方以马形击来，我用两掌刁拿吞进，左右分压．出两拳顶其下腹（图6-77）。

2. 猴形

与十二形中"猴形"抓击动作同。

实用技法：对方以右拳进击，我右手刁拿，进左步出左拳抓其面部（图6-78）。

图6-77

图6-78

3. 刺喉掌

与十二形中"猴形"退步刺掌动作同。

实用技法：对方以左刺喉掌击我，我侧身退步，左手刁拿，右手出刺喉掌反刺其喉（图6-79）。

4. 鼍形

与十二形中"鼍形"动作同。

实用技法：对方以左钻拳击来，我用左掌刁拿其腕，右脚向其身后吃步，右鼍掌横出，击其面部（图6-80）。

图6-79

图6-80

5.扳拦捶

左脚进步,成左半马步,同时,右掌变鹰捉,侧身向右刁拿,左掌握阳拳,从右腕上打其心口,目注左拳。

实用技法:对方以右崩拳击来,我侧身用右掌外扳;同时,进左步出左拳击其心口(图6-81)。

6.端肘寸腿

右脚提起,脚尖上挺,脚跟擦地前踢臁骨,重心落于左腿;同时,左拳展掌,抽回胸前,掌心向前,右掌变阳掌,抽在心口前,两肘靠两肋前,两掌前出端肘,身微向左,目注两掌。

实用技法:对方以右肘击来,我退步吞进,用两掌刁扣推送,同时,出右脚踢其臁骨(图6-82)。

图6-81

图6-82

7.左牵马挤

右脚提回落步,左脚成前虚步,重心落于右腿;同时,右掌从左掌上抽回心口前,成鹰捉,左掌握立拳,经胸前向左侧砸击臂隐神经,身微向右,目注左拳。

实用技法:对方以右拳击我心口,我提步侧身吞进,用右鹰捉刁拿,出左拳砸击其上臂(图6-83)。

8.右撩阴

右脚进步,成右半马步。同时,左拳变鹰捉,刁在下腹前,右拳变阳掌前击下阴，身微向左，目注右掌。

实用技法：对方以右拳击我心口，我侧身用左掌刁向左侧，进右步出右掌击其下阴（图6-84）。

图6-83

图6-84

9.捋手炮

（1）右脚退步，带左脚后退，脚掌外展，两腿屈膝向左侧半蹲；同时，左掌在下，掌心向前，右掌在上，掌心向里，两掌向身左侧捋回，肘靠两肋，目注两掌。

（2）身向前顺，右脚进步，成右半马步；同时，左掌变鹰捉，拉在心口前，右掌握立拳直打心口，身微向左，目注右拳。

实用技法：对方以右崩拳击来，我退步侧身，用两掌将拳捋住（图6-85），再出右步右拳打心口（图6-86）。

图6-85

图6-86

10. 插步左横拳

与五行拳中插步横拳动作同。

实用技法：我回身时，对方以右拳击我心口，我侧身用右鹰捉刁拿，出左横拳打其肋间（图6-87）。

图6-87

11. 回身裹拳

两脚碾地，向右转身180°，左脚进步，成左半马步；同时，左拳从右肱上变鹰捉刁在右肘下，右拳从左肘下变阳拳向身左侧裹在胸前，身微向左，目注右拳。

实用技法：有人从身后用左拳击来，我速转身进步挤其左腿，用左鹰捉刁拿来拳，右拳拧裹，挤击对方左胸（图6-88）。

12. 撅手

右脚后退，带左脚退成前虚步，重心落于右腿；同时，左拳前伸，两拳展掌，左前右后向身右侧撅下成阳掌，两肘靠两肋，身微向右，目注两掌。

实用技法：对方以右拳击我心口，我两掌刁扣，两脚退步撅下（图6-89）。

图6-88

图6-89

13. 收势

甲、乙起立收势。

(三) 要领

各拳技法要领，可参考五行、十二形、单练套路及对练套路中"要领"部分：此处仅将未述及之拳法要领介绍如下：

1.搂手炮出势，搂手时吸气，有接物回拉之力，重心后移。出拳时呼气，有送物出击之劲，重心前移。金鸡捏嗉，以一手叉击，一手回撅，务要两把一股劲。燕子抄水，鹞子入林连演，务要践步而上，以表现勇往直前之势。

2.黑熊探掌，风摆荷叶务要两掌齐出，一前一后，前掌击打，后掌防顾，以顾为主，顾打兼备。大鹏冲霄、懒龙卧道则要充分表现出攻中有防，攻防兼备的拳法特征。

3.蹼脚、堵门腿务要与手法密切配合。拘马拚、扳手炮则要与步法协调一致。如拘马拚技法，一手刁拿，一手前击，没有身步合一之挤劲（俗谓"吃步"），则很难奏效。

4.金鸡束翅，要藏身而落；金鸡报晓，则要起如挑担。迂回步要以脚掌拧转，以利于向对方身后迂回，并与手法结合，俗称"游鼍化险"之技。拧转步要以脚跟拧转，接近对方迅速，又不让对方有机可乘，与压手炮合用，是打击身后之敌的有效方法之一，也是"游鼍化险"一技。盖耳必须一手刁撅，一手打击，手打耳门膝打肋，务要同时完成。肘打乃是挨身近打之法，一肘击打，一掌刁拿推拥，与身法、步法结合，效果十分明显。悠手炮要因人因势而用，跳换步之大小、高低，要从实际出发。乌鸦伏卧乃是以手撅人之技，身法要低，后撅要猛。如对方脱手，即以寸步两掌出击，俗称"乌鸦起飞"。

5.劈捶要用阴拳向对方臂隐神经劈去。滚翻捶则以拳背打鬓，拳里打股，上下滚翻，一拳两用。扯钻捶攻防结合，攻击步要前实，防顾步要前虚。双滚捶旨在防护，栽捶则意在打人。翻手炮一掌刁扣，一拳翻击，打顾兼备。狮吞手是"游鼍化险"的又一技法，务要使拧裹吞化之劲与身法、步法相协调，才有利于肩打。捏头也是"游鼍化险"技法，拧转，刁扣，推送之劲务要与身法、步法协调一致。

6.扳拦捶顾名思义，拨转防护，以一掌扳，一拳拦截，从肱上出击，重心同时前移。端肘寸腿要以两掌刁扣推送，使对方后仰，才能踢之有效，此为上防下攻之技。牵马拚要用肱臂屈伸之劲，一拳回抽为顾，一拳前伸为打，抽伸之劲务要合一。捋手炮也是防中有攻之法，两掌捋而不放，侧身退步为防，顺势进步出拳为攻。撅手要一掌前伸捉拿，一掌拧翻刁扣，妙在与两脚退步结合而为用。

（四）歌诀

1. 三体站势稳如钉，搂手一炮向前攻。
   一马三箭攻防备，白鹤亮翅显雄风。
   进步炮拳似流星，丹凤朝阳捏嗉功。
   燕子抄水入林鹞，狸猫转身鼠难遁。
2. 叉步横拳变化生，退步劈拳顾法灵。
   乌龙取永熊探掌，鹏冲霄汉落为鹰。
   推窗望月砸拳进，懒龙卧道顺步横。
   龙虎相交崩拳出，风摆荷叶茎不弓。
3. 进步向前演熊鹰，蟒蛇出洞要伤人。
   捋手蹼脚出钻拳，吃步拘马不落空。
   堵门一腿扑面攻，鹞子钻天向上冲。
   金鸡独立贵护膝，进步食米鸡抖翎。
4. 束翅金鸡报时辰，顺步劈拳似斧凶。
   阴阳把法压手炮，践拳盖耳兼膝顶。
   反肱一屈肘打胸，悠捶盖顶神鬼惊。
   乌鸦伏卧龙腾势，雄鸡厮斗上下攻。
5. 截手劈捶招法猛，下边打股上打鬓。

扯钻滚手并栽捶，翻手一炮凶狮吞。
　　　推肘捏头步外拧，顺手牵羊莫放松。
　　　侧进虎形击胸肋，烈马奔蹄急回身。
6.鲐鱼戏水左右分，生来具有护尾能。
　　　猴子抓击刺喉掌，游鼍化险拦捶进。
　　　牵马拚法出撩阴，捋手一炮打当门。
　　　插步横拳回身势，裹拳撅手缚鲲鹏。
　　　七十二技共六趟，三体收势功法成。

附录一

车君毅斋纪念碑记
（标点为作者所加）

拳术，中国绝技也。有少林内外家之别。吾郡则自咸同间此术独盛。一曰王长乐弟子，一曰戴文雄弟子。长乐，交[①]人。戴氏小字二闾，则祁人也。戴氏祖传心意拳，少林外家支派，外传李老农。老农为吾世丈[②]孟綍如先生座上客，再传车毅斋。时，予[③]家客有燕人冯四者，亦精拳术，且能只马入乱贼中夺妇归。若论拳术，自愧不如老农甚[④]。而毅斋得老农之术特精。尝游津，遇日人，知毅斋名，较剑术。日人奋然临，毅斋慢然应，倭败色沮，愿师之。毅斋婉谢焉。人问其故，毅斋曰："岂可使吾国绝技而传之外人耶?!"毅斋平日于治田外，别无事事。遇人恂恂不自足，而独于恤贫济孤事，不少吝。予家旧有商业在斜阳寺前，燕人宋氏父子[⑤]实经营之。宋氏亦心意拳术中人也，述毅斋事绝详。毅斋死，予以纂入县志方技传内。而毅斋门弟子王凤翔等立碑纪念，问序于予，不获辞[⑥]，因略述其事如右。毅斋名永宏，行二，世居桃园堡，今为贾家堡人。榆次常赞春篆，同邑孙丕基撰，同邑武中洲书。

[①]指交城县。王长乐为交城县人。
[②]指世交中的长者。孙丕基的老人与孟綍如为世交，故有是说。
[③]第一人称代词，指本文作者孙丕基。
[④]很、极。精拳术的冯四，愧感很不如李老农。
[⑤]指宋永禄、宋世荣。
[⑥]不能推辞的意思。

356

弟 子

李复祯	王凤翙	孟兴德	白光普	孟天锡	李发春
布学宽	刘俭	王之贵	郭昆	武杰	王丕春
贾桢	王培本	赵钰			

徒 孙

邱凤鸣	邱凤岐	张尚贤	石全山	刘永发	车耀义
李际虞	李国辅	姚肇基	张近贤	段振奎	阎廷胜
程裕有	米增祥	武承烈	白照亮	张怀纲	杜玉山
武仕杰	孔祥麟	武德胜	曹克孝	杨永蔚	刘守先
车丕清	吴宝玉	张万春	张孝森	王立英	白克胜
原世珠	孟立纲	史钟美	吴厚泽	薛兆宽	薛兆宏
杨万春	刘家瑞	吕家麟	武炳毅	张觉先	张永义
卢昆	杜连登	郝思圣	王锡铭	韩晋	武立锐
胡万瑛	吴治泰	段振化	李春发	高庆瑛	史万选
赵培章	武溏				

男
兆
杰烈俊
孙
男
福临

中华民国十四年乙丑七月勒石
王凤翙捐资百圆
寿阳马志鹄刊字

附录二

心意六合拳师承概况表（1-5世）

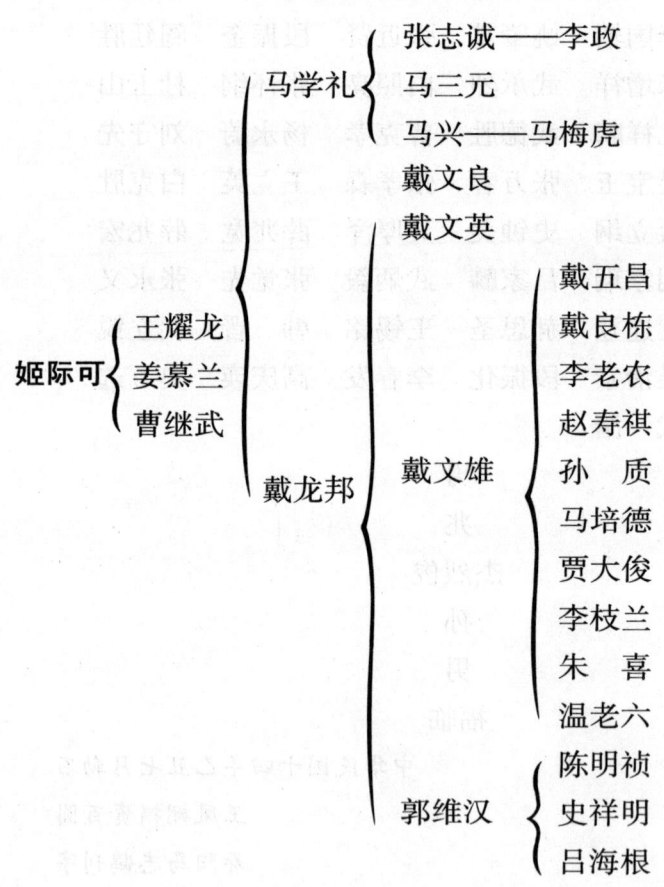

附录三

形意拳宗师车毅斋传承表

华字辈传人

李复祯	王凤翙	樊永庆	吕学隆	孟兴德	李发春	王之贵
孟天锡	武 杰	王培本	王丕春	白光普	贾 祯	赵 钰
郭 昆	布学宽	刘 俭	赵仁成	车兆烈	车兆俊	车兆杰

本书主编吴殿科之师华字辈刘俭 传人表

吴治泰	李春发	高庆瑛	段振化	史万选	赵培章	胡万英
吴连富	武立清	李广发	贾有富	张映春	胡积厚	陈锡栋
张润宽	柳广忠	柳广信	姚宪仁	杨立泉	董银来	武存志
程映光	刘福长	武丕全	吴义明	成永宁	吴殿科	贾四儿
吴连威	白云雪	杨立志	郝九洲	贾元勋	史清煜	杨应中
史继英	李德宏	李德茂	王义新	胡宝玉	吴仁会	马映胜
王志保	胡赞元	贾新年	贾兆祥	武 佑	杨国梁	贾廷槐
何载功	肖庆祥	侯丙俭	吴俊秀	梁春寿	白俊年	田贵和
段良玉	王侯秃	程侯马	刘云子	吴士信	史 德	

附录四

本书主编传人表

邦字辈传人吴殿科　传惟字辈

吴秀峰　吴连杰　吴连儒　吴连保　程素仁　刘　鹏　路云亭
李义忠　王衍华　李世杰　吴会明　吴　荣　候森凤　武晋杰
王保利　周永刚　武保安　孟宪维　李正青　闫维斌　朱荣耀
贺虎元　赵万科　赵国林　负　强　刘海军

惟字辈传人吴秀峰　传武字辈

吴会进　卢永红　邹安刚　杨江波　刘志斌　赵玉斌　马永根
张鹏宇　王海利　孟昭昂　孙德明　郭江勇　智小东　刘　晋
范桂林　佟铁钝　普茂宏　韩建荣　赵　伟　胡云龙　梁团锁
白占方　初玉财　冀榆生　陈明元　吴敬忠　曹建强　白逢泰
梁甲平　苏顺起　吴志卿　张丰荣　张　刚

惟字辈吴连杰传　武字辈

吴会遐

惟字辈吴连儒　传武字辈

吴会遵　吴会渊　白凤如　胡本智　籍钦光　贾世东　付伟中
李保荣　刘晋峰　陈　成　成卫东　田东明　车淳山　李海芳
范　强　赵慧茹　李文娟　付伟华　孟晓惠　牛育中　郭华庭
王永刚　白拴奎　张　平　白素花　郝先柱　袁剑武

惟字辈吴连保　传武字辈
吴会迪

惟字辈程素仁　传武字辈
孙　荣　　赵吉勇　　杜宏志　　徐纪山　　常　超　　程　永　　刘　超
李　强　　薛　锟　　庞雁强　　陈　方　　武海明　　白文友　　覃理韩
张海斌　　白志纯　　李　嵘　　王　剑　　程　江　　王忠智　　杨玉东
王江生

惟字辈刘鹏　传武字辈
段捷文　　段小军　　杜　韧　　王先凯　　刘　康　　李利生　　董小明
张志坚　　王惠玲　　王军锋　　冯锦锋　　刘勇壮

惟字辈吴会明　传武字辈
吴婷婷

惟字辈吴荣　传武字辈
吴茂生　　李嵩山　　郝超成　　段金刚　　郭　靖　　牛小维　　荣泽红
王振文　　吴桂芬　　谢小军　　韩——　　张晓荣　　赵伟峰　　张晓磊
赵　龙　　赵鹏飞　　何　界　　郝慧彬　　王永铭　　胡轩铭　　张瑞萍
高晓军　　李建义　　孟利民　　王树青　　苗忠明

惟字辈王衍华　传武字辈
战春杰　　苏家金　　孙即桐　　杨　明　　王　鹏　　王永芳　　冀学明
李　峰　　曹培春　　刘长军　　孙兆波　　李　伟　　韩　强　　韩克树
谢志强　　陈俊吉　　孙其代　　赵冠军　　马　彤　　柳富安　　孙丰玺
袁意鹏　　韩　涛　　张宝亮　　张学义　　史鹏森　　董　生　　仇光勇

杨　勇　陈传鹏　王　强　崔　健　杨新海　吕淑萍　王衍杰
张　镯　李　均　王慧丽　王慧菊　王　琳　车修亮　郭　丽
张艳丽　常　飞　邵　松

惟字辈李世杰　传武字辈
古海旭　段振宇　孙　硕　孙　果　李玉国　梁波涛　邱锦宏
宁德宏　周胜利　孙宝龙　宋　楠　李　伟

惟字辈侯森凤　传武字辈
郝庆福　牛春芳

惟字辈武晋杰　传武字辈
王　静　苏　虎

惟字辈王保利　传武字辈
王　正　王洪洋　张永刚　杨巨海　要永刚　牟文龙　吕林钢
崔国庆　郭玉娟　孙石轩　荣　鹏

惟字辈周永刚　传武字辈
周　楠　周　榕　周子淇　赵馥榕　周诗旋　周诗凯　李　颖
杜　伟　杜鹏飞　张永刚　韩　宇　董亚明　李俊生　张　毅
郭林刚　杨军亮　杜　磊　王　川　刘　杰　李　霞　薛志华
李文斌　白　静　梁玉争　赵　帅　赵雄辉　要晓丹　杜　鹏
黄　笠　陈辉泽　孔祥强　陈　宏　李子龙

惟字辈朱荣耀　传武字辈
朱　江

武字辈吴会进　传尚字辈

吴连根	吴士琛	吴士琪	吴士玮	郝建东	程　鹏	吴　刚
肖　英	武忠鹏	员大富	石富全	吴富庚	任冬冬	普　珂
郝永明	陈　杰	庞伯兴	韩金亮	张麒麟	王建伟	戴卫明
段先进	武卫星	刘爱芝	李晓栋	多　健	解骏马	薛　孟
原彬峰	赵晓飞	毛华明	苏江波	俞家斌	释一坤	侯卫红
马宏伟	陈君君	石先珍	白海潮	李保军	霍宏亮	樊　超
李卫华	张伯慈	巨宏波	段瑞华	张晨生	孙江海	张金明
任福冈	陈彦兵	张　超	郝志乾	李彦龙	李艳飞	张保明
张建强	田　建	杨　进	曹　波	庞益富		

武字辈赵吉勇　传尚字辈

杨树凯　杨兆华　解　军　边　鹏

武字辈杨江波　传尚字辈

安德尧　刘建亭

武字辈赵玉斌　传尚字辈

任永春	赵中楷	张　悦	张学谦	温志光	梁宇轩	高堂明
付国跃	薛　庆	田嘉伟	安　康	张　强	高少华	赵　毅
刘耀光	刘尚斌					

武字辈智小东　传尚字辈

王宸禹

武字辈孙德明　传尚字辈

齐宝珍　崔　忠　安贵林　李　刚

武字辈孟昭昂　传尚字辈
孟晓宇　魏德源　庞祥瑞　王大威　魏泽宇

武字辈胡本智　传尚字辈
白宗玉

武字辈籍钦光　传尚字辈
李　岗　要照华

武字辈吴会遵　传尚字辈
白　波

武字辈贾世东　传尚字辈
温时慧　杜俊凯　胡耀奇　杜　鹏

武字辈孙荣　传尚字辈
吴江华　周　伟

武字辈徐纪山　传尚字辈
武雯霏　范　欣

武字辈杜宏志　传尚字辈
李珊姗　孙狗旦

武字辈陈方　传尚字辈
魏春光　叶发端　缪　林　马家雪　刘恒志　陈天鸿　杨宗伟
罗　帅　吴丽香　王宏伟　申向阳　程世龙　刘冠廷　杨泽宇

苏炜东　林嘉豪　唐思宏　谯怡倩

武字辈吴茂生　传尚字辈
吴镇江　吴镇宏　郭明宇

武字辈战春杰　传尚字辈
战俊辰　战星辰　战文斌　付志欣　王美荣　孙　琴　黄万春
李玉章　魏崇凯　王洪志　邵　阳　付文昊　赵　威　李永德

武字辈苏家金　传尚字辈
许　涛　车连新　韩红波　徐　辉　王衍革　苏文斌

武字辈王鹏　传尚字辈
李海明　杜玉玺　蒲双城　王辰硕　王明悦　张若桐　张　豪
李昕政　张昊天

武字辈李峰　传尚字辈
李京钊

武字辈谢志强　传尚字辈
谢　龙　谢昊君
宋新煜　翟　凯　李永学　陈红磊

武字辈陈俊吉　孙其代　传尚字辈
王　宁　杨建刚　王根弟

武字辈马彤　传尚字辈
马　明　马吉聪　马怀晟

武字辈王忠智　传尚字辈
李　明　贾旭东

武字辈陈方　传尚字辈
魏春光　刘恒志　陈　敬　叶发端　程世龙　王树全　申向阳
张何平　何信云　谌　鑫　罗　帅　马家雪　谬　林　吴丽香
谯怡倩　陈文杰　周　斌　陈天鸿　胡清华　杨宗伟　杨泽宇
苏炜东　刘冠廷　林嘉豪　唐思宏

武字辈杨玉东　传尚字辈
杨国军　徐海章

尚字辈吴连根　传社字辈
吴飞宏　丁广亮　张　旭　程晓君　畅晋丽　张家欢　许　强
张　燕　张　超　张　楠　李二青　李昕宇　郝鹏辉　唐　凯
杨佳蕊　杨　林　刘小魁　高启宸　王　川　李建鹏　罗恬雨
王乾羿　邓子明　郝　良　马　杰　张东彦　高子颀　武惠敏
王俊恒　杜　鹏　陈文卫　张泽围　单振兴　白海森　王余明
李承睿　栗梓豪　杨皓乾　曹智程　高正豪　段业澄　折思远
吴昌俞　王建辉　温俊伟　温　耀　李涵森

尚字辈王洪志　传社字辈
韩　需　王俊升

尚字辈韩红波　　传社字辈
韩少魁

尚字辈车联心　　传社字辈
车修宇

注：2000年农历五月初六，吴殿科先生九十大寿之际，先生建议将"华邦惟武尚社会统强宁"之后再续十字"人皆增福寿家全颂小康"当时得到与会者认可，特此说明。

后　记

　　写罢《形意拳术大全》，搁笔沉思，不禁感慨万端。70年前随吾兄吴耀科（字华亭，河北安国张树德弟子）和布学宽师习拳，到60年前投师刘俭门下学艺。习武之道无非强身健体，防身自卫，做梦也未曾想到日后著书立说，彪炳千秋。

　　那是40年代的第五年。日军投降不久，一日，吾师搬出一大沓古谱墨本，嘱托于我："这些全部给你，写一部形意拳书。"受命不久，内战爆发，此举只得作罢。

　　中华人民共和国成立初期，终日忙于公务，写书之事无暇顾及。1955年，吾师溘然长逝。悲痛和内疚之余，方与师兄吴治泰决计化悲痛为力量，为完成先师遗愿而倍加努力。然而，我这个县农民业余教育干部，写书谈何容易！以后又遇到了诸多干扰，结果，这一搁笔，竟达23年之久！

　　1978年，第三次提笔之时，治泰师兄业已作古，我已近古稀之年。虽年老力衰，但想到当年遵师嘱托，布学宽、宋铁麟等师伯教诲与众师兄的期望，我居然一鼓作气为省、地、县体委等有关部门完成了50余万字的形意专稿。

　　届此受聘太谷县志办公室完成《形意拳术大全》之际，以武夫而成就如此著作，不能不归功于改革开放政策的英明和已逝前辈的英灵光照。

　　后记将完，谨此声明：图照形意弹腿部分系五孙吴会进雏姿；五行、十二形及单练套路为本人近照，对练套路图照系与师弟吴俊秀，徒侄杜连杰合作完成；实用技法图照则由本人与九孙吴会迪试

后记

身所摄。由于条件所限,某些图照尚有不理想之处,望读者鉴谅。

此书完成,颇得山西大学武术教授陈盛甫先生鼎力支持,又劳其作序,在此深表由衷的谢意!成书过程中参阅了形意同门车向前、孟书勤、张定良、张兴武、王建筑、孟宪基、程登华、霍永利、彭进修、胡赞元、郭瑾刚等人撰写或提供的有关人物资料,韩颖武同志百忙中抽时间为本书作步势图,武爱忠同志为本书义务服务,在此一并表示衷心的谢意。至于书中误漏,限于笔者水平,在所难免,诚望武林同行及广大读者不吝赐教。

吴殿科

1992年8月

再版后记

《形意拳术大全》出版二年后，便已告罄。7年来由于该书在形意界引起的反响，来函索购者日增，加之出版社有意再版，因此，将书中资料再次进行核实，对一些疏漏加以订正后付梓。值此再版之际，谨向北京市形意拳协会前会长张宝扬先生、江苏学者黄新铭先生、"台湾国立大学"同仁和山西省形意拳协会常务副主席张希贵先生等为本书提供资料和给予关照鼓励的各界朋友表示衷心的谢意。

再版前承蒙国际武联技术委员会主任、中国武术协会副主席张山先生，中国武术研究院研究员、《中华武术》杂志社副主编康戈武先生，全国武术协会前副主席、山西省体委前副主任、山西省形意拳协会主席王立远先生，山西省武术协会主席、山西省武术院前院长庞林太先生，山西省形意拳研究会前会长、山西省形意拳协会常务副主席张希贵先生题词鼓励，更不胜感激！

书中传人谱，已按全国各地所寄资料作了补充更正，"邦"字辈以下拳友由于资料尚不健全，暂难列入。我衷心欢迎大家继续提供传人资料，以使我们三版时加入。若有其他不妥之处，仍望国内外同仁指正。此外，由我所创办的以建立中国形意拳文化体系为目的的山西形意拳文化研究中心仍以热忱而真诚的态度欢迎大家继续提供和交流形意拳各类资料。

今年6月7日是我的恩师吴殿科先生90岁华诞，我送给他老人家的第一个礼物是我创作的由广州花城出版社出版的百万字长篇历史小说《形意宗师》，第二件礼物便是我和责编姚军先生共同努力使之再版的由恩师主编的《形意拳术大全》。我的恩师虽年逾耄耋，仍神清体健，眼不花，耳不聋，牙齿健全，每日写蝇头小楷数百，这实在是他得了形意拳真谛之故。我想这也是《形意拳术大全》受到海内外武林朋友喜欢的原因之一。我衷心地祝福恩师福寿安康，继续把形意拳故乡的真东西整理出来奉献给人类。为中国形意拳之发展和国家全民健身工程再做贡献。

程素仁　拳国际心意道联盟秘书长，山西省形意拳协会常委，山西形意拳文化研究中心主任，中国武术七段，副研究员。

2000年3月

图书在版编目（CIP）数据

形意拳术大全 / 吴殿科著 . -- 太原：山西人民出版社，2019.6
ISBN 978-7-203-10789-7

Ⅰ.①形… Ⅱ.①吴… Ⅲ.①形意拳—基本知识 Ⅳ.①G852.14

中国版本图书馆CIP数据核字（2019）第106503号

形意拳术大全

著　　者：	吴殿科
责任编辑：	魏　红
复　　审：	刘小玲
终　　审：	姚　军
装帧设计：	谢　成
出 版 者：	山西出版传媒集团·山西人民出版社
地　　址：	太原市建设南路21号
邮　　编：	030012
发行营销：	0351-4922220　4955996　4956039　4922127（传真）
天猫官网：	https://sxrmcbs.tmall.com　电话：0351-4922159
E－mail：	sxskcb@163.com　　发行部
	sxskcb@126.com　　总编室
网　　址：	www.sxskcb.com
经 销 者：	山西出版传媒集团·山西人民出版社
承 印 厂：	山西臣功印业有限公司
开　　本：	787mm×1092mm　1/16
印　　张：	25
字　　数：	330千字
印　　数：	1-6000册
版　　次：	2019年6月　第1版
印　　次：	2019年6月　第1次印刷
书　　号：	ISBN 978-7-203-10789-7
定　　价：	169.00元

如有印装质量问题请与本社联系调换